AF544555

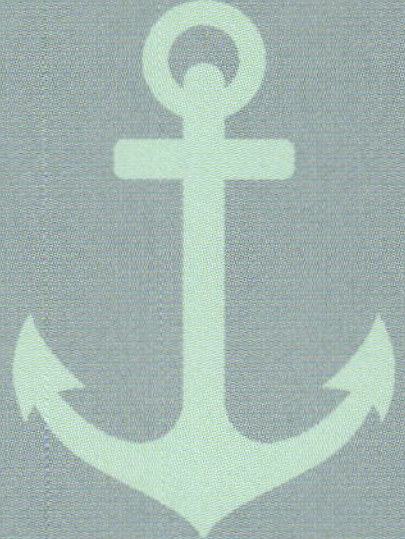

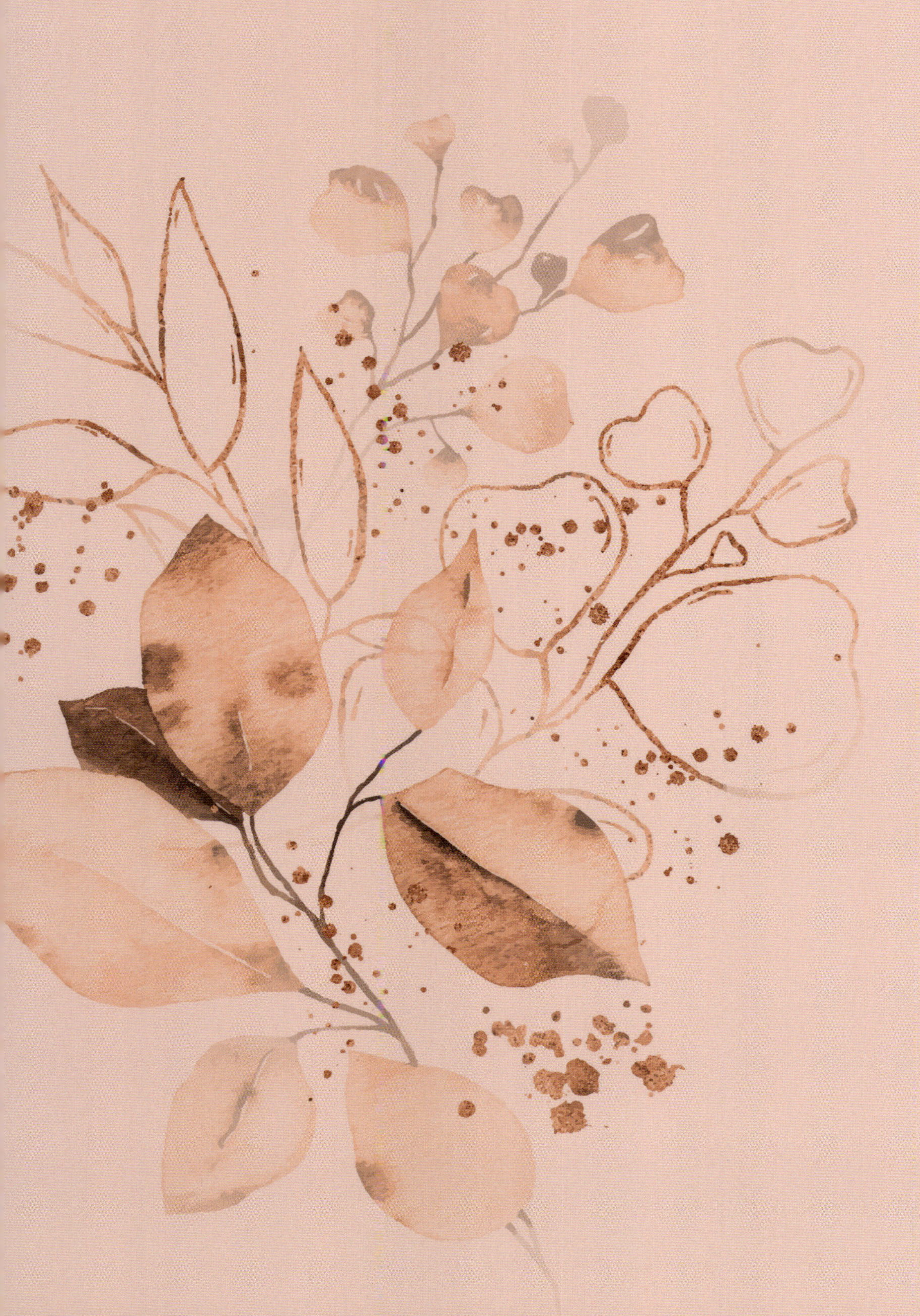

ALTBAULIEBE
AN DER NORDSEE

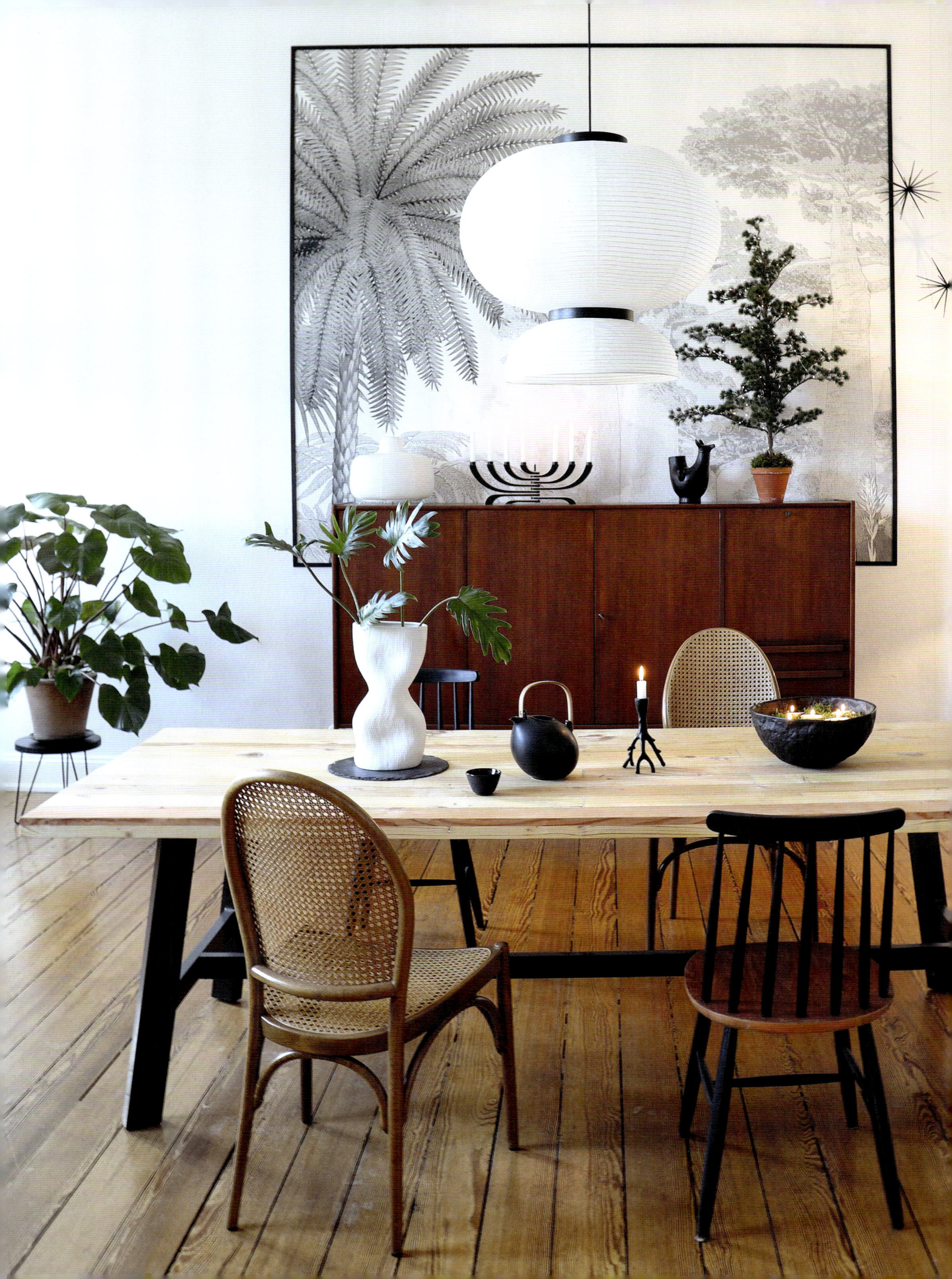

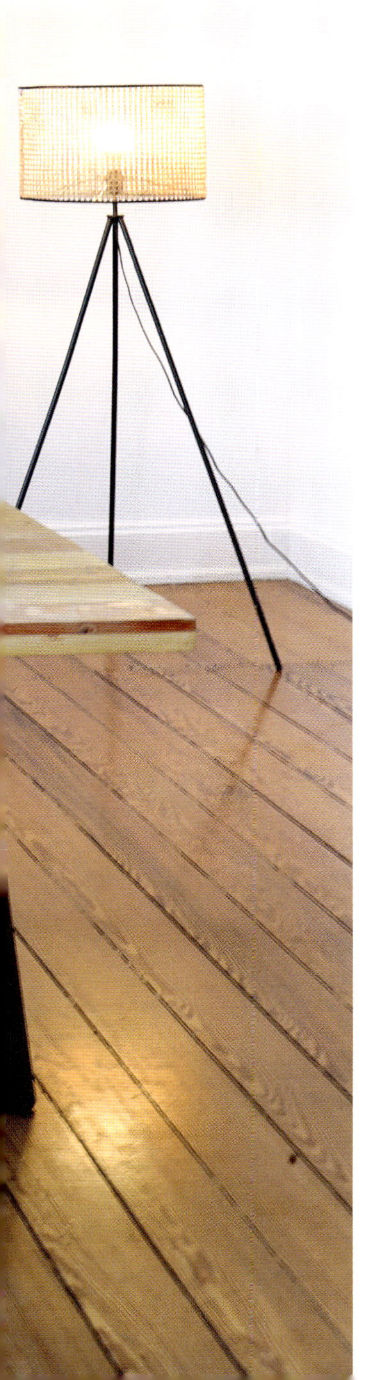

SANDRA MARIA LÖRCH & TOM OEHNE

ALTBAULIEBE AN DER NORDSEE

GRÜN-BUNT, EKLEKTISCH, GLÜCKLICH.

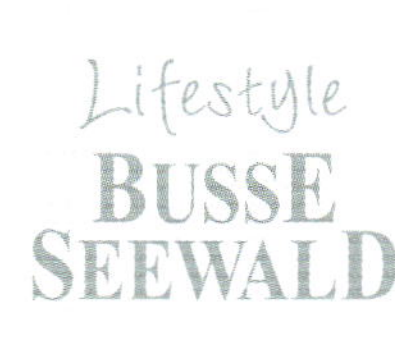

INHALT

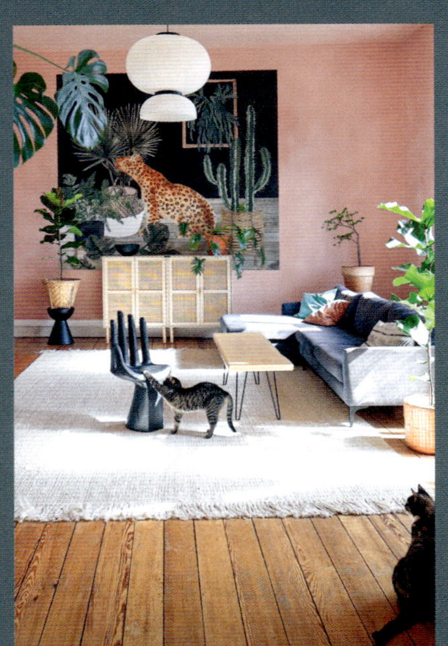

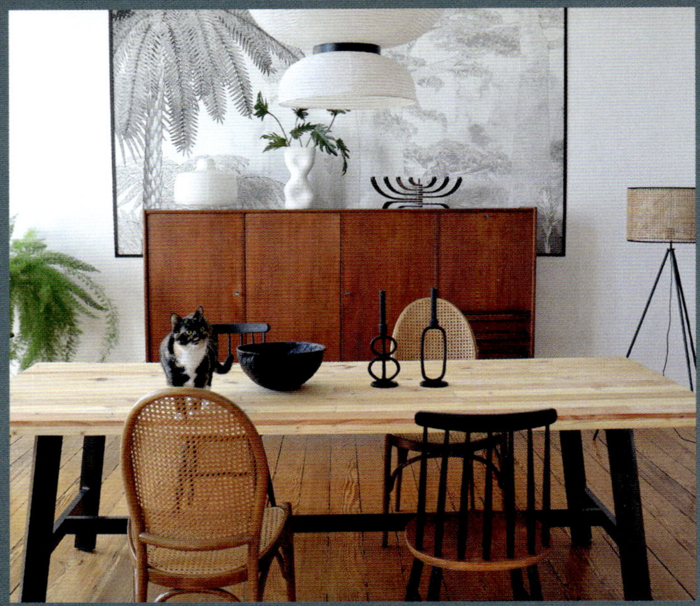

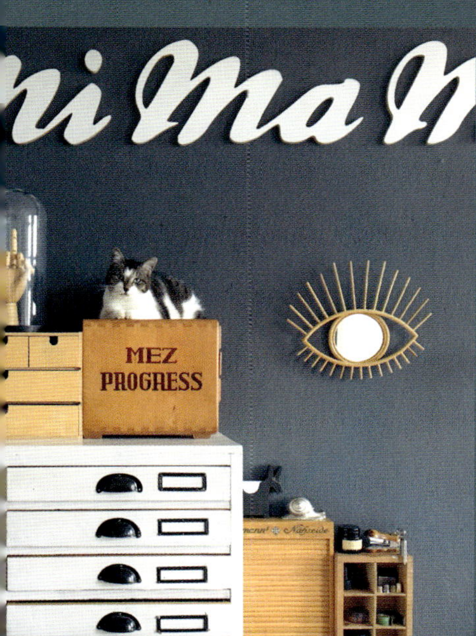

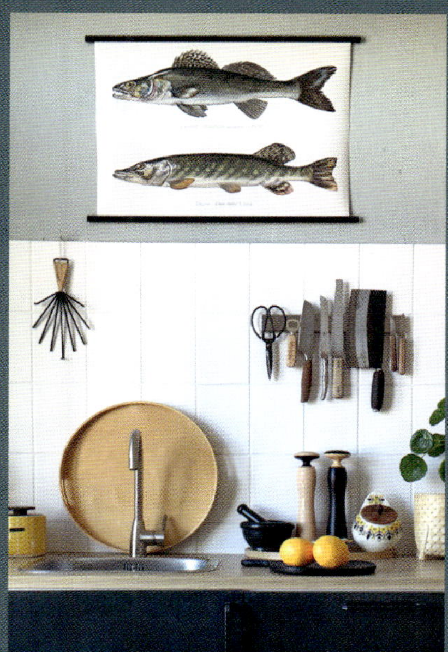

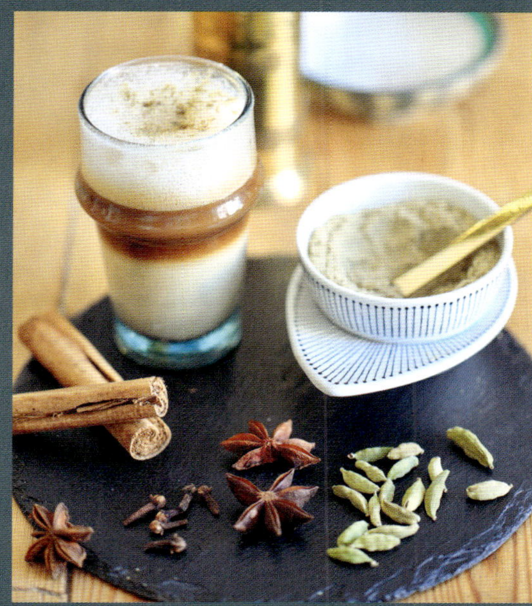

112 DO IT YOURSELF & REZEPTE

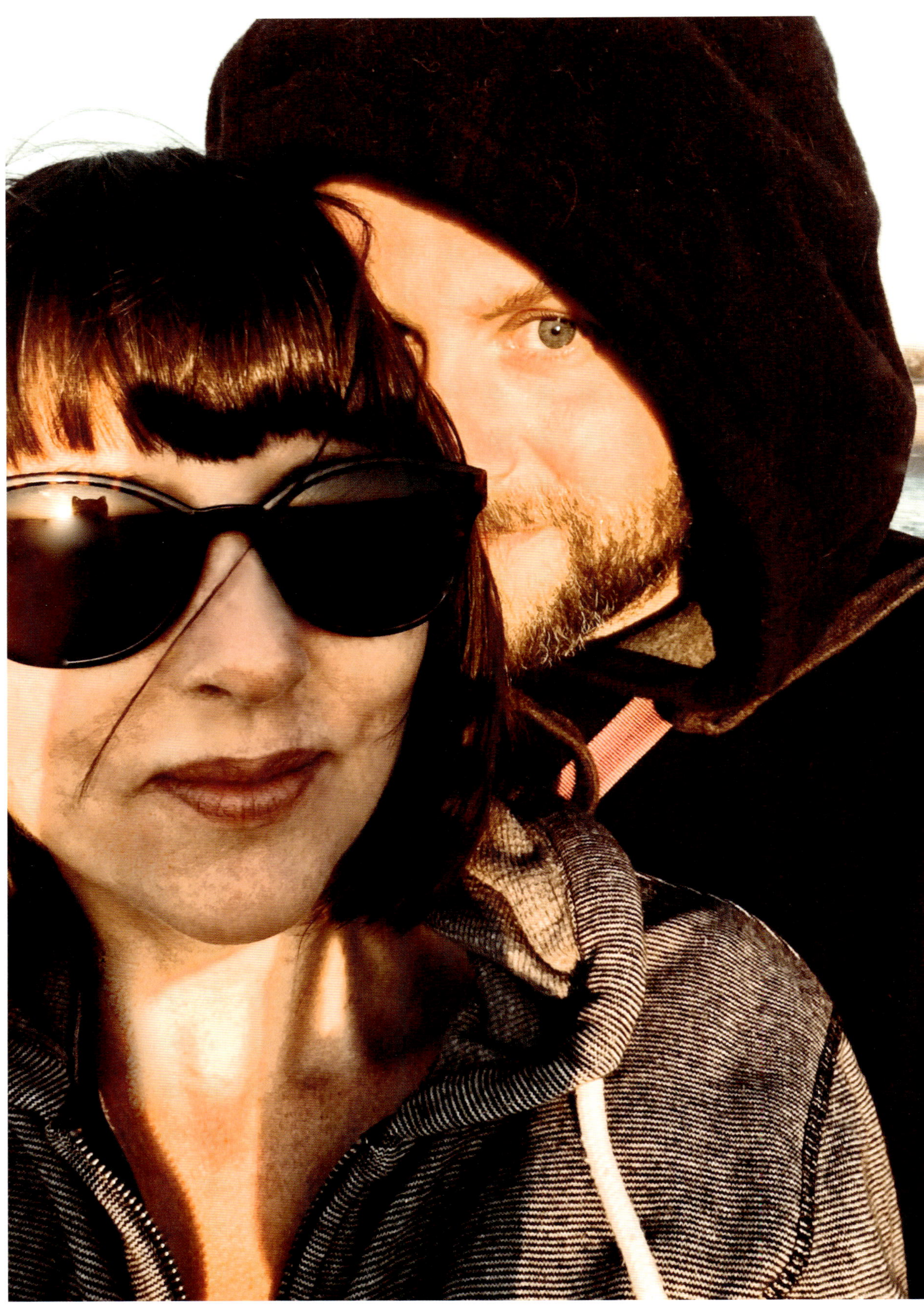

Herzlich willkommen in unserem Zuhause am Meer! Schön, dass du vorbeischaust. Wir freuen uns immer über Besuch. Wir – das sind Sandra und Tom, Altbau- und Designverliebte, Katzenfans, Naturverrückte und MiMaMeise.

Seit 2016 wohnen wir in unserer Cuxhavener Altbauwohnung, nicht weit vom Hafen und vom Meer, von schönen Cafés und kleinen Geschäften. Und wir sind nicht allein: Mit uns zusammen leben drei vierbeinige Mitbewohnerinnen. Unsere Katzen sind ganz eigene Persönlichkeiten und machen die Wohnung erst zu unserem Zuhause. Keine Frage, dass die drei auch auf vielen der Bilder zu sehen sind, die wir auf unserem Instagram-Account @mimameise zeigen.

Nach zehn Jahren im quirligen Hamburger Schanzenviertel lieben wir die frische Luft, den Blick auf den grünen Park gegenüber und den kurzen Weg ans Meer. Mit den Fahrrädern sind wir schnell am Strand, in der Heide oder im Wald. Lauter Lieblingsplätze, die ich, Tom, mit der Kamera festhalte. Ich bin Hobbyfotograf und finde im Freien immer spannende Motive. Wir holen die Natur aber auch in unser Zuhause. Ich, Sandra, bin gelernte Floristin und liebe es, Zimmerpflanzen in die Einrichtung zu integrieren. Auch auf unserem Balkon blüht es vom Frühjahr bis zum Herbst.

Komm rein! Wir zeigen dir, wie wir wohnen, verraten unsere besten DIY-Tipps und unsere leckersten Rezepte. Schau dich gerne um, wir setzen schon mal den Kaffee auf.

Deine Sandra & Tom

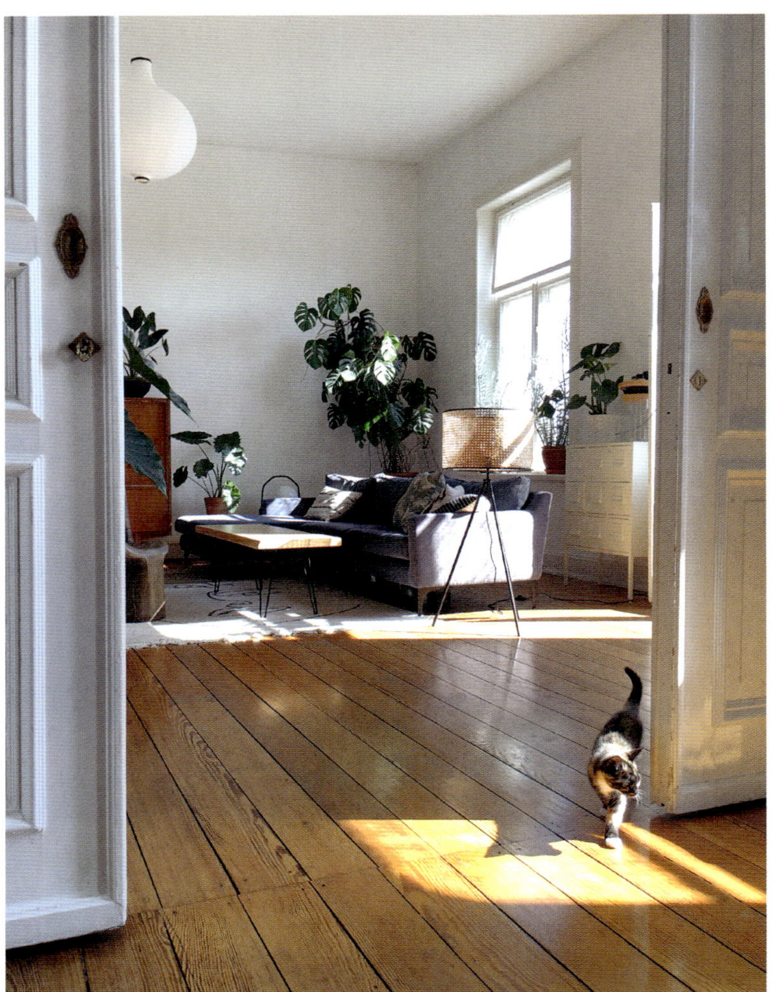

NA, ALTES HAUS?

Wir mögen alte Schätze. Wie unsere Wohnung, in die wir uns 2016 verliebt haben. Dieses Haus im Cuxhavener Stadtzentrum, nicht weit vom alten Fischereihafen entfernt, hat den Altbaucharme, den wir so lieben. Und jede Menge Geschichte.

Das Haus wurde 1904 gebaut, zu einer Zeit, in der man an weißem Stuck auf rotem Backstein nicht gespart hat. Uns gefällt die Fassade – aber noch mehr das Innere unserer Wohnung im zweiten Stock. Ganze 170 Quadratmeter verteilen sich auf diverse Zimmer. Der vordere Bereich beeindruckt mit den weitläufigen Räumen und den besonders hohen Decken, den beiden Schiebetüren, den hübschen Fenstern und den breiten Pitch-Pine-Dielen. Sie alle sind Originale und stammen aus dem Jahr 1904. Der hintere Trakt hat im Laufe der Zeit durch bauliche Veränderungen einiges an Charme eingebüßt. Deshalb haben wir Gästezimmer, Arbeitszimmer und Lager für unsere Produkte in diesen Teil verlegt, während wir in den prächtigen Räumen Herrenzimmer, Esszimmer und Schlafzimmer untergebracht haben.

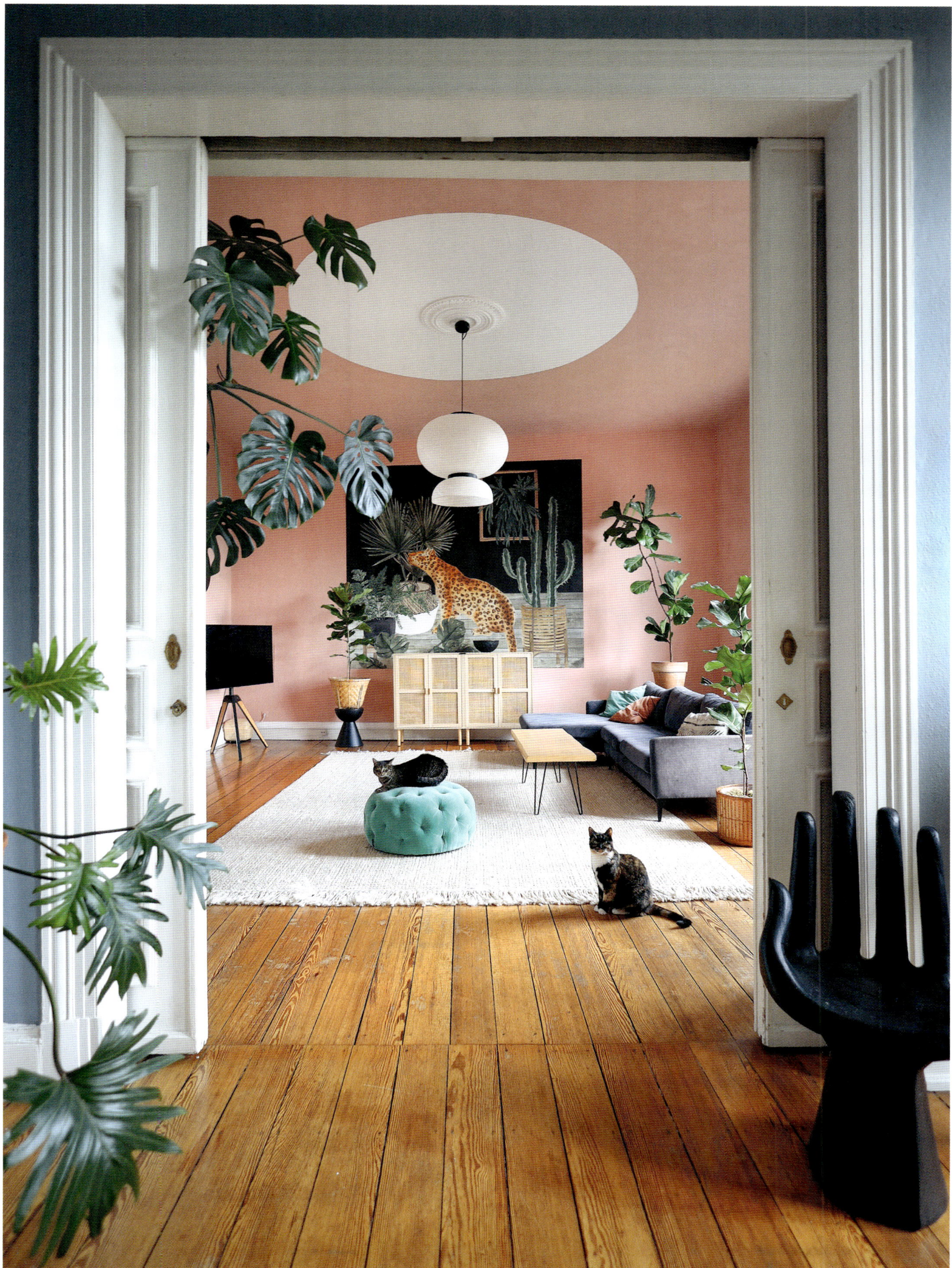

SAMMLERSTÜCKE

Wir haben ein Faible für Design. Der Alltag wird so viel schöner, wenn man ihn mit Gegenständen bereichert, die von großen Talenten entworfen wurden. Gut designte Stücke begeistern durch ihre Form und machen das Leben schöner – und leichter. Besonders gefällt uns das Design der 50er- und 60er-Jahre, aber auch das des Jugendstils.

Flohmärkte, Kleinanzeigen, eBay ... Das sind unsere Fundgruben. Hier entdecken wir schöne Möbel, aber auch Wohnaccessoires. Unseren Stil würden wir als eklektisch mit einem Hauch Japandi beschreiben. Da fügen sich die Designer-Fundstücke perfekt ein.

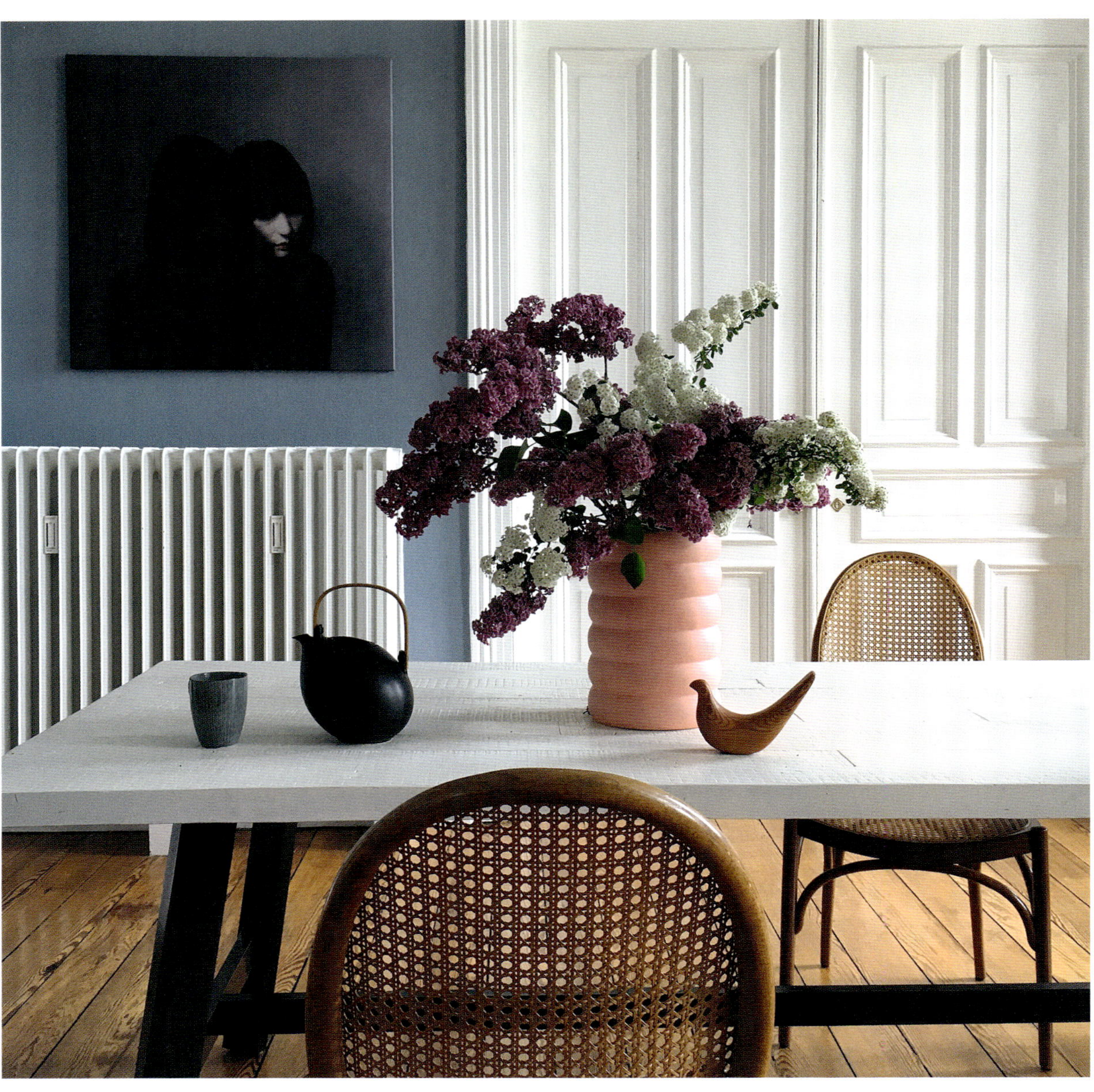

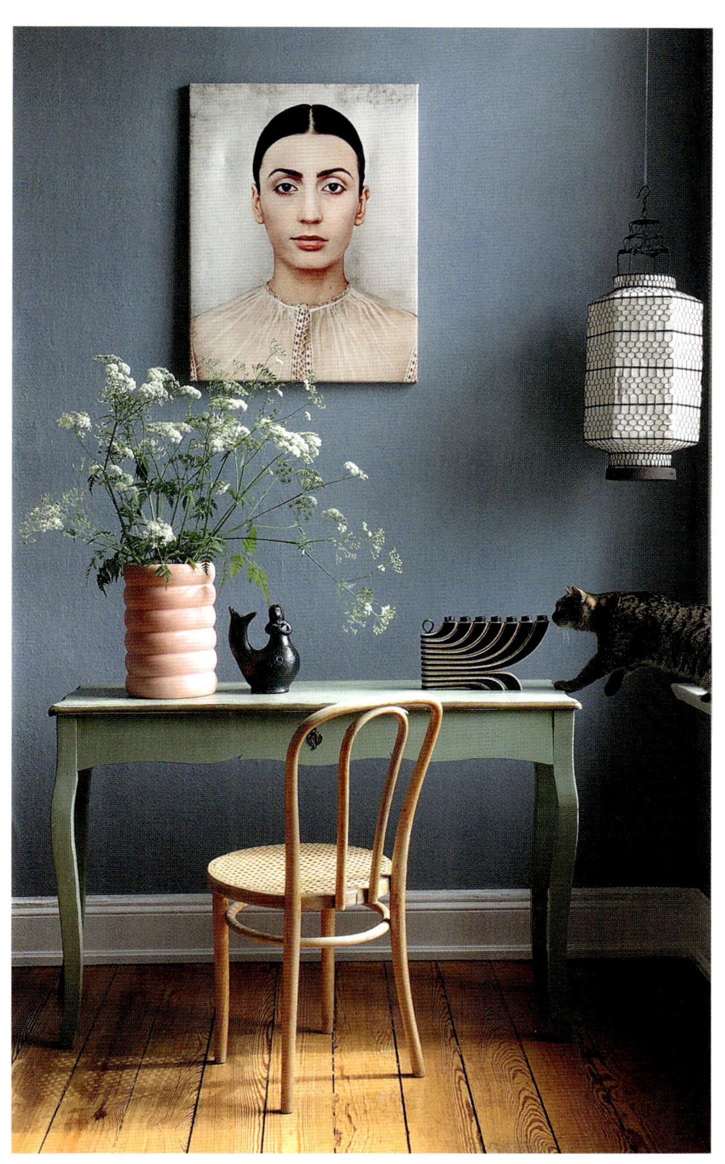

⚓ Bevor das schmale Tischchen seinen Platz am Fenster bekam, wurde es in blassem Grün lackiert. So passt er perfekt zur Wand im Esszimmer.

WIR SIND NIEMALS FERTIG

Unsere Wohnung ist ein Prozess. Gleich nachdem wir eingezogen sind, haben wir mit der Renovierung begonnen. Wir haben sämtliche Wände und Decken gestrichen, Fensterrahmen lackiert und die Küche auf den Kopf gestellt.

Und trotzdem gibt es immer noch viel zu tun. Wir möchten eines Tages zum Beispiel die Fenster neu lackieren bzw. renovieren. Die Wandfarben gefallen uns zwar aktuell sehr gut, aber wir lieben es auch, mit Tönen zu spielen, und streichen gerne mal neu für ein ganz frisches Wohngefühl. Außerdem weiß man nie so genau, wann wir über neue Vintage-Schätze stolpern. Diese müssen dann natürlich sofort in die Einrichtung integriert werden.

Bei uns ist also alles in Bewegung. Möbel, Lampen und Co. wechseln die Plätze und verschwinden auch mal ganz von der Bühne. Das macht unsere Einrichtung so schön leicht und verspielt.

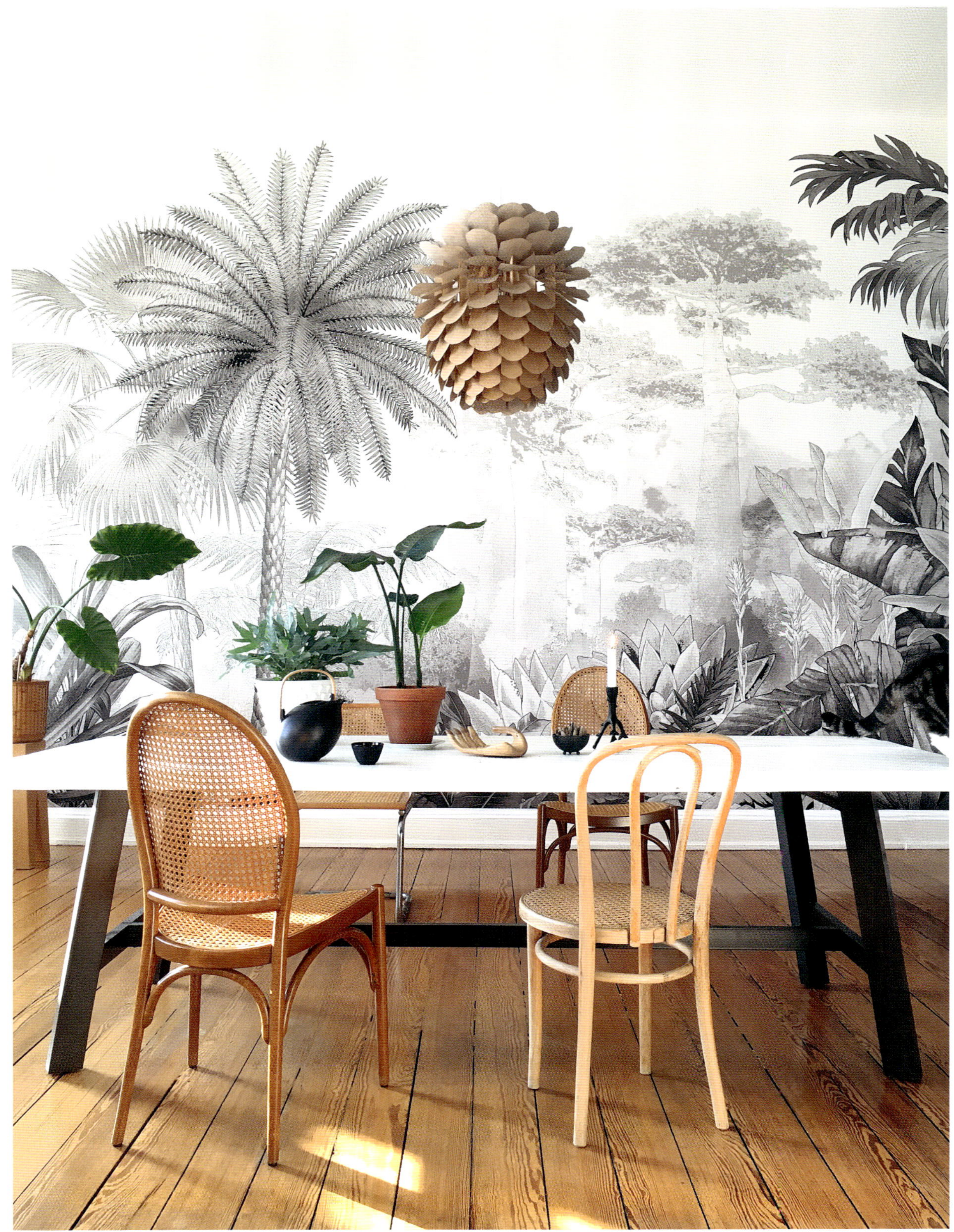

Bugholzstühle, mit und ohne Wiener Geflecht, versprühen skandinavische Leichtigkeit. Ein Mix verschiedener Modelle macht die Runde lebendiger.

⚓ Natürlich testen wir die selbst gestalteten Poster erst einmal in den eigenen vier Wänden, bevor sie in den MiMaMeise-Shop wandern.

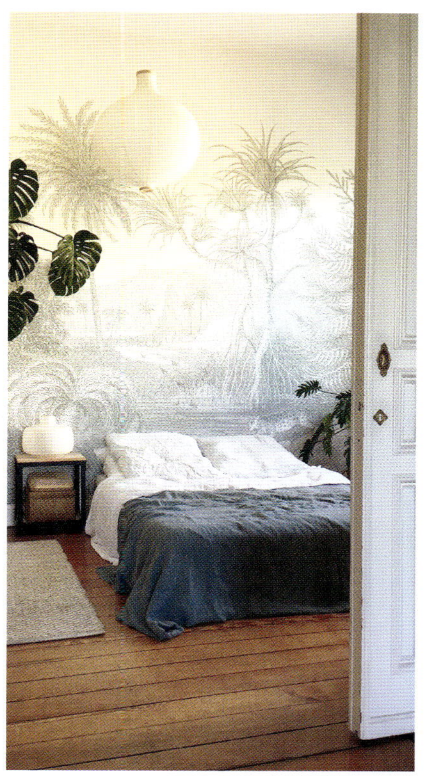

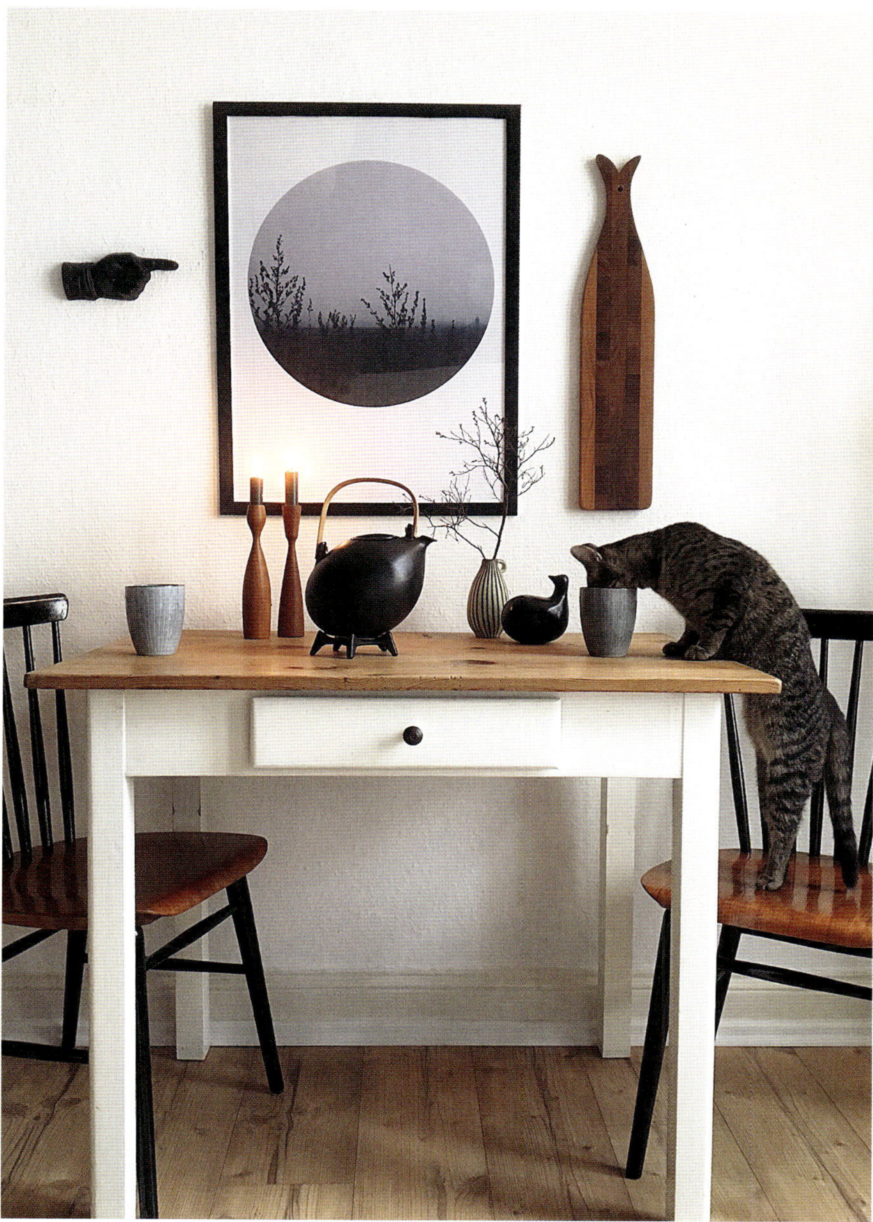

LAUTER SCHÖNE DINGE

Manchmal wohnen wir ein Weilchen mit einem Vintage-Stück und lassen es dann weiterziehen. Schließlich ist es zu schade, um in unserem kleinen Lager zu verstauben.

Als wir 2010 unseren MiMaMeise-Shop eröffneten, verkauften wir selbst designten Schmuck. Dieser Shop ist im Laufe der Jahre immer mehr gewachsen. Viele der Schmuckstücke entwerfen wir nicht nur, wir fertigen auch selbst. Die meisten der Ketten, Ohrringe und Broschen sind von der Natur inspiriert. Inzwischen haben wir auch Wohnaccessoires ins Programm aufgenommen. So verkaufen wir zum Beispiel Poster mit eigenen Landschaftsaufnahmen. Im Shop finden sich außerdem immer wieder Vintage-Möbel, die wir aufgearbeitet und mit denen wir vielleicht auch ein Weilchen gelebt haben, die nun aber neue Design-Liebhaber suchen.

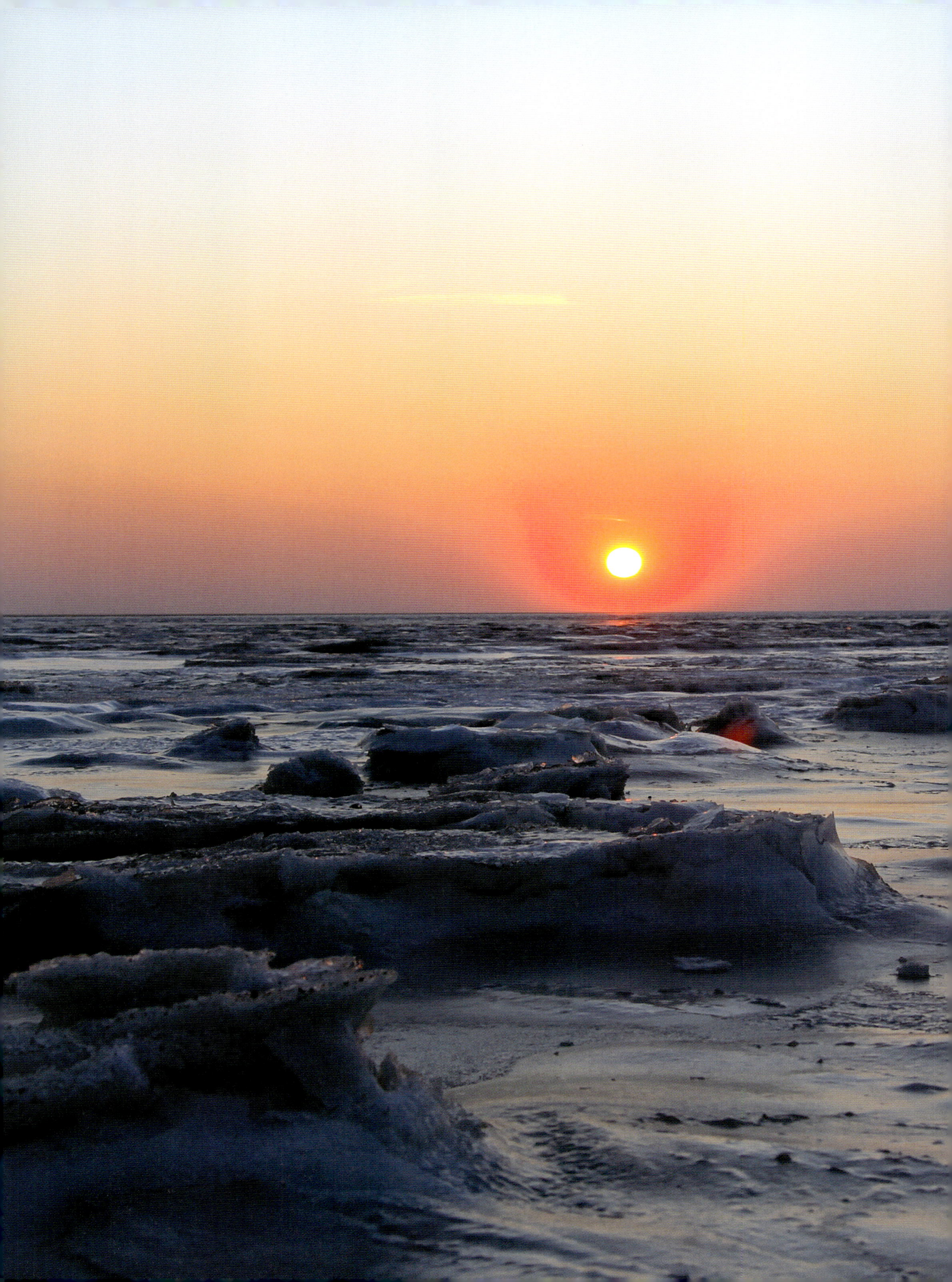

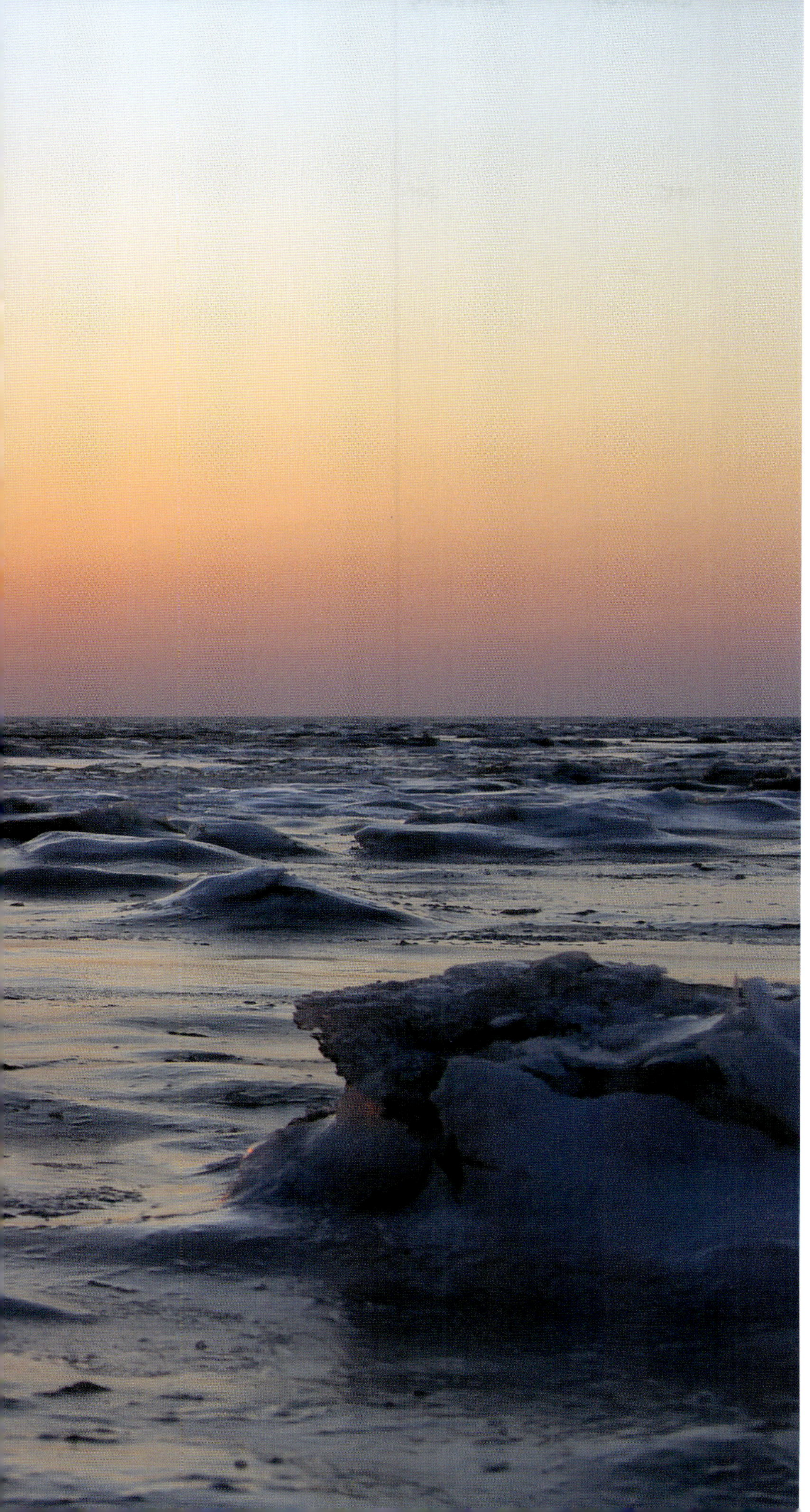

Es muss nicht immer warm und sonnig sein: Im Winter, bei richtig frostigen Temperaturen, hat das Meer einen ganz besonderen Zauber.

⚓ Wie schön, dass wir nur eine kleine Radtour davon entfernt wohnen, die schönsten Naturschauspiele zu beobachten und mit der Kamera festzuhalten.

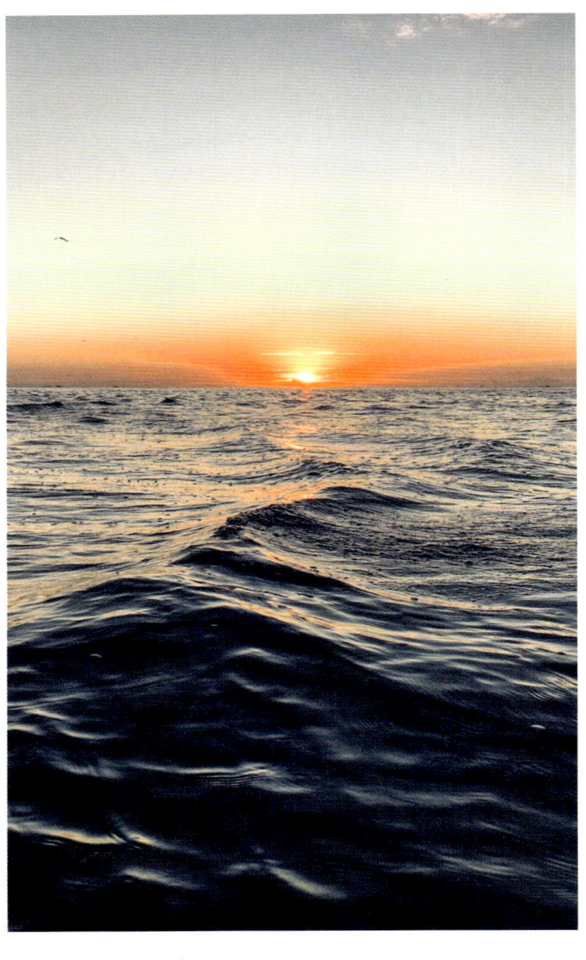

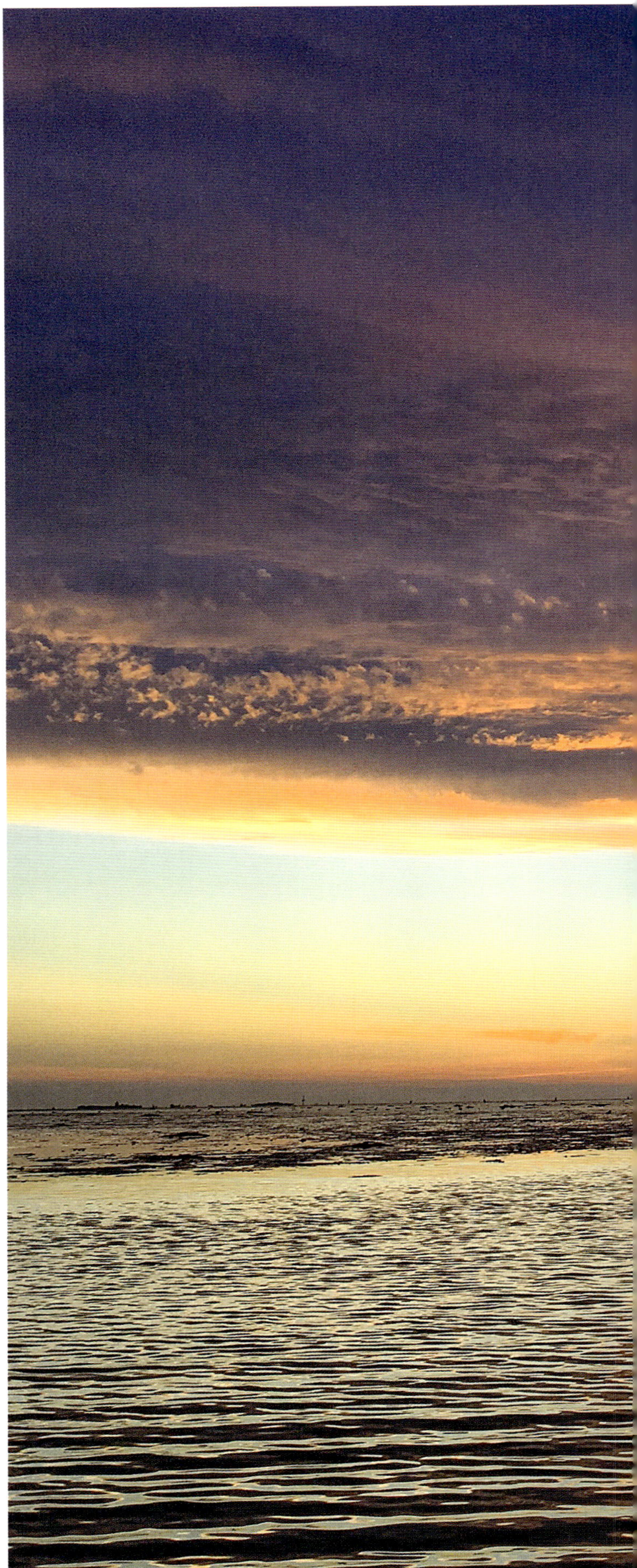

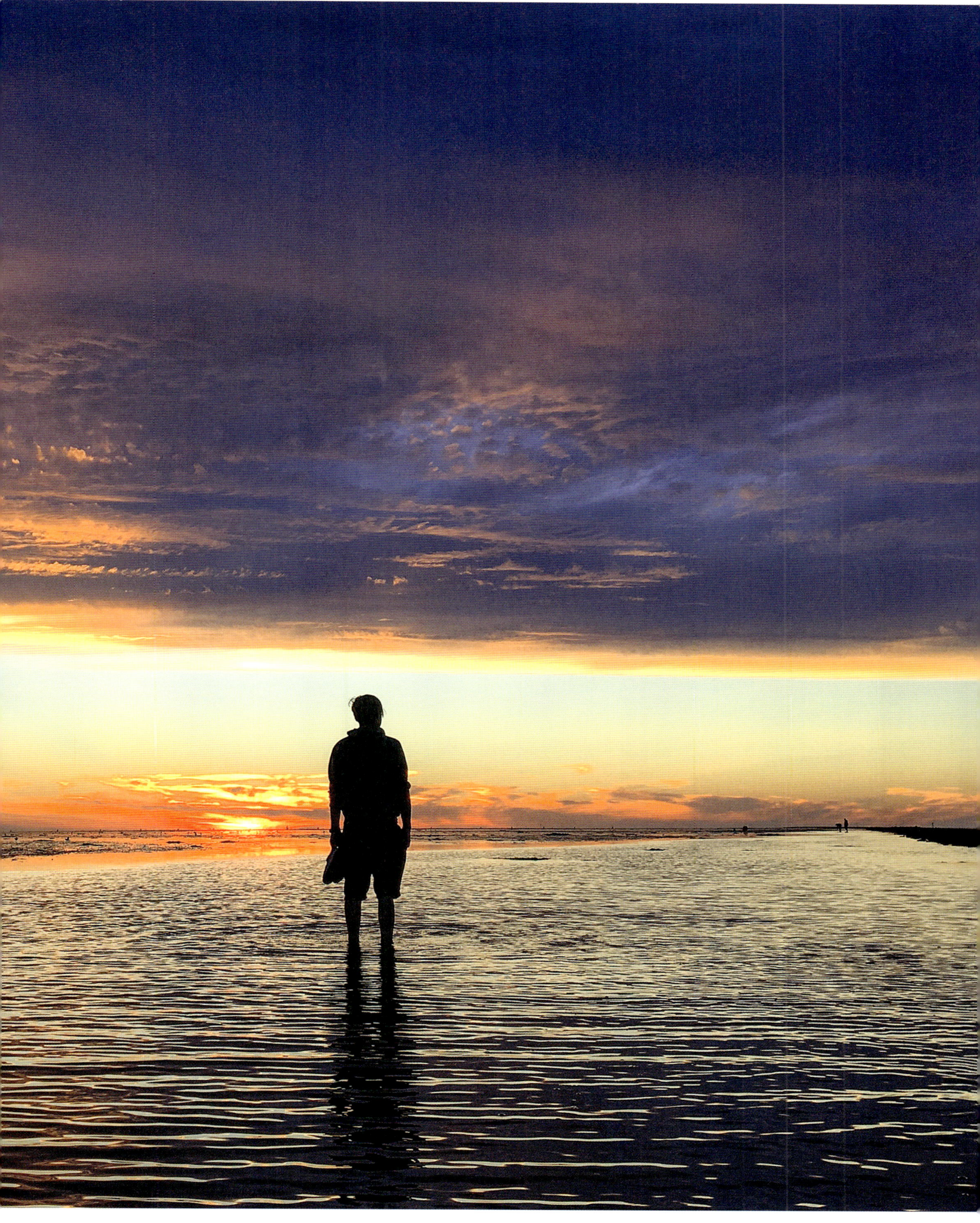

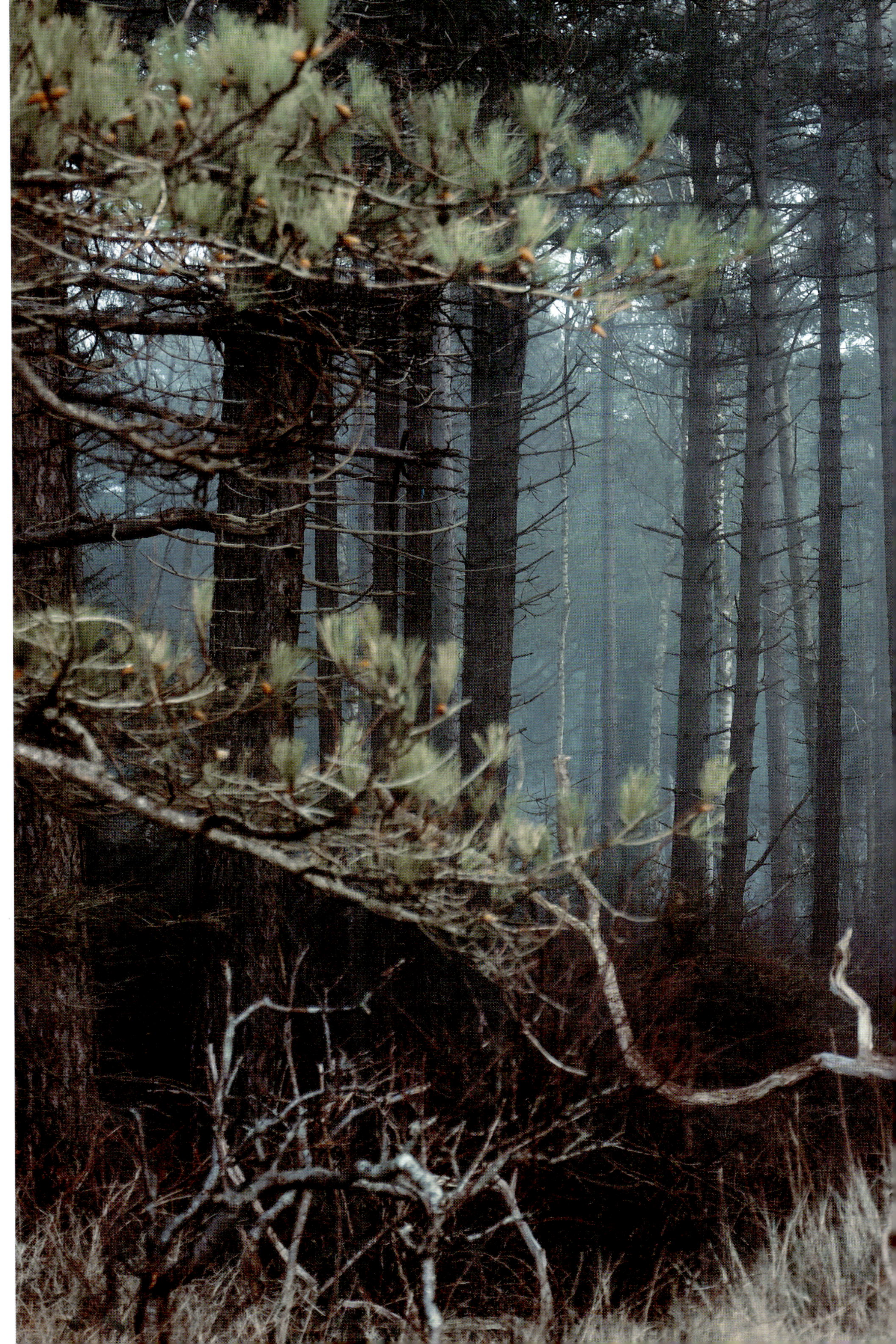

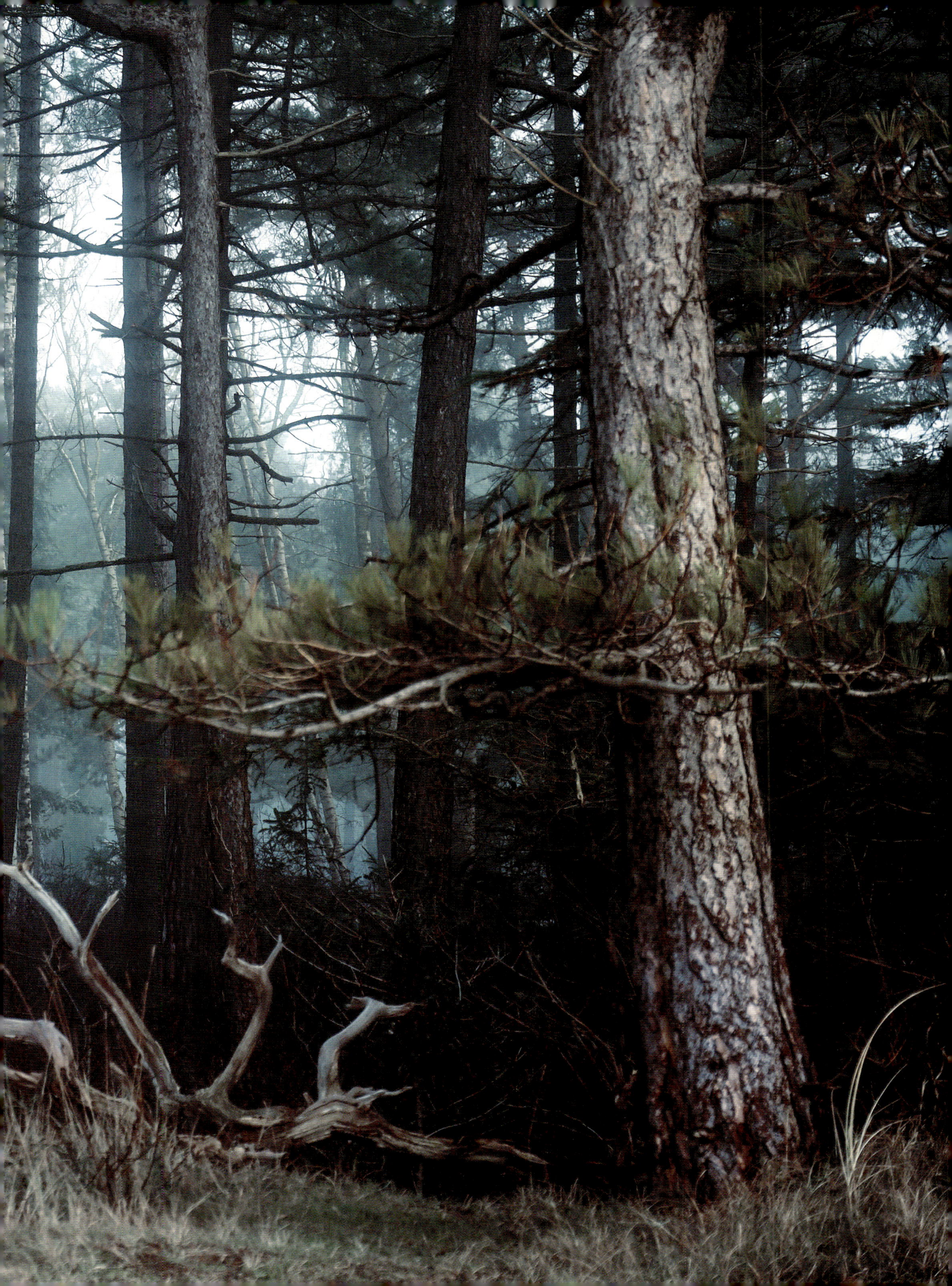

ROOMTOUR

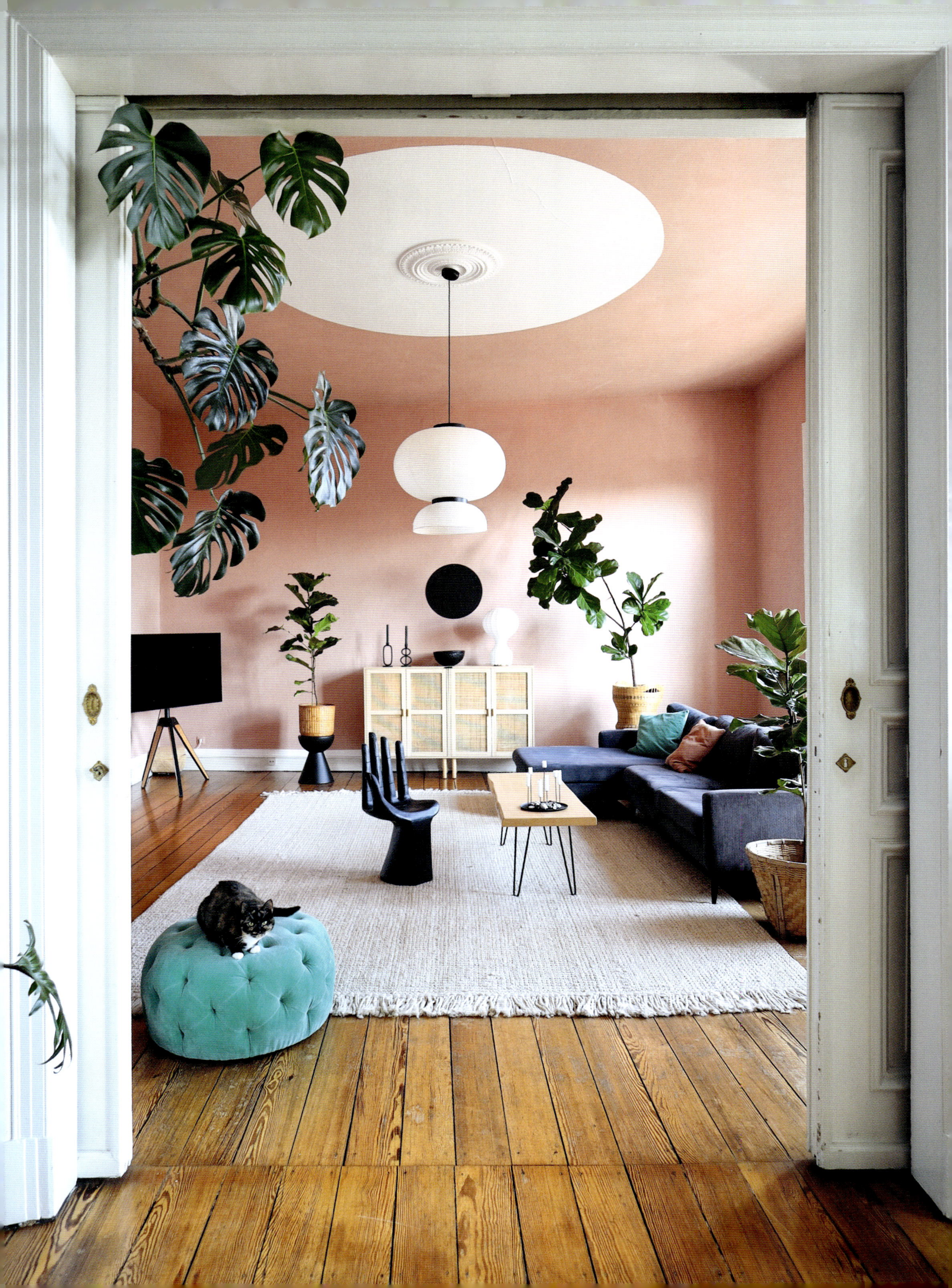

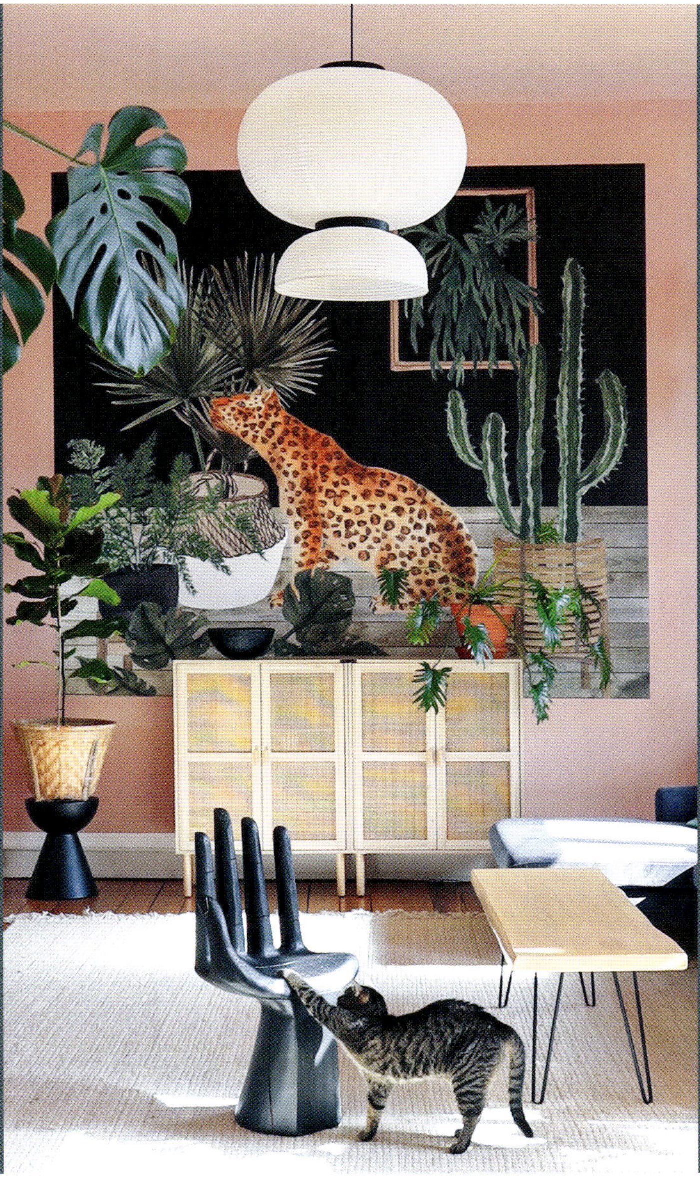

HERRENZIMMER

Auch Damen sind willkommen im Herrenzimmer. Die meisten Menschen haben ein Wohnzimmer. Wir im Grunde genommen auch. Bei uns heißt es nur anders, nämlich Herrenzimmer. Früher nannte man den größten und prunkvollsten Raum eines Hauses oder einer Wohnung so. Hier trafen sich die Herren für Gespräche und eine Zigarre oder Pfeife. In unserem Herrenzimmer stand früher einmal ein beeindruckender Kaminofen. Der ist leider nicht mehr da, aber der Raum ist immer noch der größte und schönste in der gesamten Wohnung. Wir lieben ihn und halten uns hier sehr gerne auf.

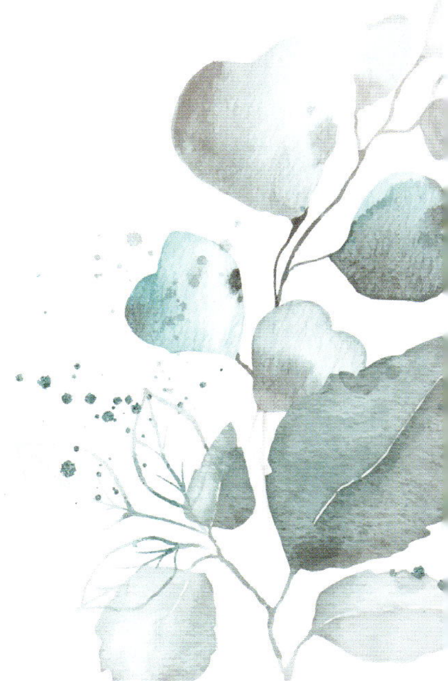

VON WEGEN ALT UND DÜSTER!

Die Herrenzimmer in früheren Zeiten wirkten irgendwie schwer. Dunkles Leder und dunkles Holz sorgten für eine gediegene Atmosphäre. Wir hingegen mögen es leicht. Und so haben wir auch unser modernes Herrenzimmer eingerichtet.

Wie heißt es so schön? Gegensätze ziehen sich an. Das gilt auch in der Einrichtung. Ein Zimmer, das spannend eingerichtet ist, das dem Auge etwas bietet, lebt von Kontrasten. Diese Gegensätze funktionieren auch in unserem Herrenzimmer.

Holz kann dunkel und schwer sein, ebenso wie Metall. Beide Materialien können aber auch ganz zart und leicht wirken. Im Herrenzimmer spielen wir mit den Kontrasten von dunklem Metall und hellem Holz, von massivem Holz und filigranen Metallgestellen. Von Schwere ist keine Spur, der Couchtisch scheint zu schweben, weil die helle Holzplatte auf schwarzen, dünnen Metallbeinen balanciert. Die Holztüren des Sideboards sind mit zartem Geflecht ausgekleidet und auch der Rattansessel ist wunderbar filigran. Wie beim Tisch bilden die dunklen Metallbeine einen spannenden Kontrast. Auch das Regal an der gegenüberliegenden Wand spielt mit Schwarz und Weiß.

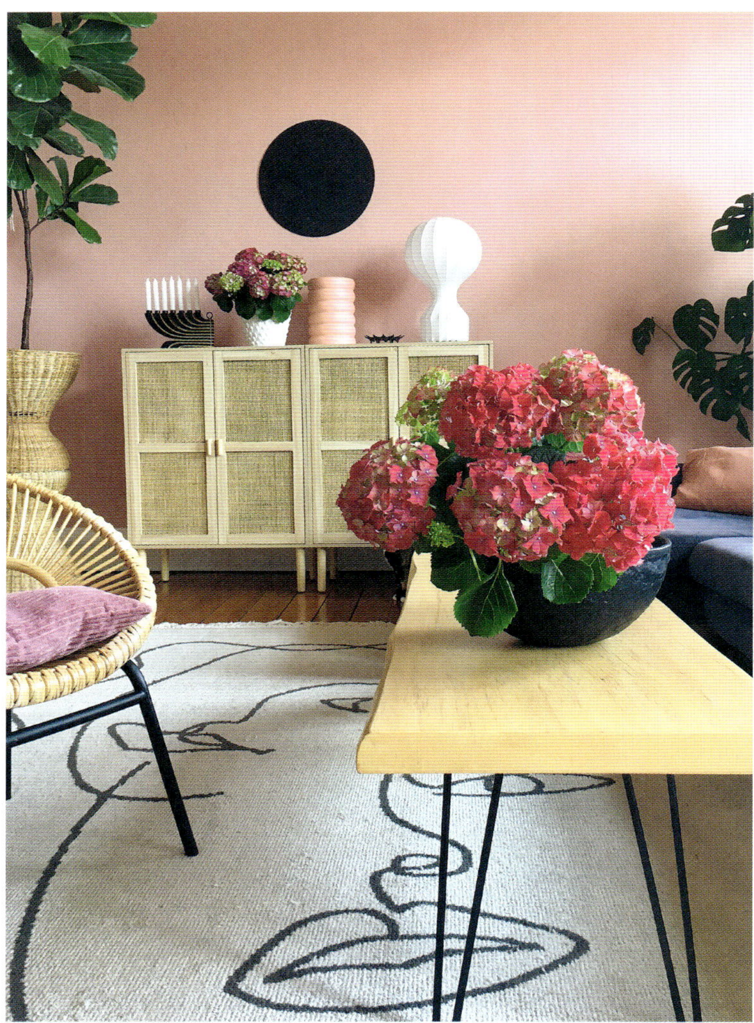

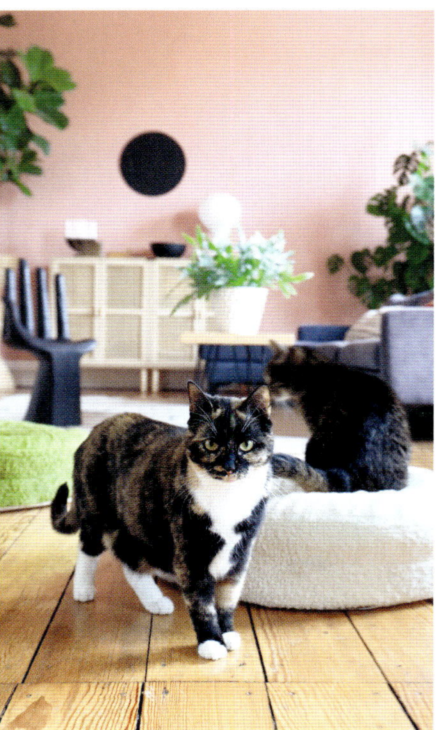

Auf seinen Hairpin-Beinen scheint der Couchtisch fast zu schweben. Für diesen Look haben wir die Original-Tischbeine ausgetauscht.

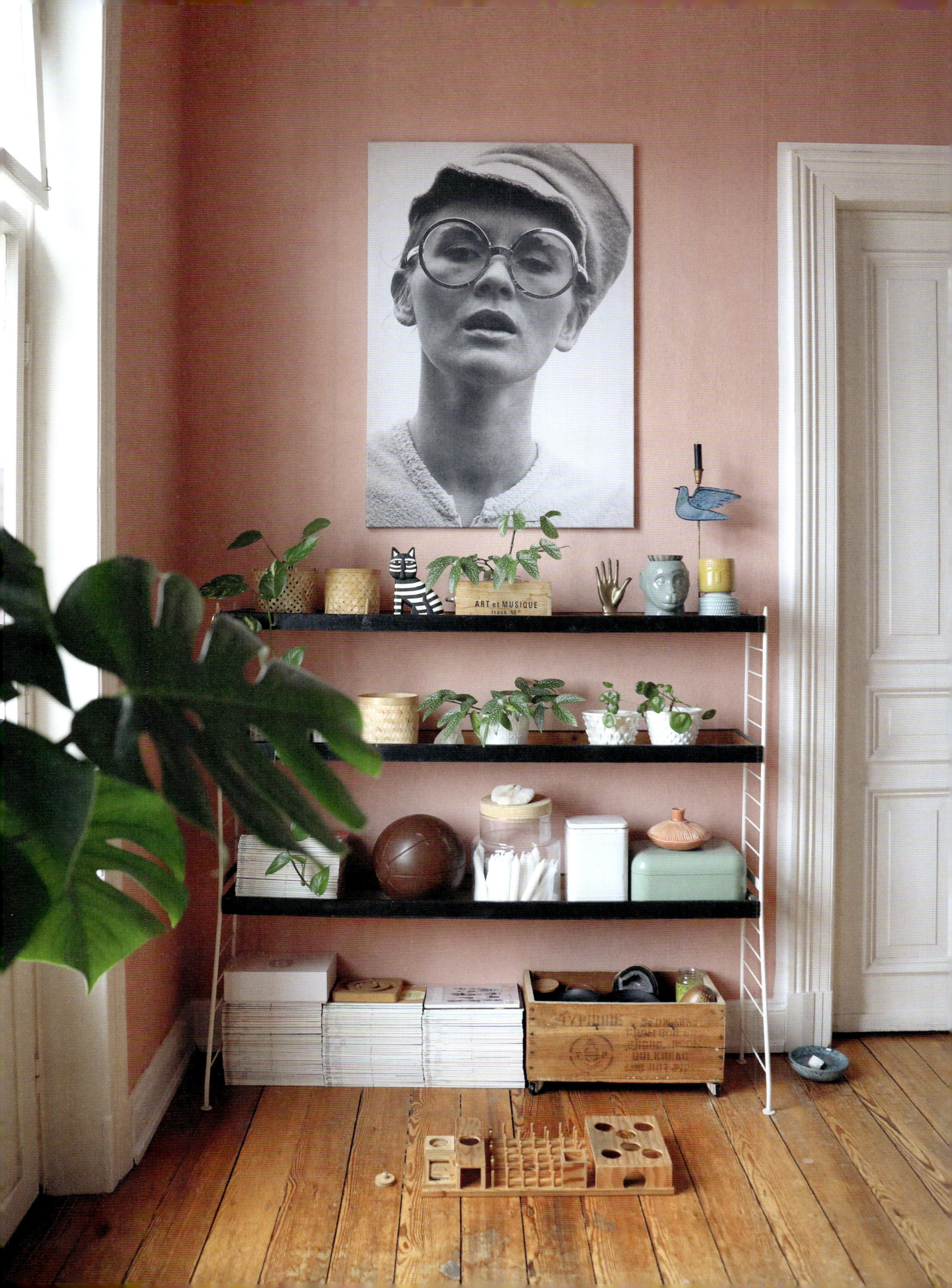
ART et MUSIQUE

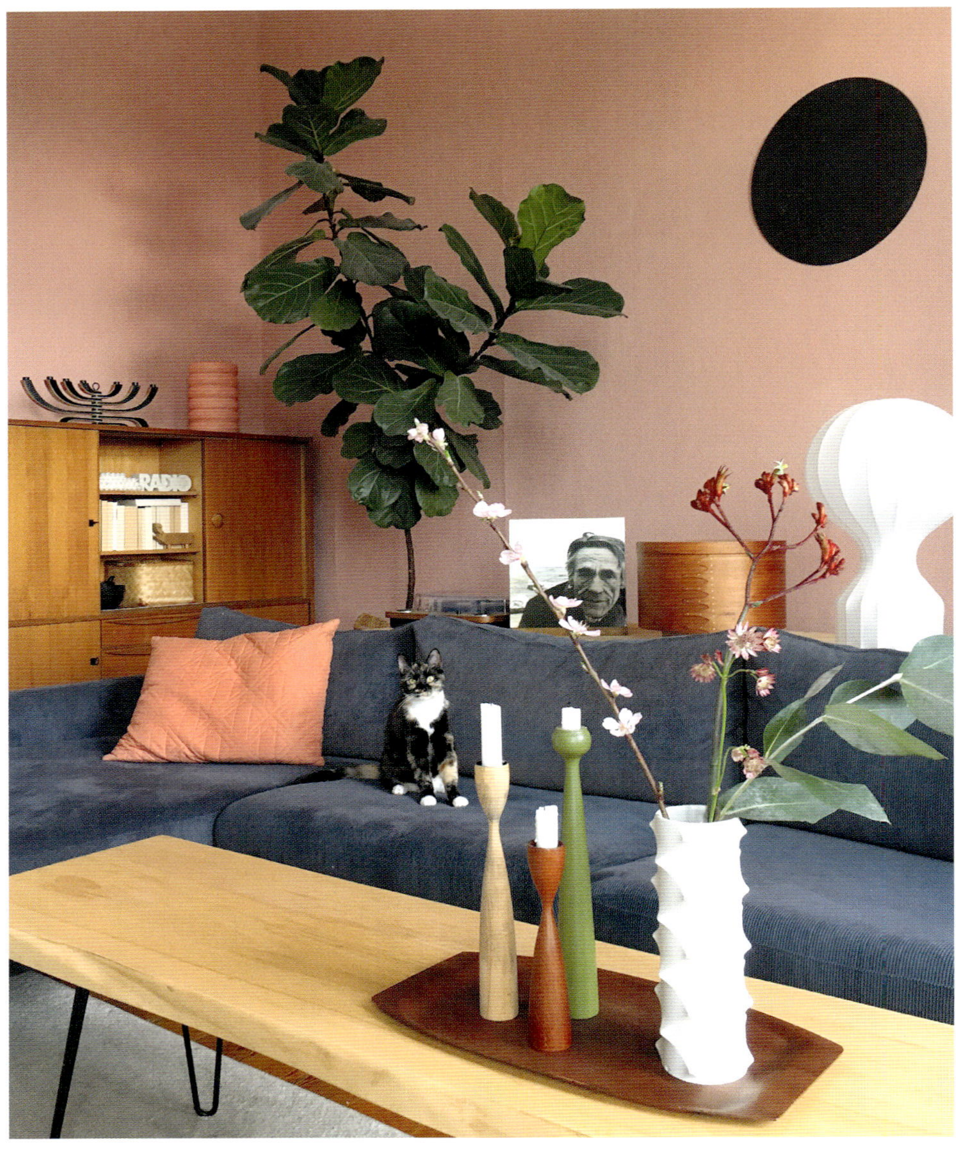

ALLES AUFEINANDER ABGESTIMMT

Rosa an der Wand ist gewagt? Finden wir nicht. Ganz im Gegenteil: Diese gedeckte, warme und doch irgendwie frische Nuance, für die wir uns entschieden haben, macht unser Herrenzimmer erst so richtig gemütlich. Rosa wirkt ausgleichend und beruhigend, gleichzeitig hellt es aber auch die Stimmung auf. Perfekt also für den Raum, in dem wir uns so gerne und viel aufhalten. Die Kombination mit natürlichem Holz, Weiß und dunklerem Blau sorgt dafür, dass der Ton nicht zu feminin wirkt. Dieses Farb-Trio wird perfekt von den grünen Pflanzen ergänzt, die im hellen, sonnigen Herrenzimmer bestens gedeihen. Im Laufe der Jahre haben wir das blaue Sofa zwar gegen ein neues, größeres ausgetauscht, die Farbe ist jedoch geblieben. Das dunkle Taubenblau funktioniert einfach am besten mit den anderen Farben.

Richtig harmonisch wird eine Farbkombination übrigens erst, wenn sich die einzelnen Töne wiederholen. Kissen, Kerzenleuchter, Bilder, aber auch Blüten und Leuchten greifen unser Farbschema auf und sorgen für ein rundum ausgewogenes Bild.

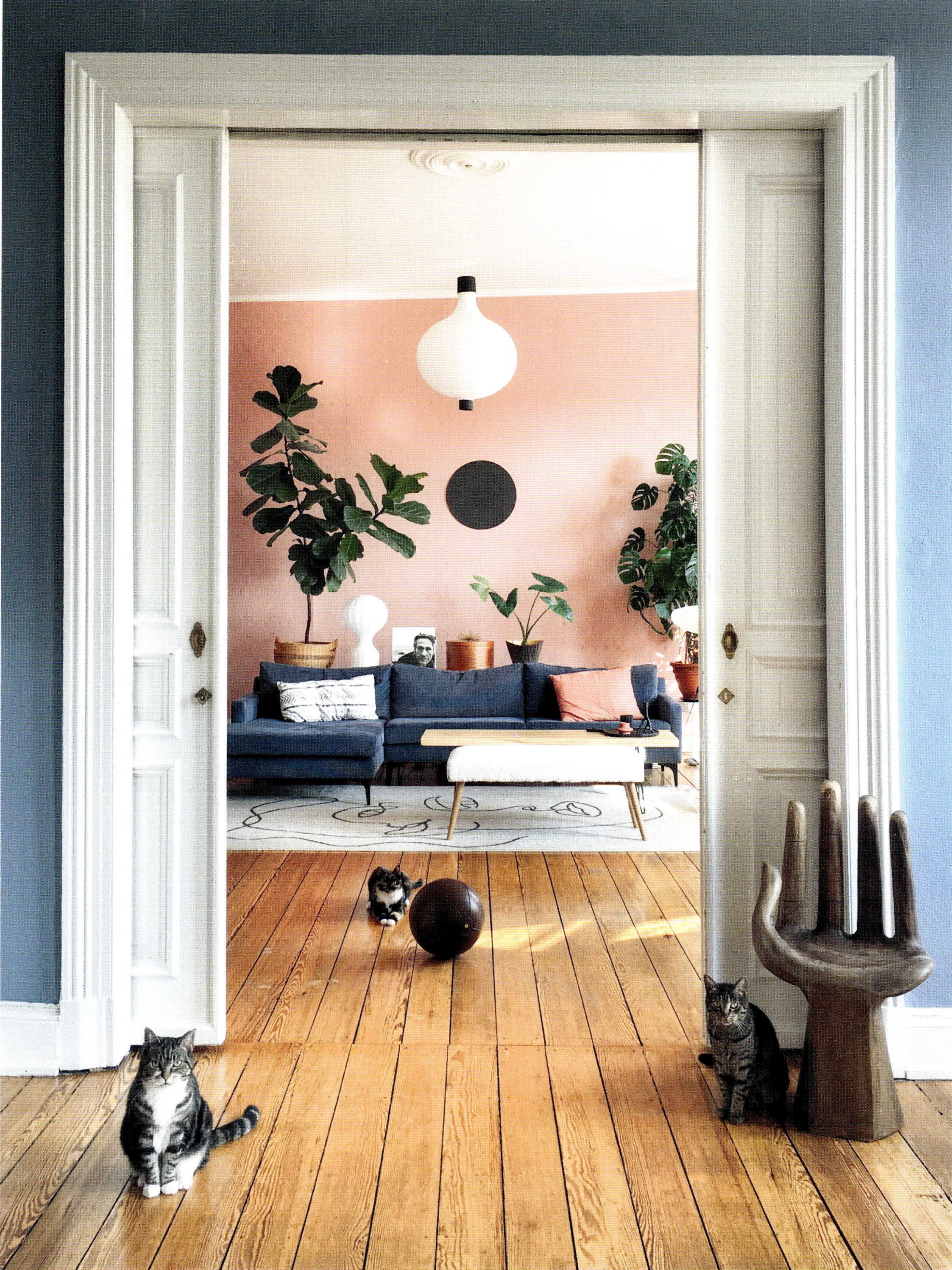

Weiß, Naturholz, Blau und das Grün unserer Pflanzen: Diese Farbkombination erinnert an Sommerferien in Dänemark. Die Akzente aus schwarzem Metall geben dem Look einen modernen und spannenden Touch.

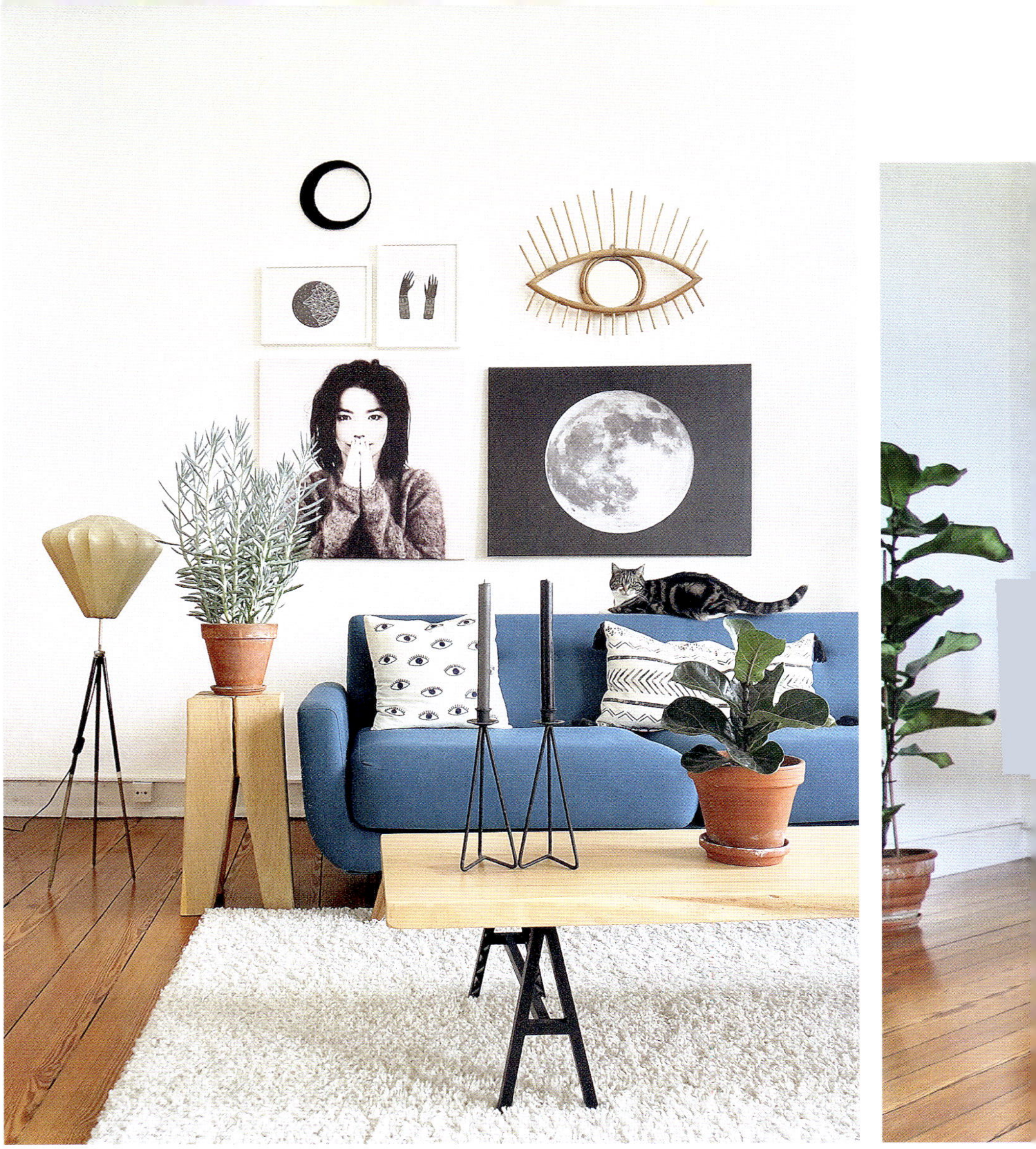

LÄSSIGE GRÜSSE AUS DEM HOHEN NORDEN

Vor Rosa war Weiß. Damals verströmte das Herrenzimmer eine tiefenentspannte nordische Klarheit und Ruhe. Sind die Wände weiß, kann man sich mit den Farbstellungen ganz nach Lust und Laune austoben. Wir lieben skandinavisches Flair, das vor allem von der Kombination aus schlicht-weißem Hintergrund und warmen Holztönen getragen wird. Schwarze Tupfer hier und dort setzen knackige Akzente und das satte Grün der Pflanzen bringt Wärme und Ruhe in den Raum. In diese Umgebung fügte sich auch unser blaues Sofa ganz harmonisch ein. Naturmaterialien wie Leinen, Baumwolle, Hanf und Holz sowie Metall kommen bei diesem Look übrigens ganz besonders gut zur Geltung.

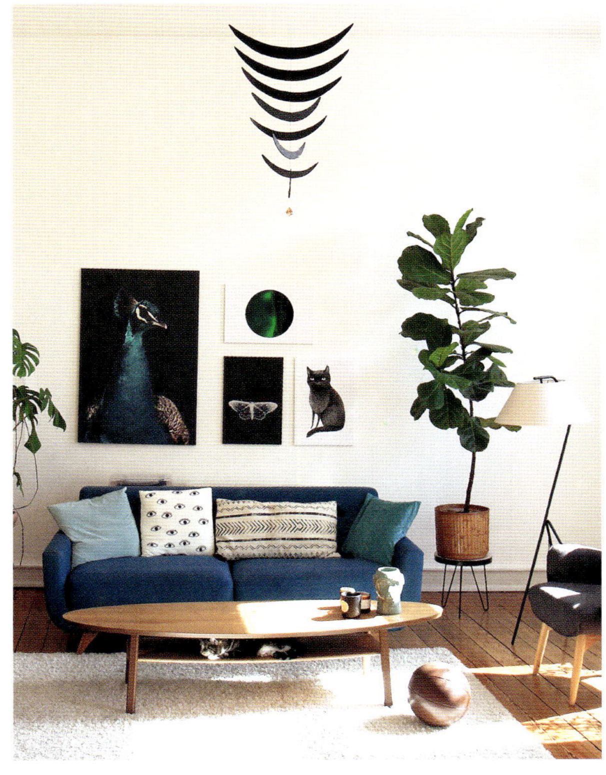

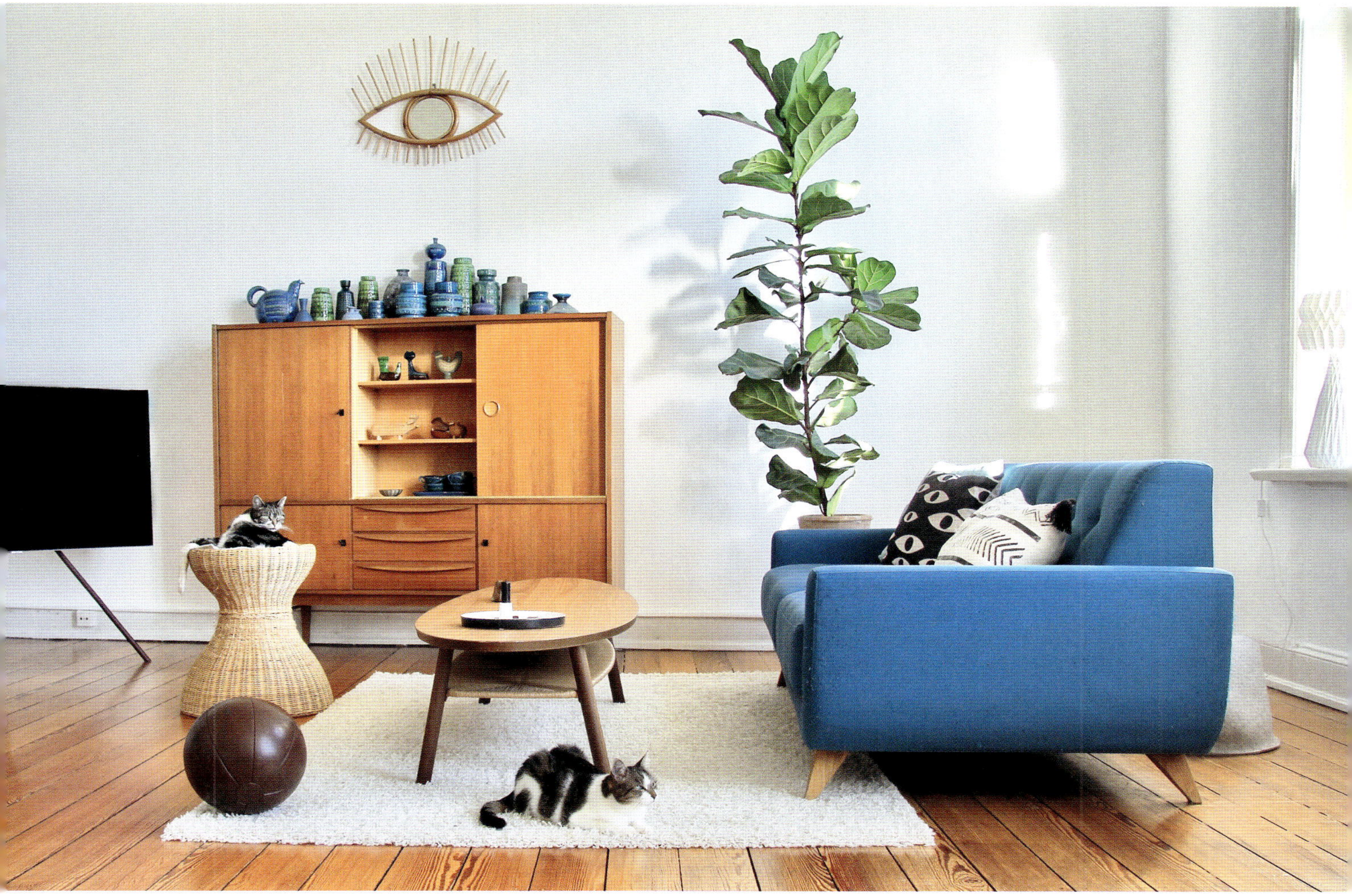

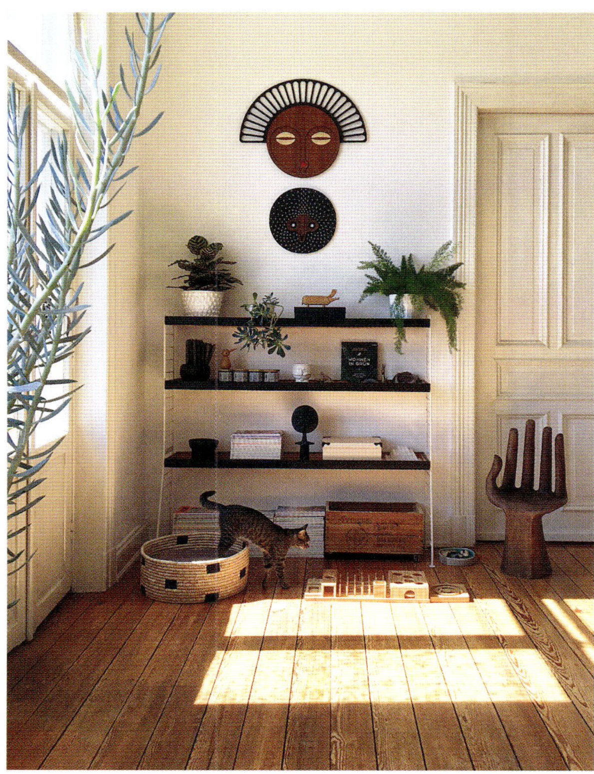

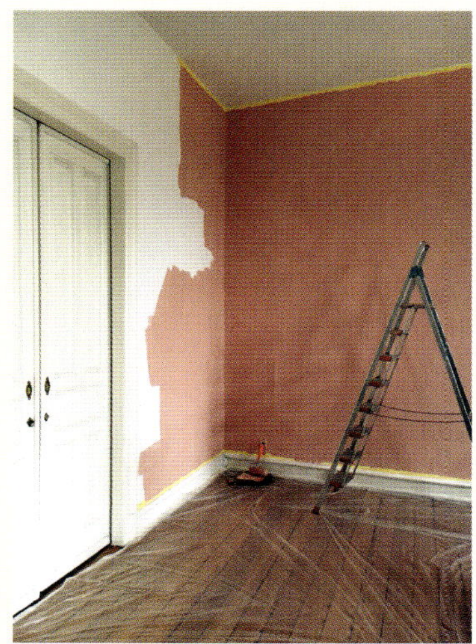

Wer sich an weißen Wänden sattgesehen hat, hat kein Problem, den dezenten Farbton mit einem kräftigeren zu überstreichen. Bei uns reichte eine Schicht der neuen Farbe.

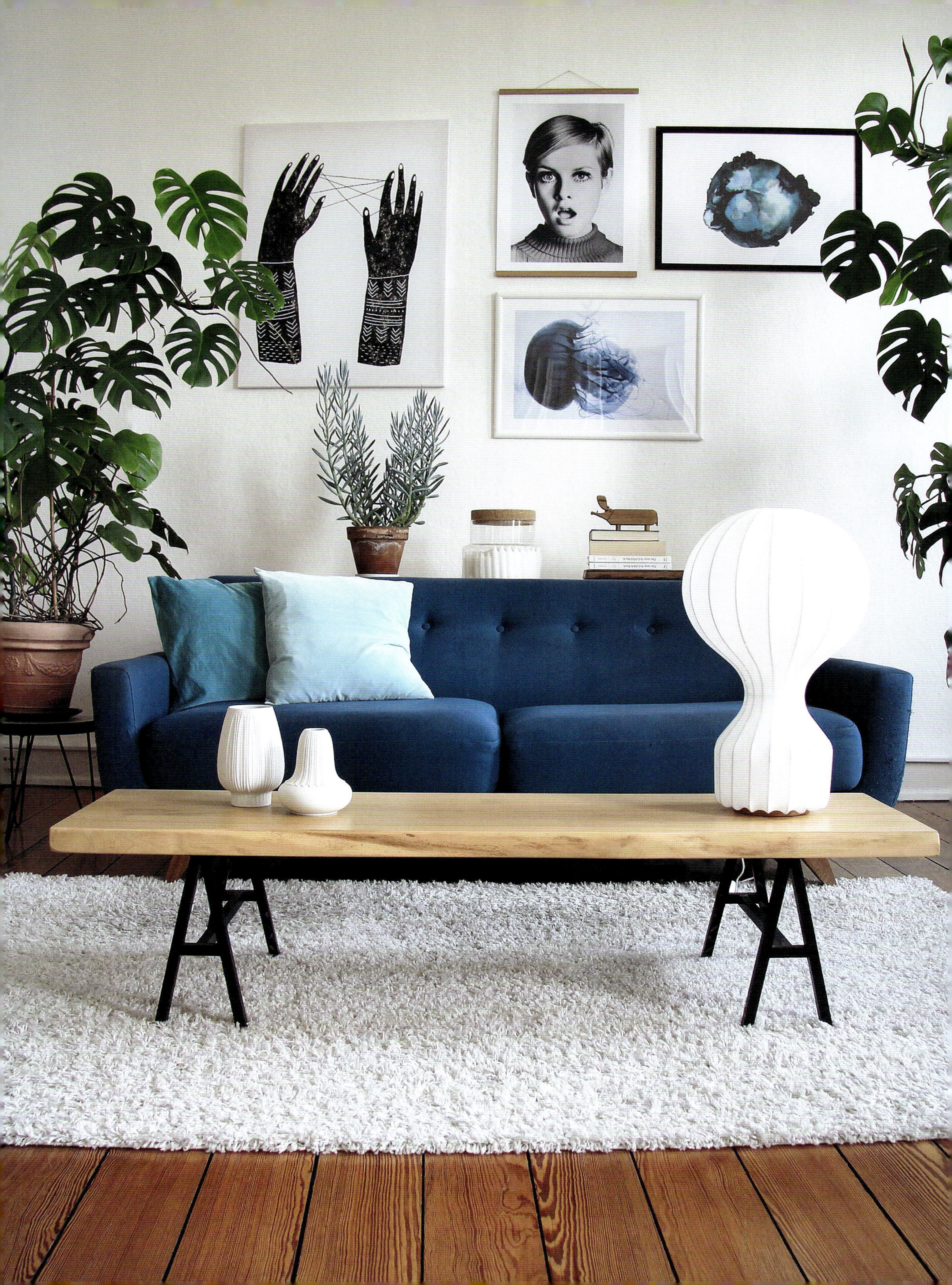

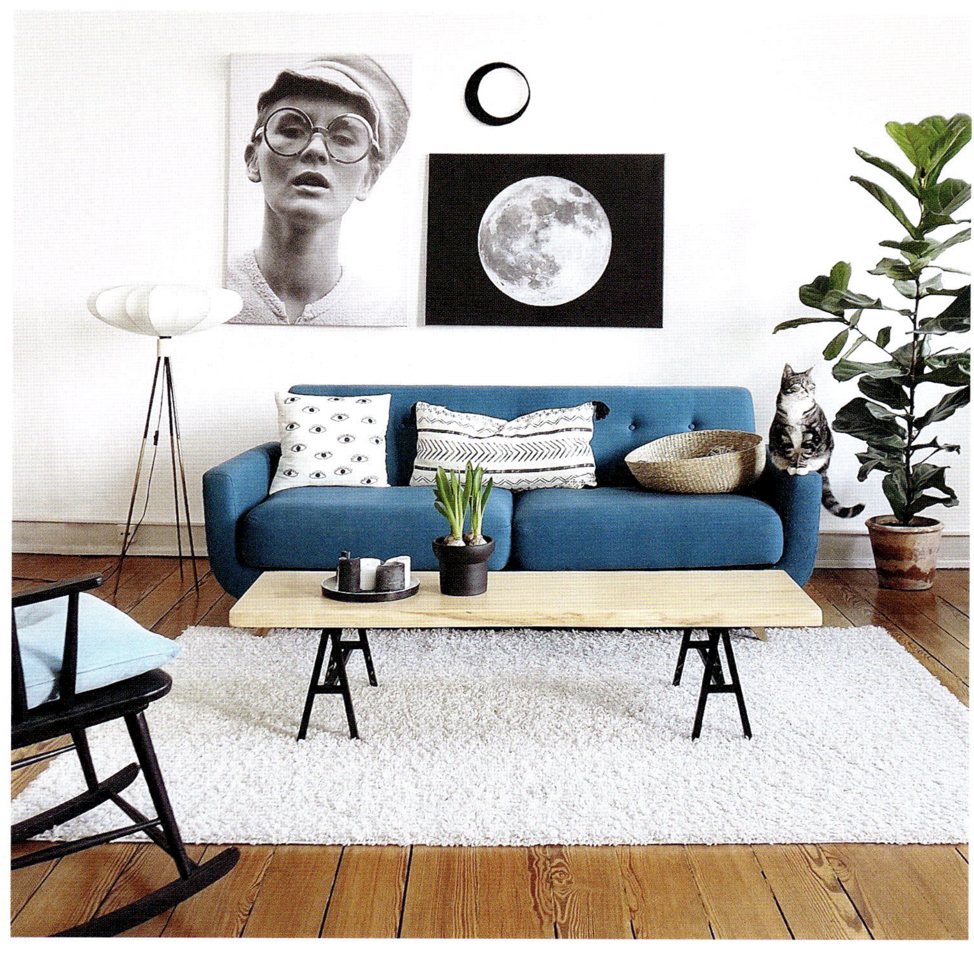

DIE KLEINEN DINGE

Klar, Couch, Tisch, Schrank und Regal nehmen viel Raum ein. Gemeinsam mit den Wandfarben und dem Bodenbelag bestimmen sie die grundlegende Richtung, die der Look eines Zimmers nimmt. Sie sind präsent, sie machen den Großteil der Flächen aus – natürlich bekommen sie eine Menge Aufmerksamkeit. Aber nicht alle. Denn die kleinen Dinge haben eine große Wirkung, wenn man sie sorgfältig auswählt und platziert. Passend zum Farbschema suchen wir Leuchten, Bilder und andere Deko-Elemente aus. Zu dieser Version unseres Herrenzimmers passen zum Beispiel schlichte Deko-Objekte in Weiß, Schwarz und Grün, geflochtene Körbe sowie wollweiße Kissen und Decken.

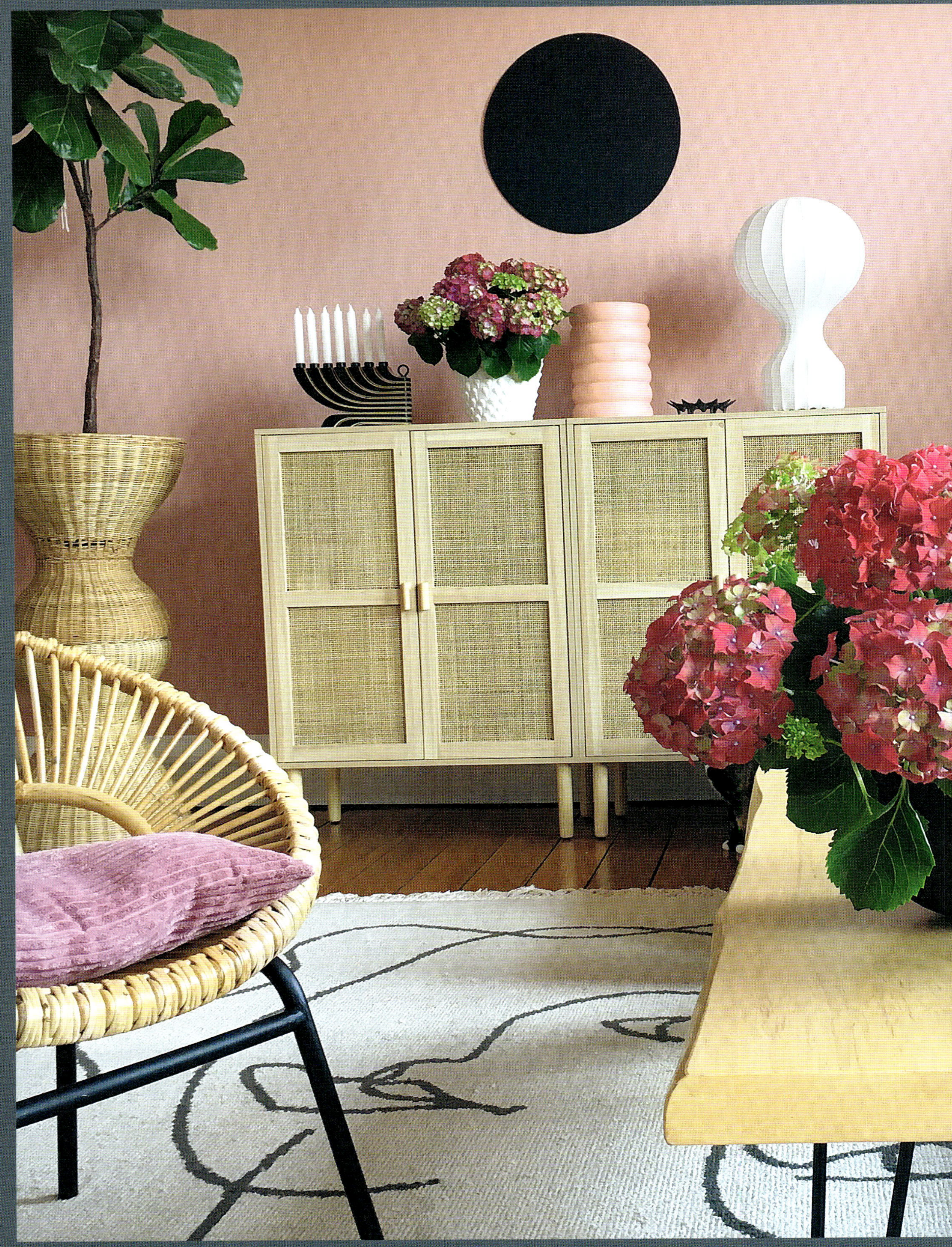

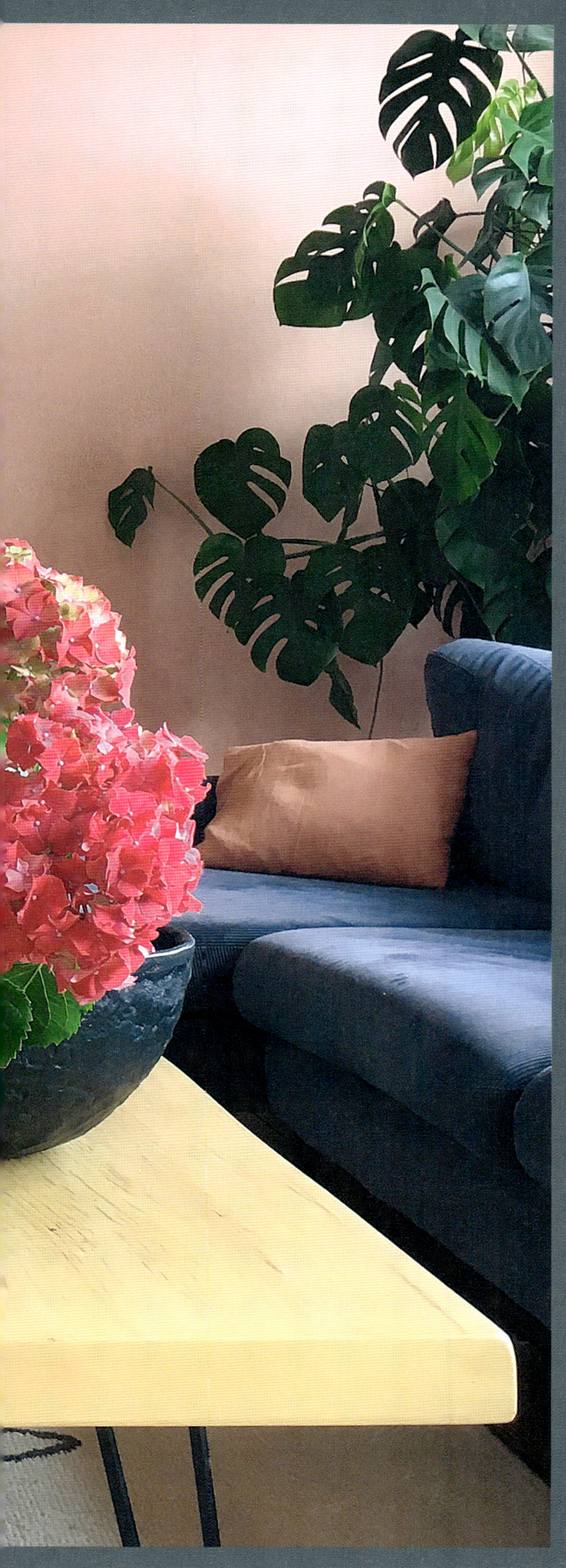

MUT ZUR FARBE

Natürlich muss man keine Farben in seine vier Wände holen. Natürlich kann man ganz monochrom in Weiß leben. Doch stimmungsvoller wohnt man farbenfroh. Dafür ist es nicht nötig, möglichst viele Farbtöne miteinander zu kombinieren. Auch eine einzelne farbig gestrichene Wand oder eine farbige Couch beeinflussen die Stimmung eines Raumes – und die der Bewohnerinnen und Bewohner.

Wer seine Wände in Farbe streichen möchte, sich aber noch unsicher ist, testet den Effekt am besten erst einmal an einer einzelnen Wand. Wer mutiger ist, streicht gleich den ganzen Raum. Neue Farbtöne lassen sich aber auch gut in Form von Möbeln und Textilien integrieren. Ein frisch lackierter Schrank, eine Sammlung von farbigen Stühlen rund um den Esstisch oder auch ein bunter Teppich sorgen für einen neuen Look.

Welche Farbe wirkt wie? Blau beispielsweise holt die Weite des Himmels und des Meeres in die Räume, es beruhigt und entspannt. Auch grüne Töne beruhigen. Sie lassen die Grenzen zwischen draußen und drinnen verschwimmen. Das sonnige Gelb dagegen versprüht gute Laune und Energie. Erdige Nuancen wirken eher entspannend und lässig. Und Rot ist so kräftig, dass man es in seiner puren Form in Wohnräumen besser nur als Akzentfarbe einsetzt. Sanfter sind Mischtöne wie Mauve, Rosa und Terrakotta.

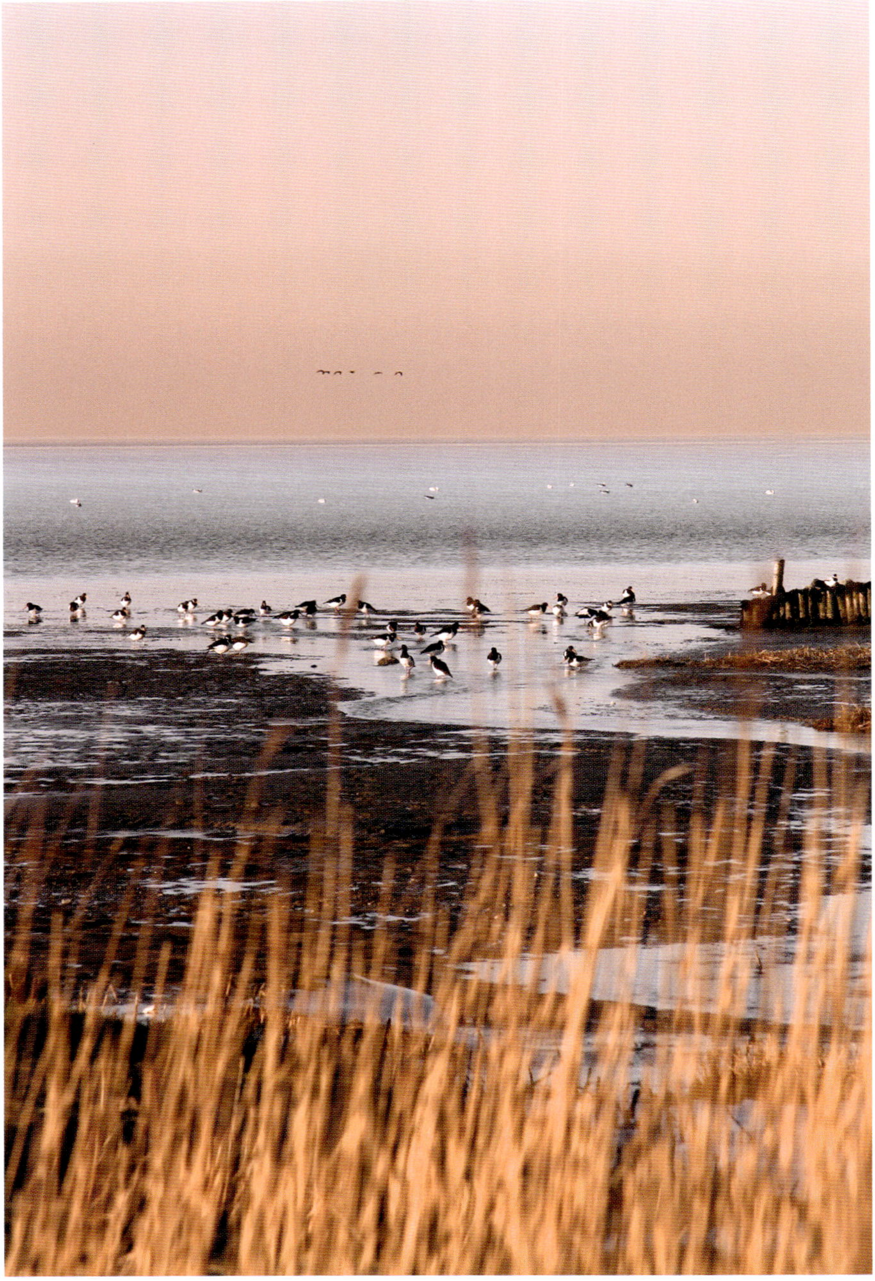

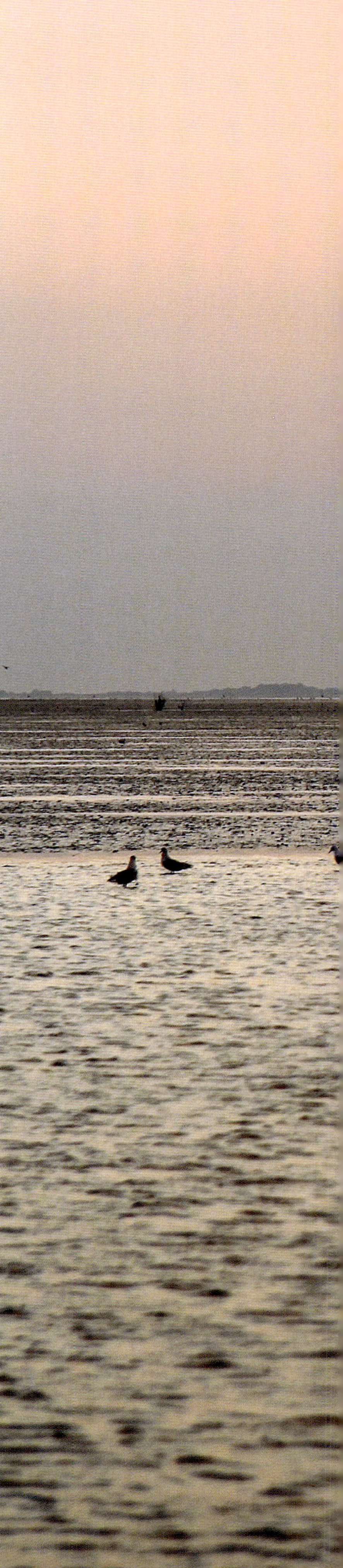

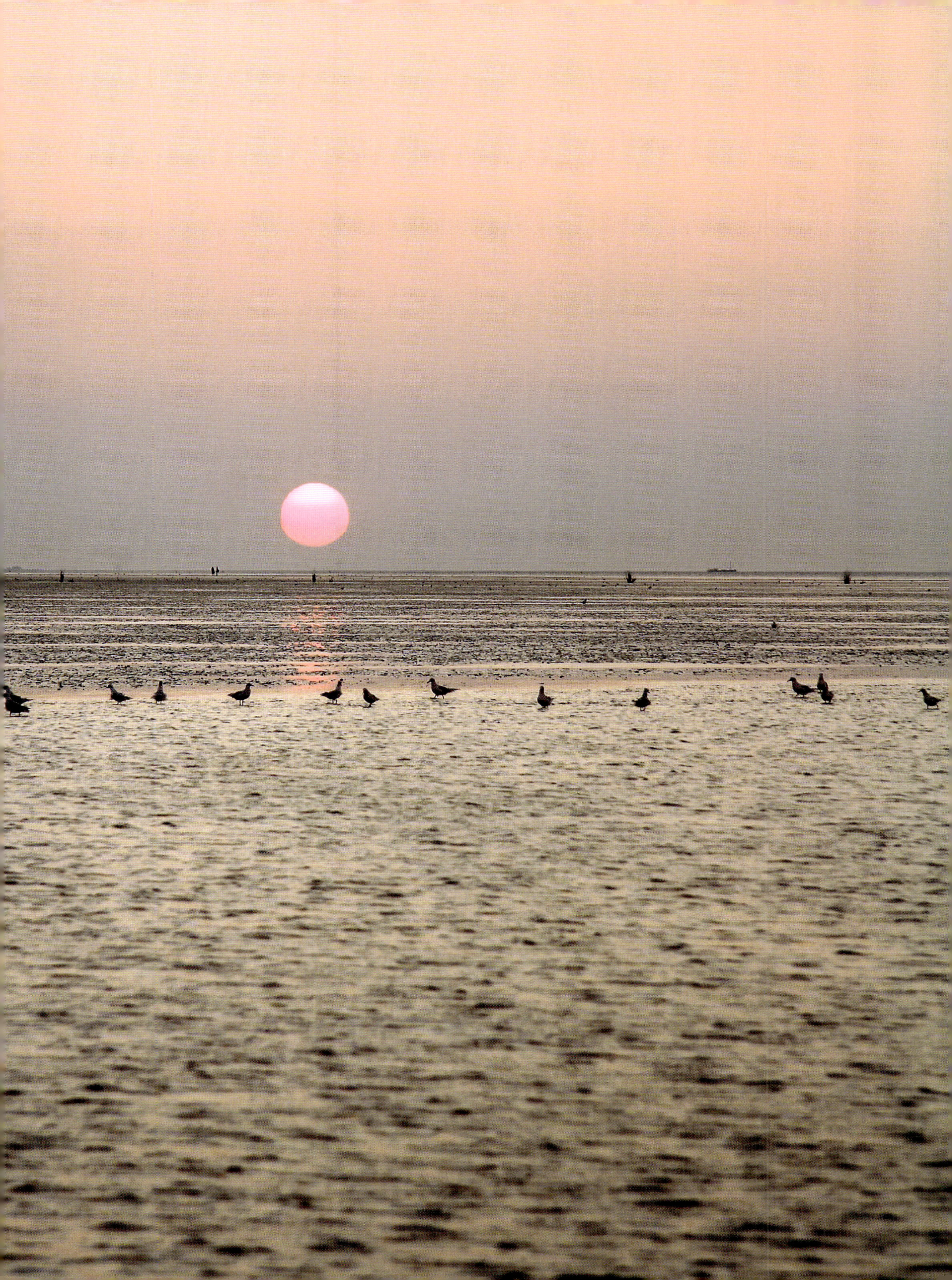

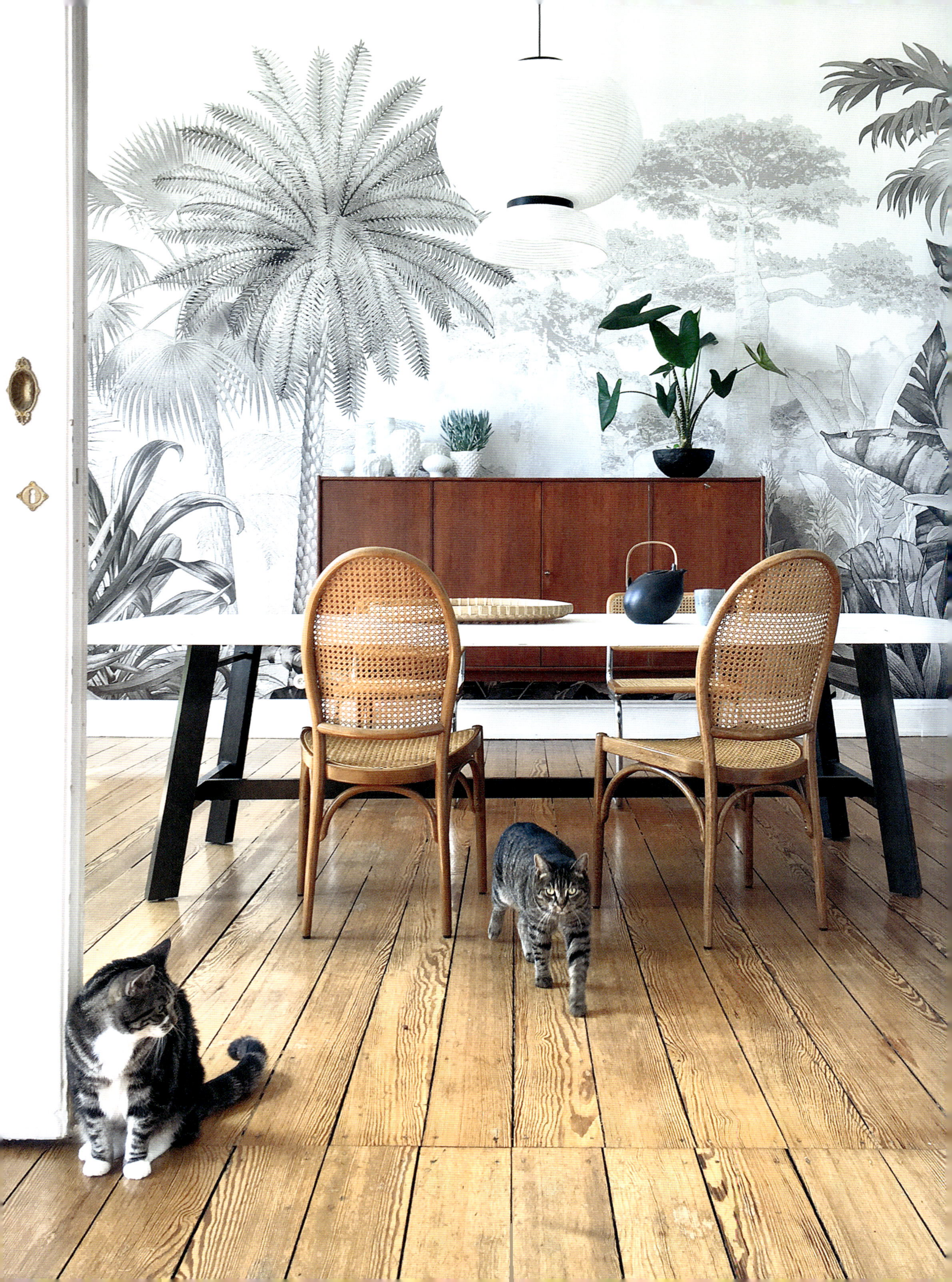

ESSZIMMER

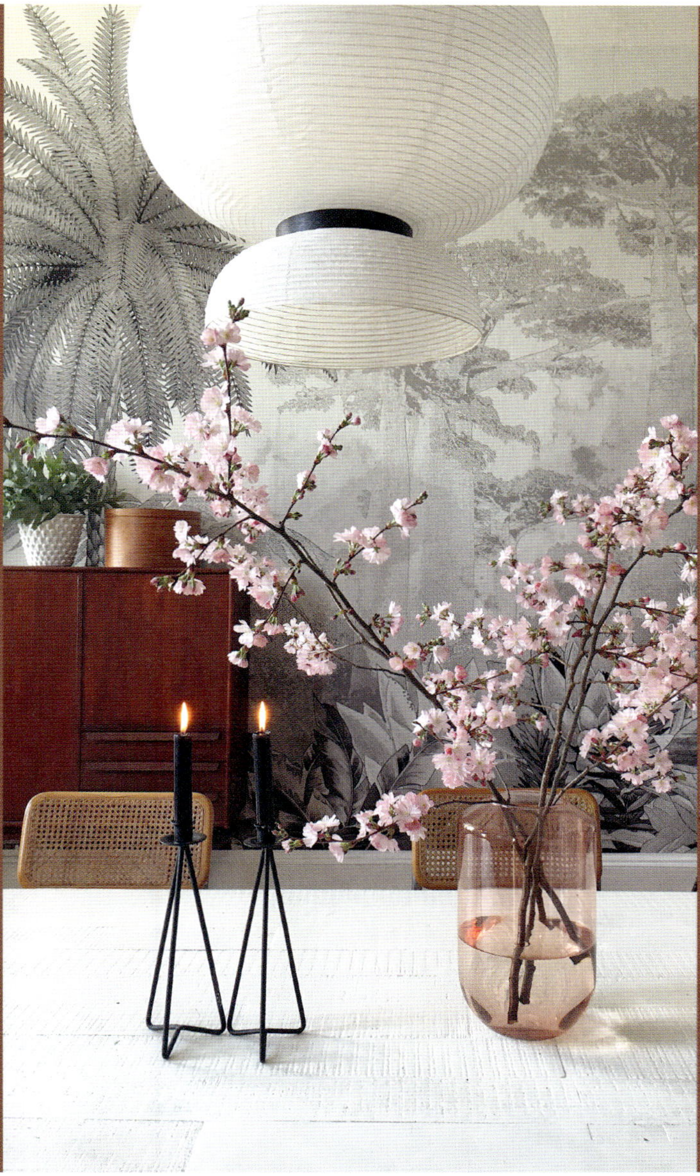

An unserer Tafel ist Platz für alle. Je länger der Tisch, desto geselliger. Unser Esszimmer bietet glücklicherweise ganz schön viel Platz – und so passt dieses ausladende Möbelstück problemlos hinein. Unser Esstisch ist das Zentrum des Raumes und erfüllt viele Zwecke. Drumherum gruppieren sich etliche Stühle, so findet jeder einen Platz. Hier sitzen wir mit Familie und Freunden und genießen und reden. Hier schmeckt es uns aber auch zu zweit sehr gut. Hier können wir Pläne schmieden und Entscheidungen treffen, klönen und diskutieren, lachen und spielen. Wie so vieles in unserem Zuhause hat übrigens auch der Tisch bereits einmal seinen Look verändert.

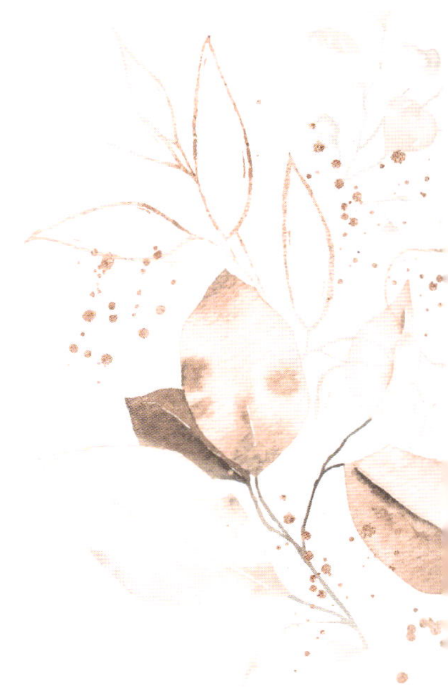

MEHR ALS EIN BILD

In historischen Häusern gab es früher manchmal sogenannte Landschaftszimmer. Sie wurden nicht nur üppig begrünt durch Zimmerpflanzen, an den Wänden prangten obendrein landschaftliche Motive. Sie zeigten zum Beispiel Seen und Wälder, Berge oder die Küste. Auch in unserem Haus gab es zu Beginn solche Szenerien. In einer Nachbarwohnung sind sogar noch Wandmalereien erhalten. Wir wollten diese Pracht zurückbringen und entschieden uns im Esszimmer für eine schlichte und doch extravagante Motivtapete. Die Vegetation auf der Tapete war tropisch und üppig, doch weil alles in dezenten Grautönen gehalten war, dominierte sie den Raum nicht zu sehr und wirkte klar und modern. So passte sie perfekt zu unseren schlichten Möbeln.

Eines Tages zerstörte jedoch ein Wasserschaden diese geklebte „Wandmalerei" Und alles, was erhalten geblieben ist, ist ein kleiner Ausschnitt. Den haben wir ganz gezielt in Szene gesetzt. Feine Leisten, die wir schwarz lackierten, rahmen das Reststück der Tapete ein und verwandeln es in ein großformatiges Bild.

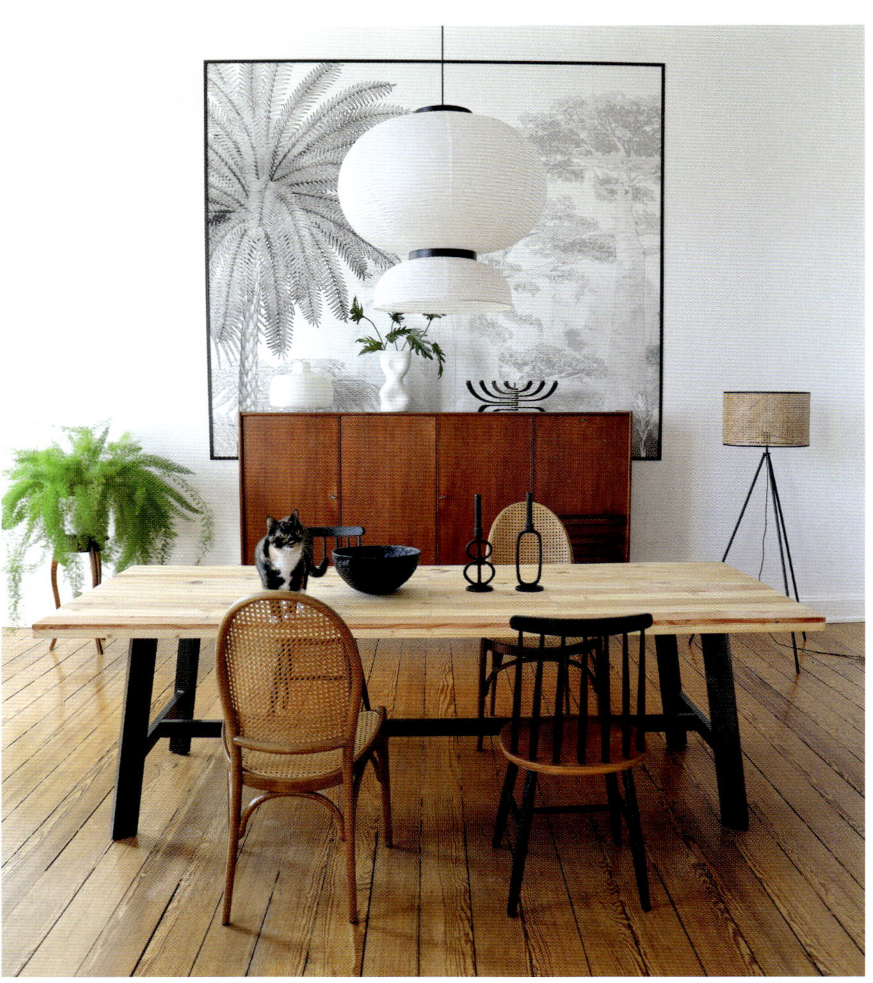

⚓ Wer Angst vor der großen Veränderung hat, entscheidet sich für eine kleine: Man muss nicht gleich die ganze Wand tapezieren, sondern kann auch erst einmal eine kleinere Fläche dekorieren – etwa einen senkrechten Streifen oder ein Viereck.

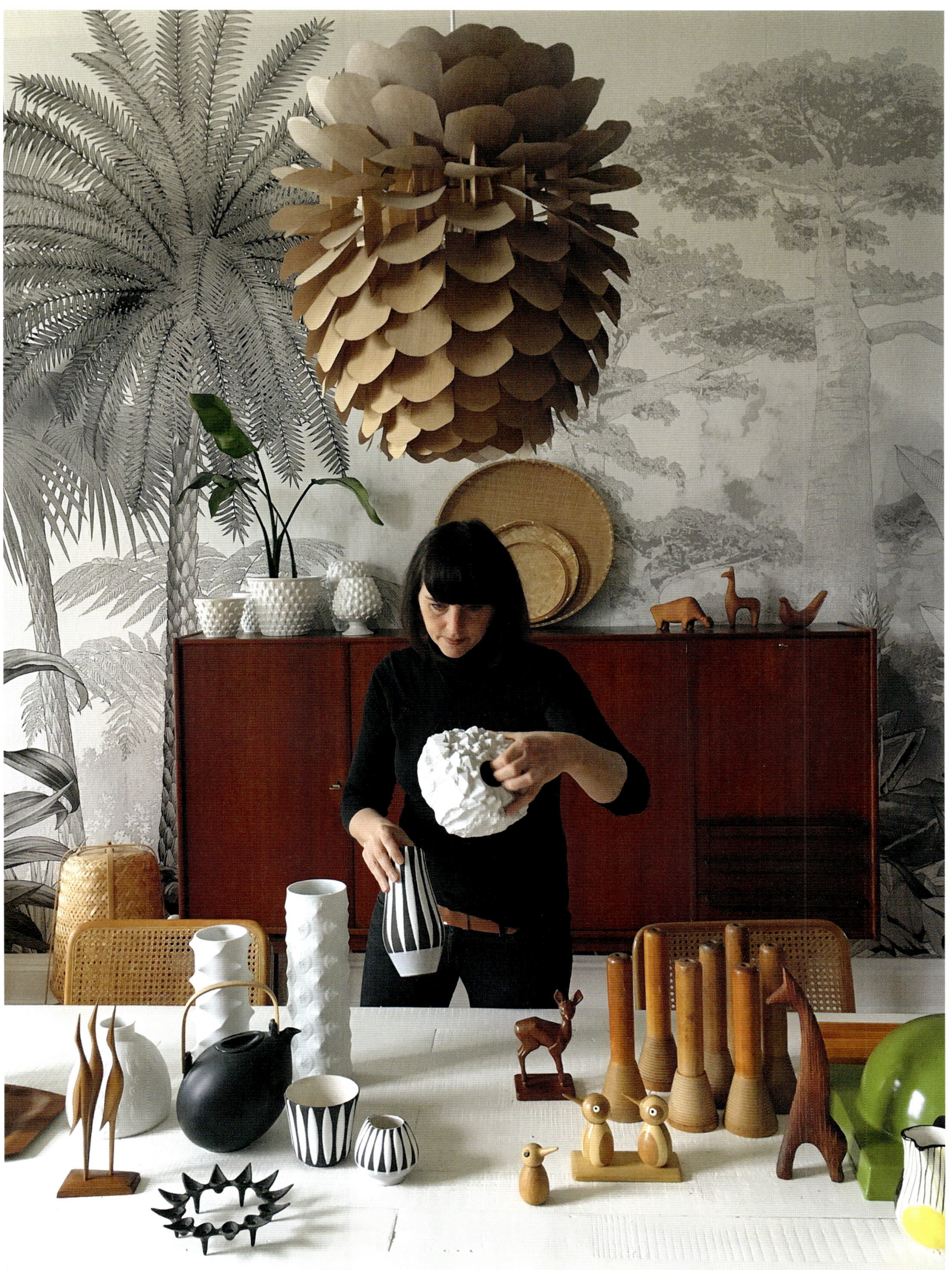

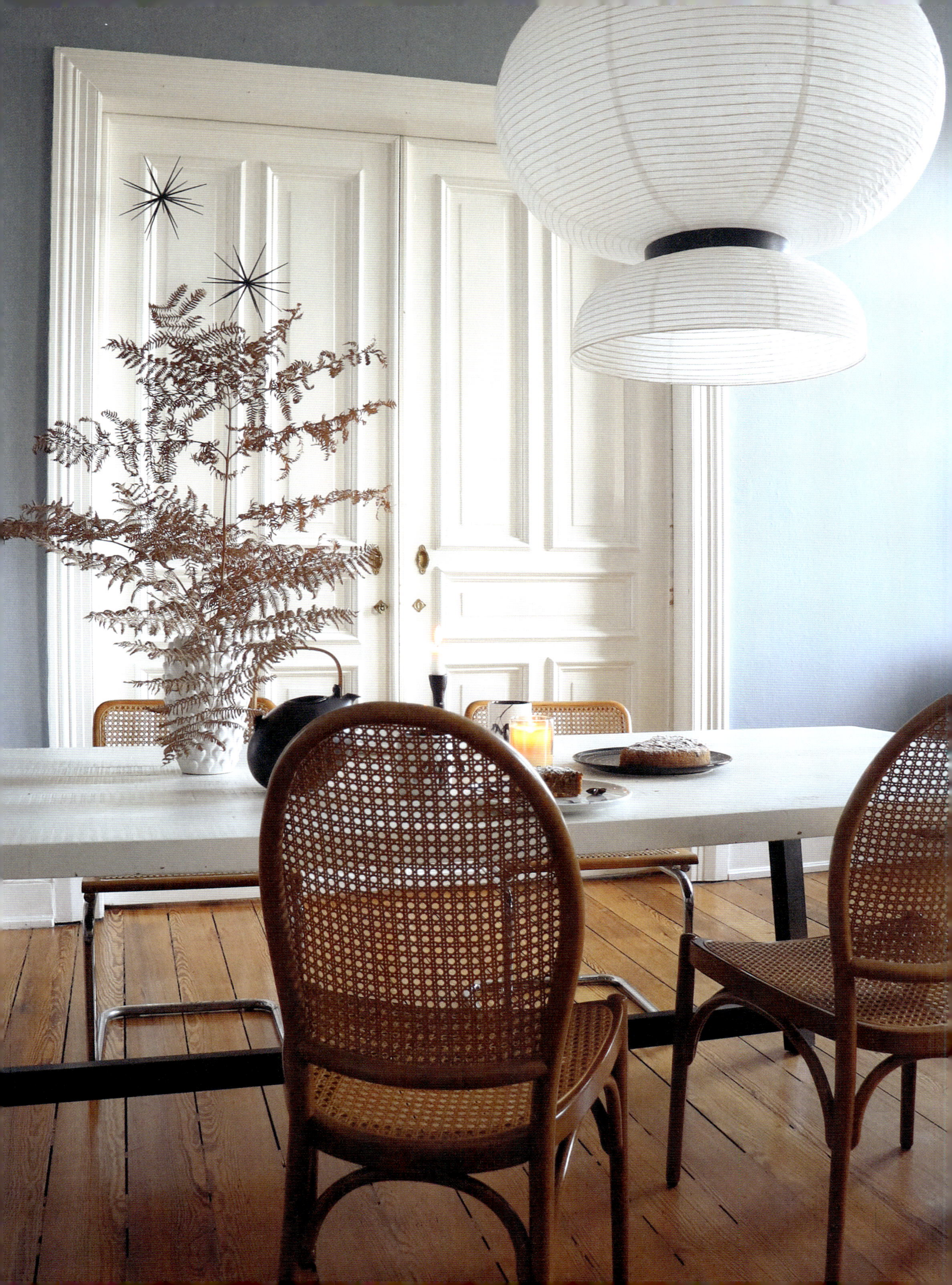

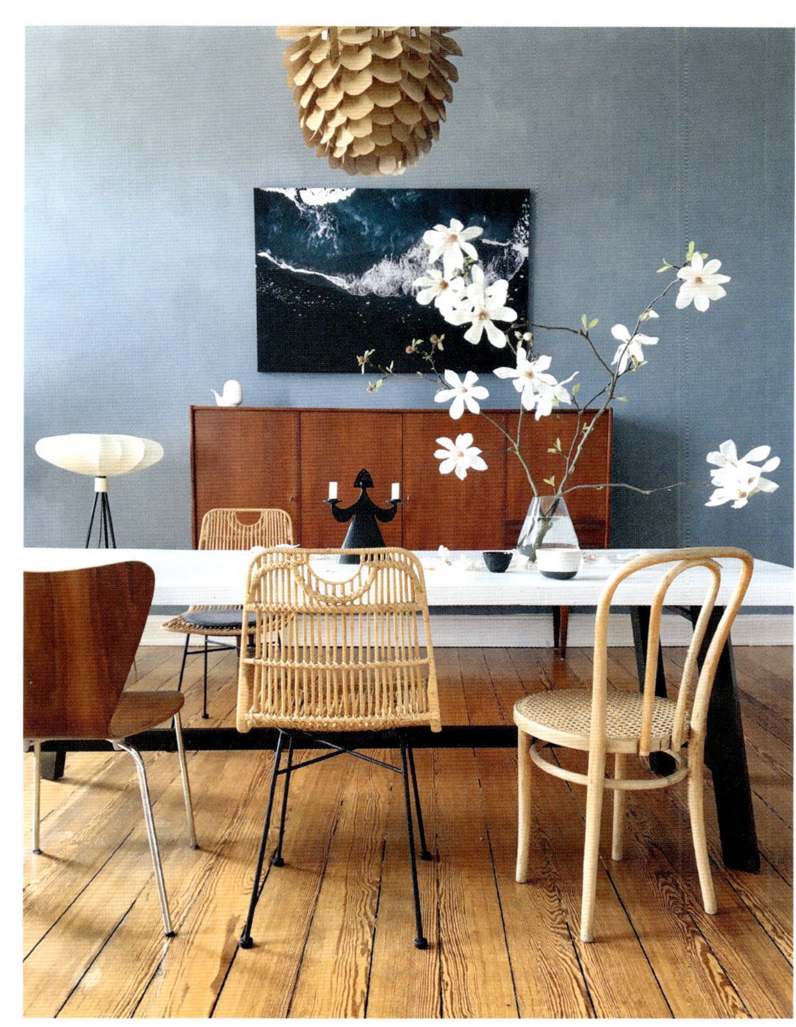

⚓ Wir lieben es, den Esstisch zu dekorieren. Manchmal bauen wir kleine Stillleben auf, manchmal ist es nur ein einzelner Zweig in einer hübschen Vase.

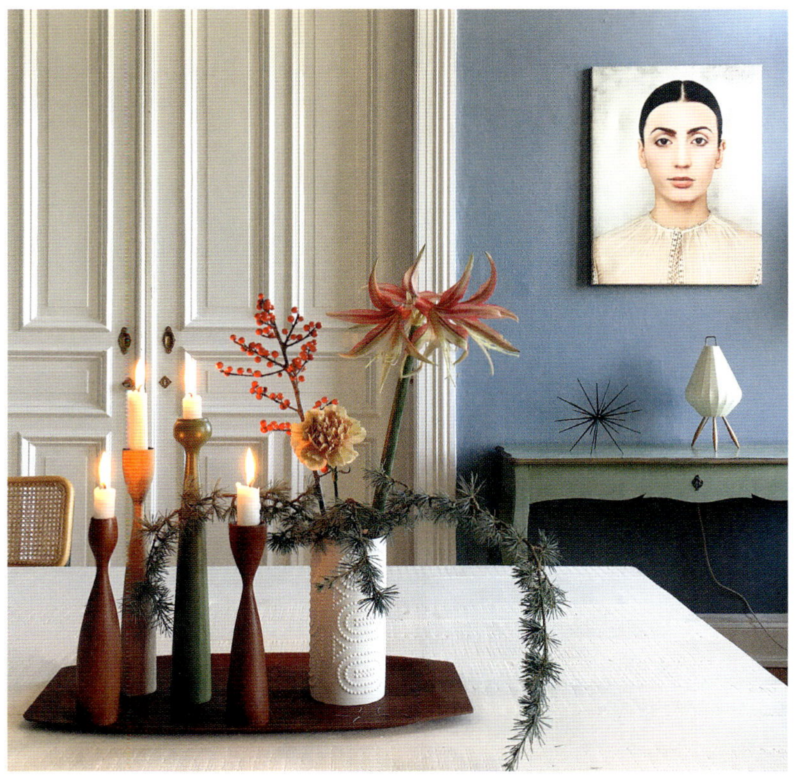

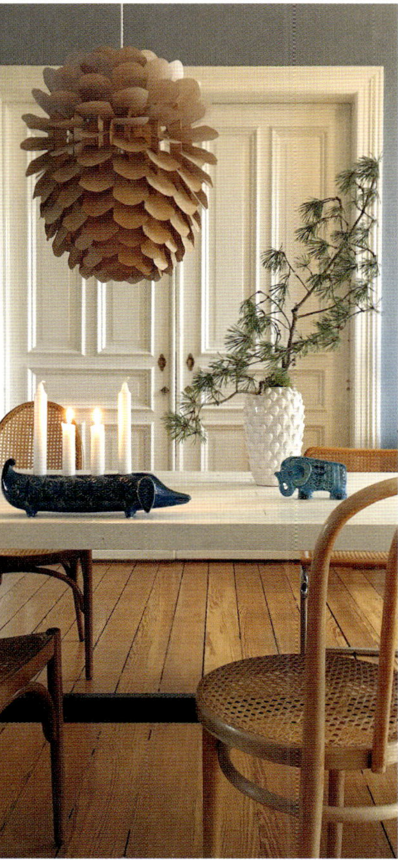

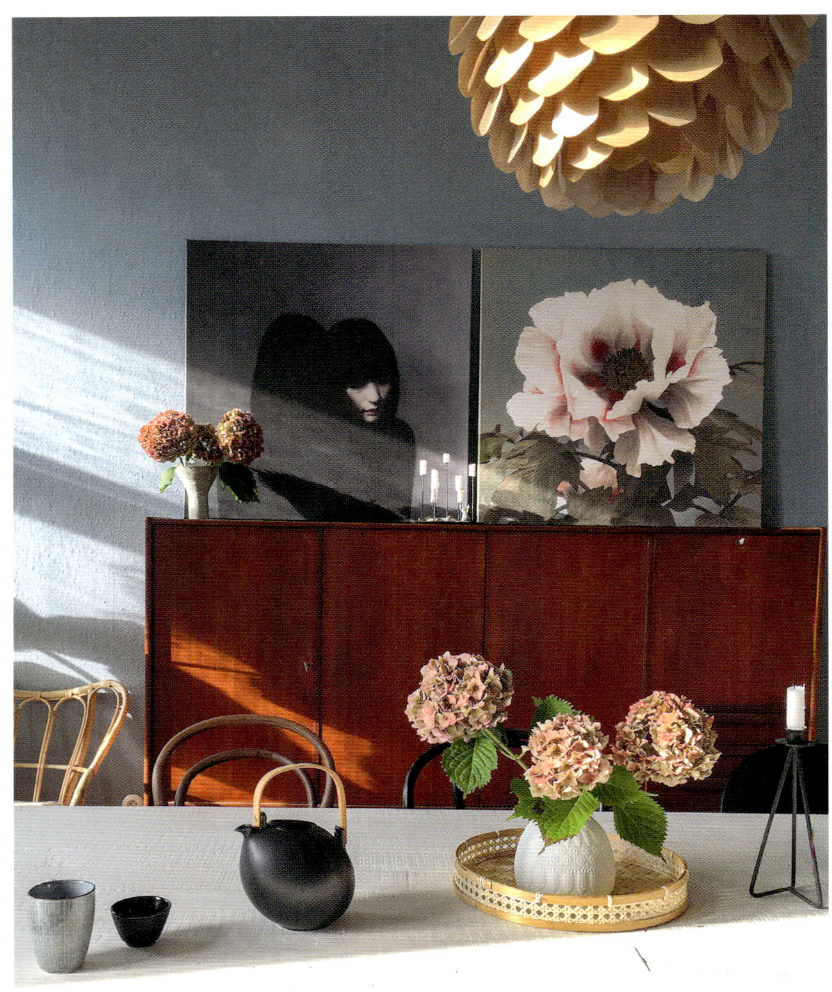

VON HIMMEL UND MEER

In historischen Häusern wie unserem war es früher üblich, die Wände farbig zu streichen. Oft wurde jeder Raum in einen anderen Ton getaucht. Diese Tradition halten wir in unserem Zuhause gerne aufrecht. Das Esszimmer erstrahlt in einem sanften Taubenblau. Je nach Lichtintensität und Tageszeit wirkt es mal dunkler und stimmungsvoll, mal heller, leichter und luftiger. Der Farbton vermittelt Ruhe und Gelassenheit. Er lässt uns durchatmen und entspannen. Manchmal erinnert er an das Meer jenseits des Hafens, manchmal an den Himmel. Inzwischen hat dieser Raum allerdings nur noch drei blaue Wände, denn die vierte schmückt ein Wald in zarten Grautönen. Dazu unsere vielen Zimmerpflanzen und die Aussicht aus den Fenstern: Mehr Natur drinnen geht nicht.

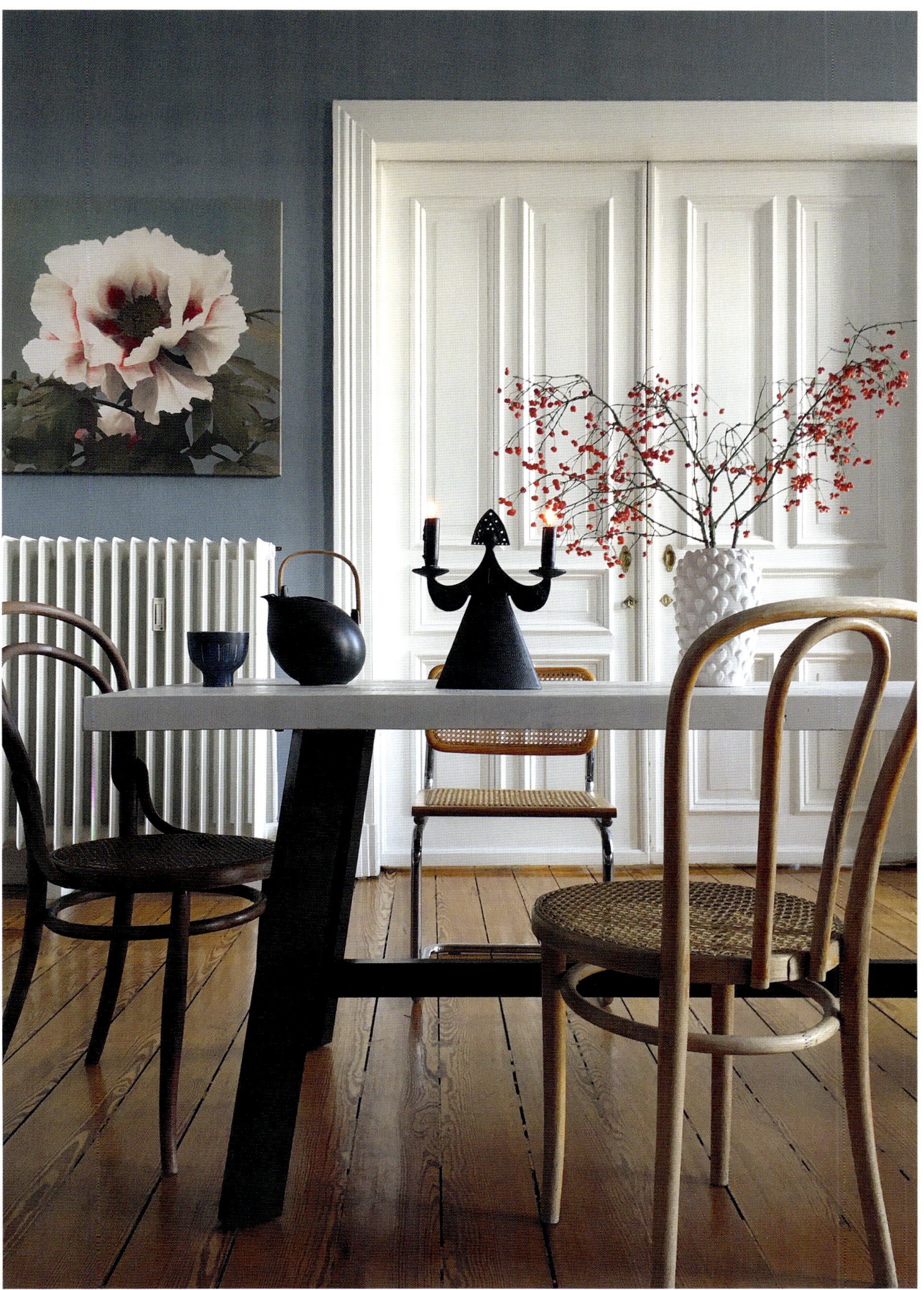

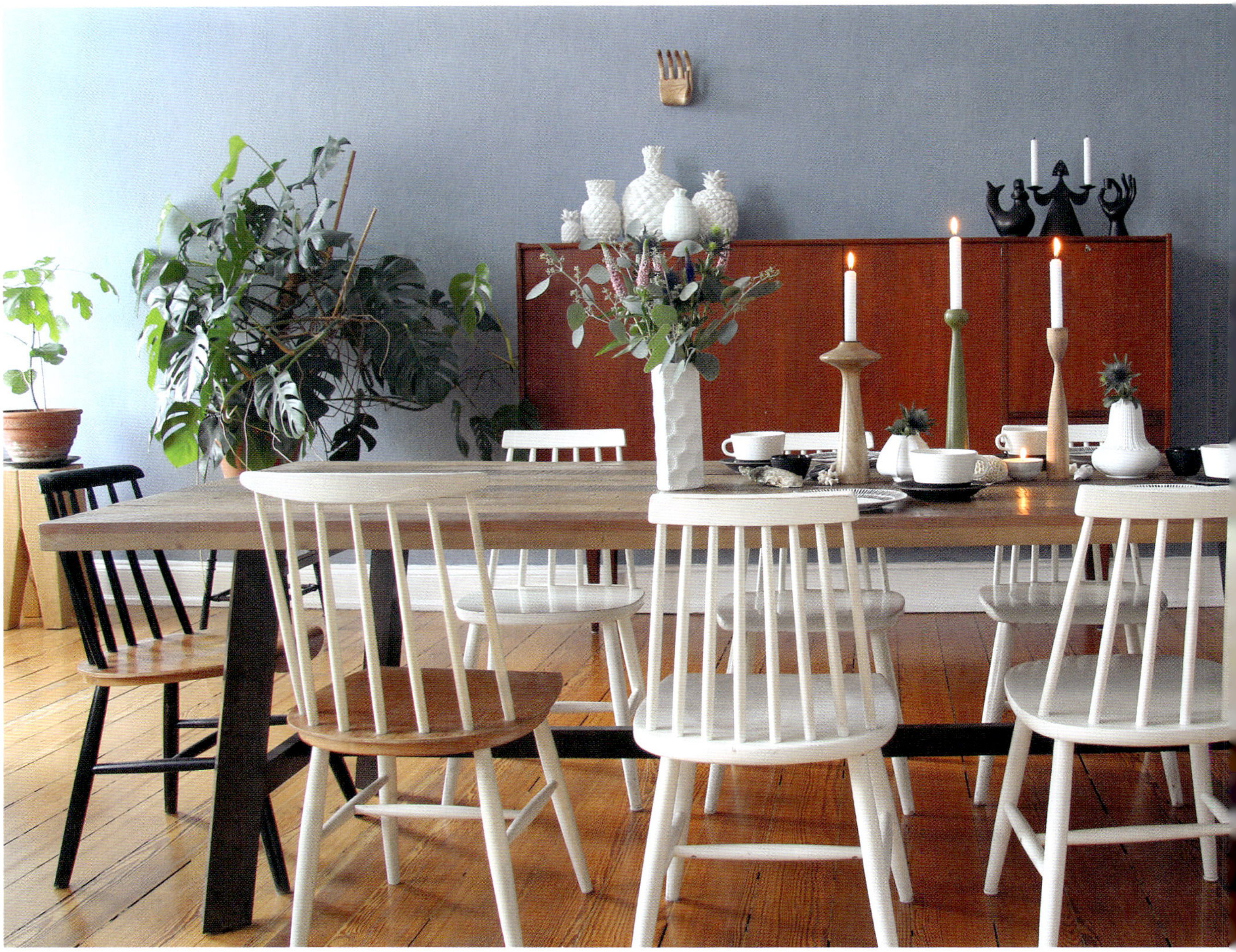

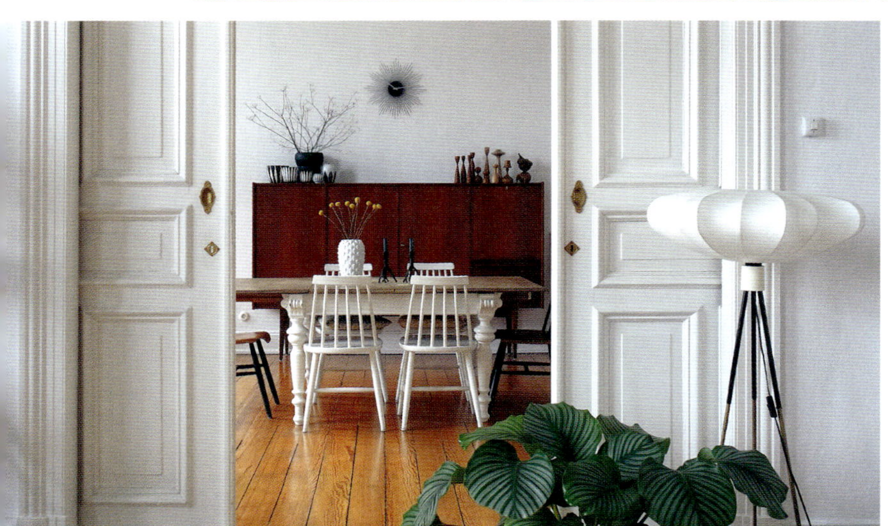

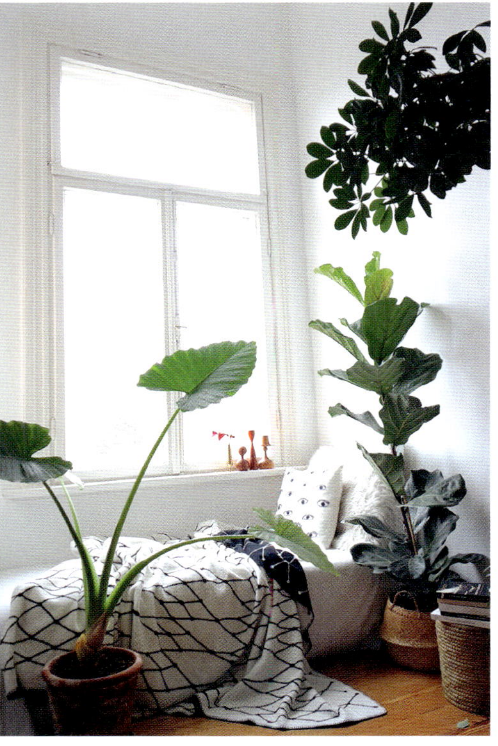

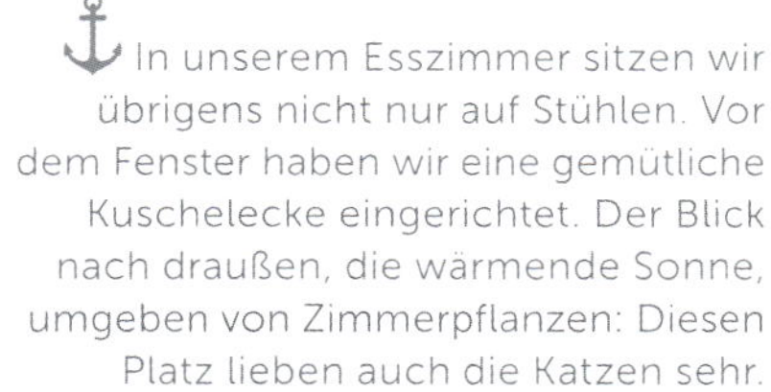

In unserem Esszimmer sitzen wir übrigens nicht nur auf Stühlen. Vor dem Fenster haben wir eine gemütliche Kuschelecke eingerichtet. Der Blick nach draußen, die wärmende Sonne, umgeben von Zimmerpflanzen: Diesen Platz lieben auch die Katzen sehr.

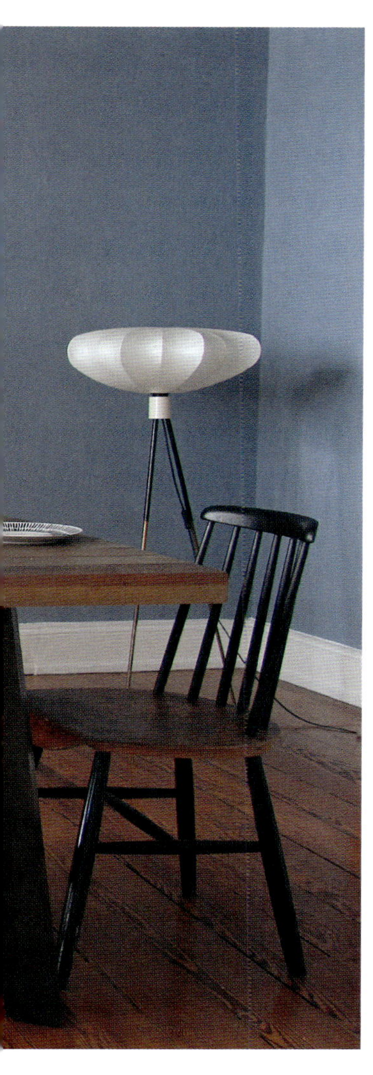

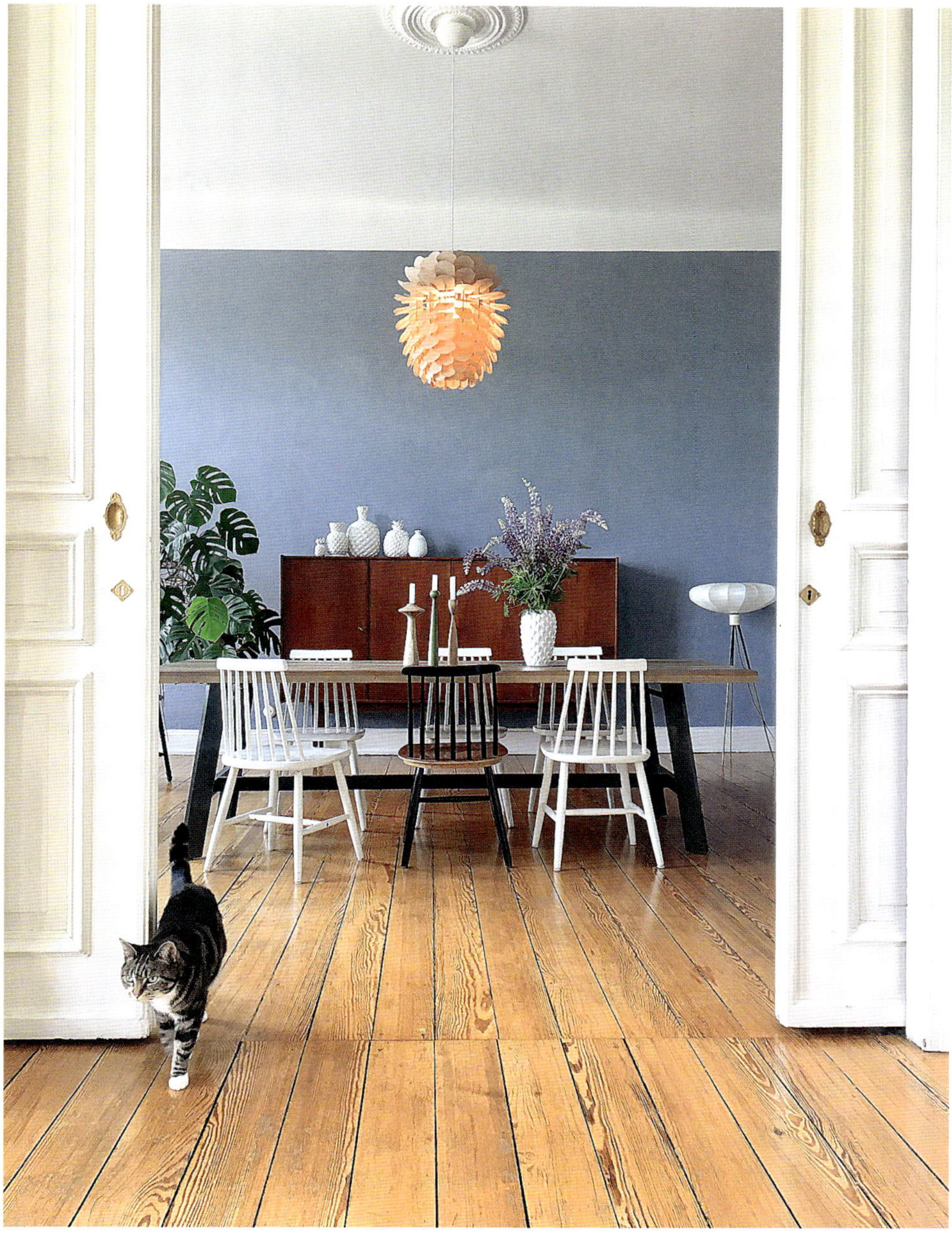

DIE RITTER DER TAFELRUNDE

The more, the merrier. An Stühlen mangelt es uns wirklich nicht. Wir lieben Vintage-Exemplare, vor allem Schätze aus den 50er- und 60er-Jahren. Nach und nach haben wir uns eine kleine Sammlung zusammengestellt. Stäbchenstühle, Freischwinger, Bugholzstühle oder Klassiker von Arne Jacobsen: All diese Sitzgelegenheiten stammen vom Flohmarkt, aus dem Sperrmüll oder aus Kleinanzeigen.

Ganz nach Lust und Laune versammeln wir sie um unseren Esstisch. Im Alltag stehen dort meistens vier oder sechs Stühle. Kommen Gäste, stellen wir natürlich weitere Sitzgelegenheiten dazu. Wir lieben es, unterschiedliche Modelle miteinander zu kombinieren. Weil alle Exemplare aus Holz oder Rattan gefertigt wurden und viele aus einer ähnlichen Zeit stammen, harmonieren sie prima miteinander. Und weil der Tisch so zurückhaltend ist, wirkt das Ensemble auch nicht unruhig.

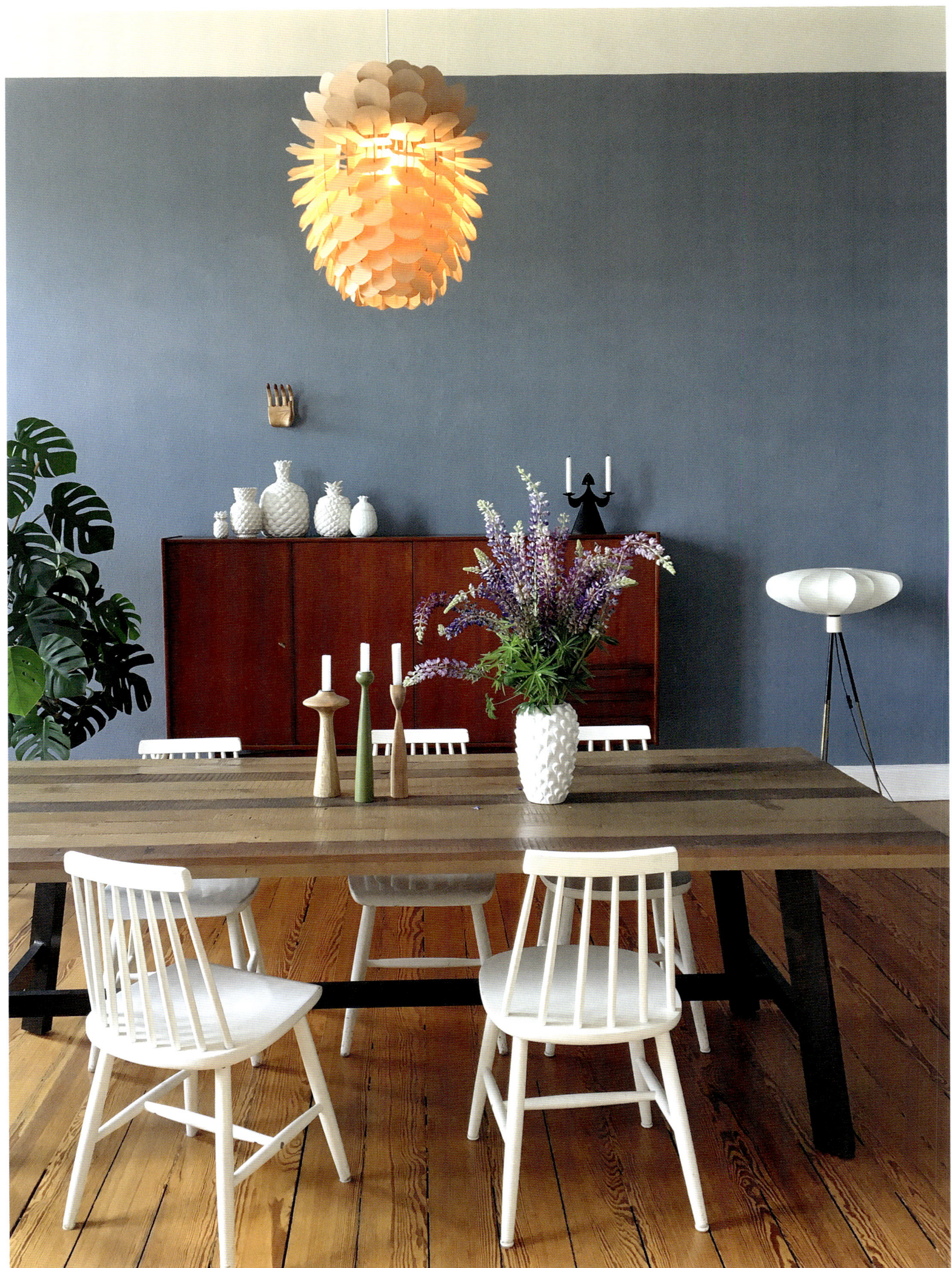

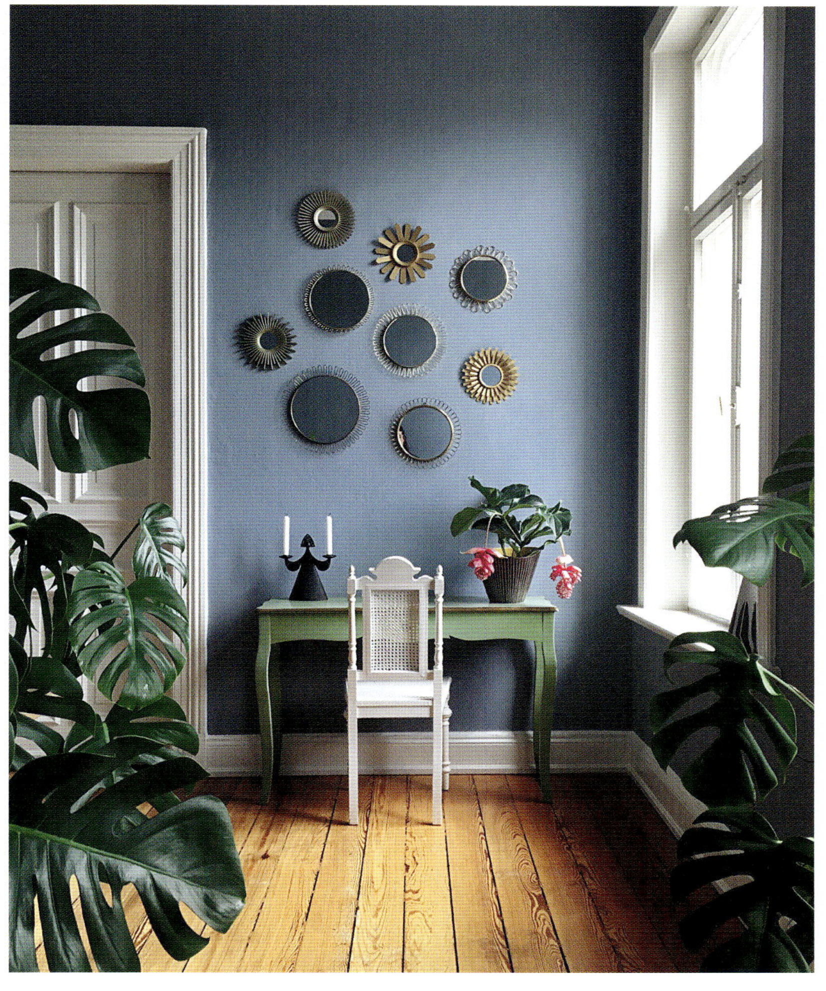

VIELE SCHÖNE DETAILS

Die Holztöne, die frisch-weißen Türen und Fenster und das sanfte Taubenblau wirken harmonisch, ruhig und entspannend. Das ist wunderschön – und manchmal ein wenig zu ruhig. Deshalb peppen wir den Raum auf.

Ohne die besondere Atmosphäre des Esszimmers zu zerstören, ziehen einige Hingucker die Blicke auf sich. Unsere inzwischen sehr großen Zimmerpflanzen beispielsweise sind eine wunderschöne Deko. Wir lieben es, extravagante Leuchten über den Esstisch zu hängen und die Blicke nach oben zu lenken. Das können japanisch angehauchte Exemplare aus Papier, lässige Lampen aus Rattan oder Schönheiten aus Holz sein. Auch an unseren Wänden ist immer Platz für Kunst.

Vor dem Blau halten sich Fotos in Schwarz-Weiß eher zurück, Gemälde oder Prints in dunklen Tönen wirken kraftvoll und expressiv. Eher ungewöhnlich ist unsere Sammlung runder Spiegel, die den Raum in Fragmenten vervielfältigen.

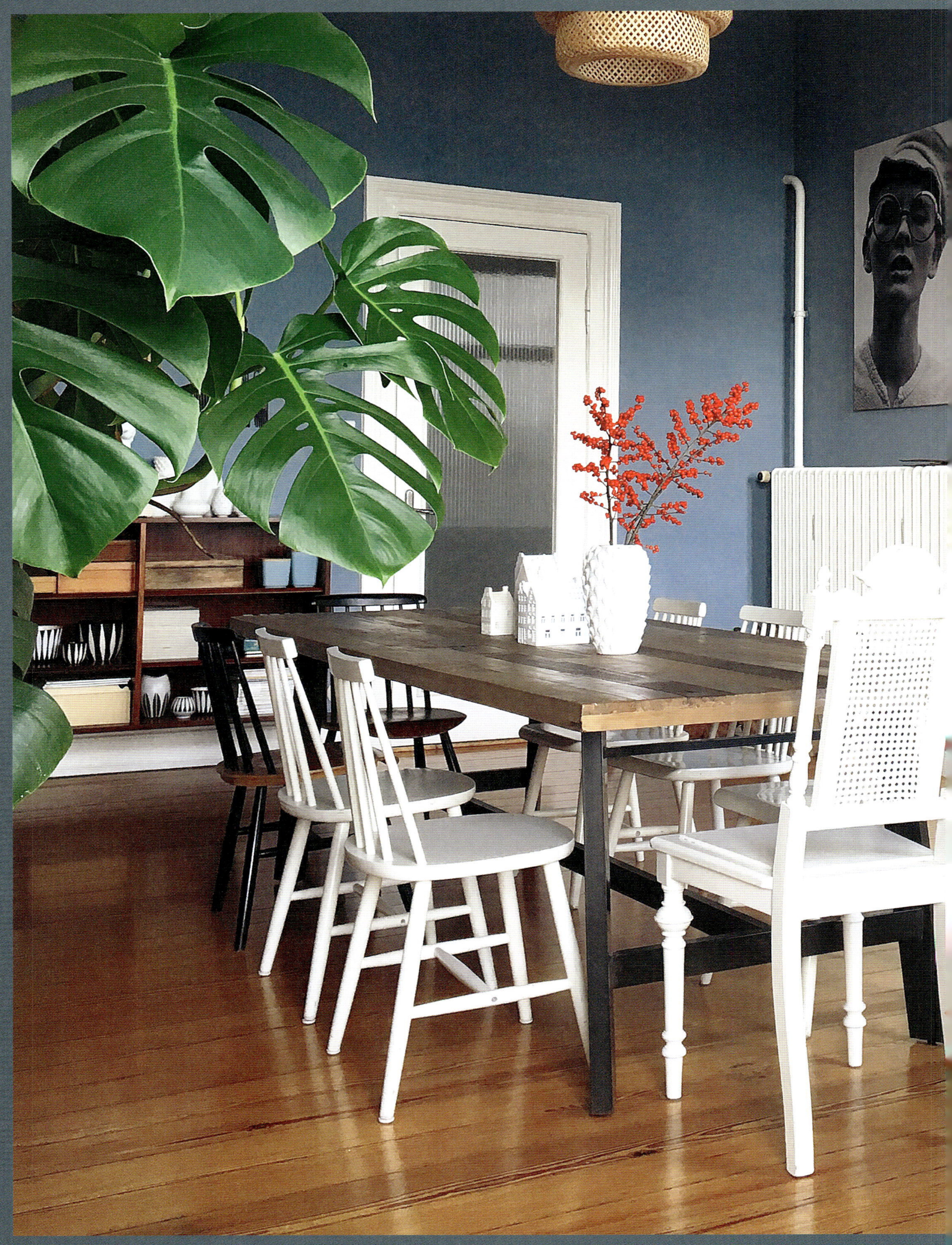

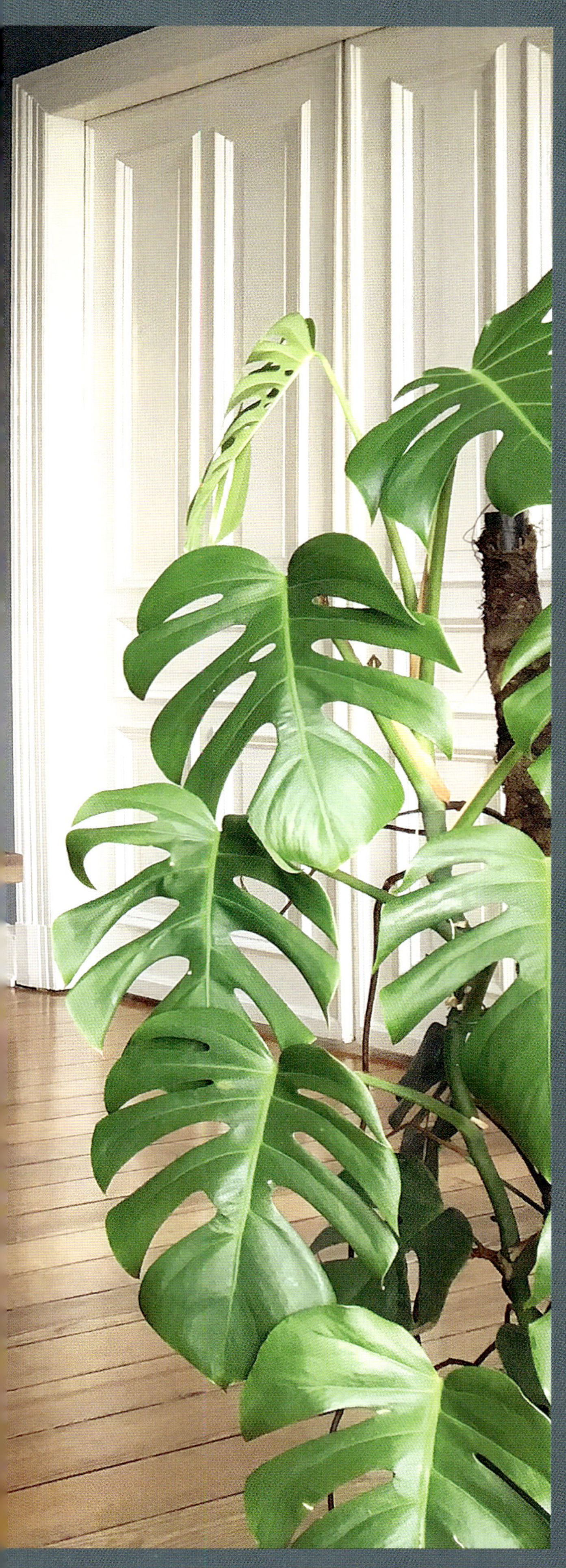

GRÜNES WOHNEN MIT ZIMMER-PFLANZEN

Die Natur tut Körper und Seele gut. Da liegt es doch nahe, sie auch in die eigenen vier Wände zu holen. Zimmerpflanzen haben auf so vielen Ebenen Vorzüge. Monstera und Geigenfeige, Asparagus und Philodendron Xanadu sind äußerst dekorativ. Gerade Pflanzen mit interessantem Blattschmuck verleihen einem Raum oder einer eher schlichten Ecke das gewisse Etwas. Außerdem sind die satten Grüntöne entspannend für Augen und Geist.

Doch Zimmerpflanzen können noch mehr: Sie verbessern das Raumklima, in dem sie beispielsweise die Luftfeuchtigkeit erhöhen. Außerdem gibt es Arten, die Schadstoffe aus der Raumluft filtern. Zu diesen Luftreinigern zählen zum Beispiel Farne und Grünlilien, Einblatt und Aloe vera.

Damit sich die grünen Mitbewohner wohlfühlen und prächtig gedeihen, gibt es ein paar Dinge zu beachten. Gefällt der Pflanze ihr Standort? Zimmerpflanzen, die Helligkeit lieben, werden an schattigen Plätzchen leiden. Glücklicherweise gibt es für jeden Standort das passende Grün, so dass man auch die Regale in der dunklen Ecke mit Pflanzen schmücken kann. Genauso wichtig sind die Wünsche rund ums Gießen. Es gibt Pflanzen, denen reicht ein Schluck Wasser alle zwei Wochen. Ähnlich individuell sind übrigens auch die Dünge-Intervalle.

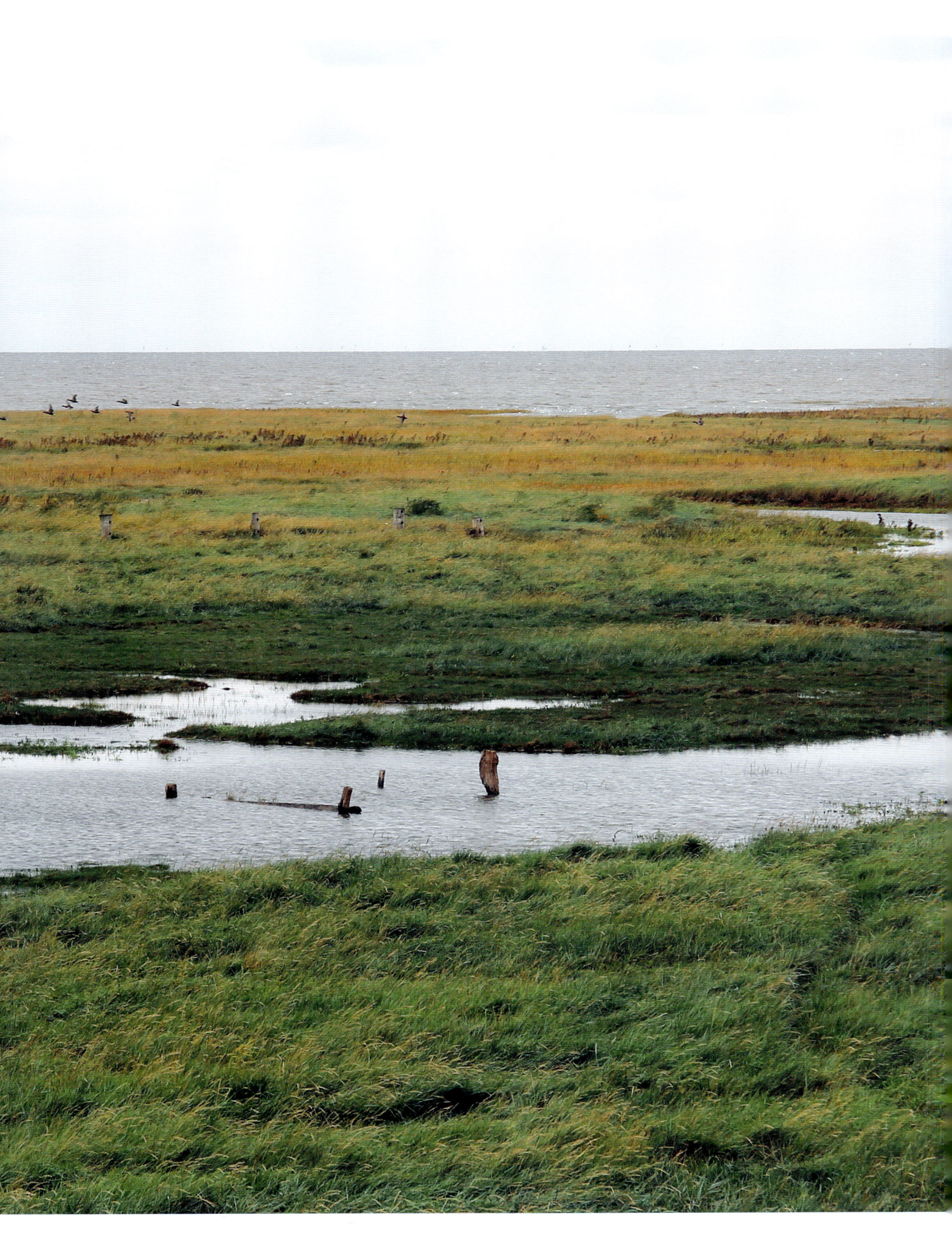

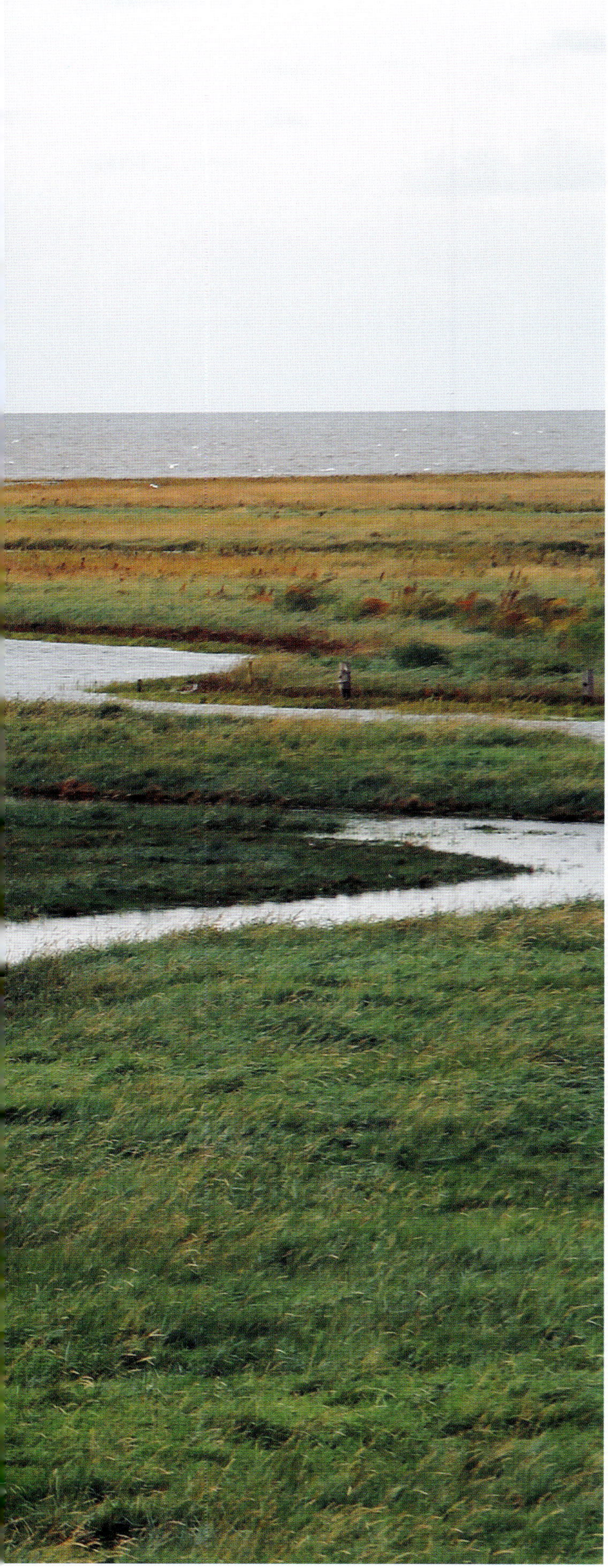

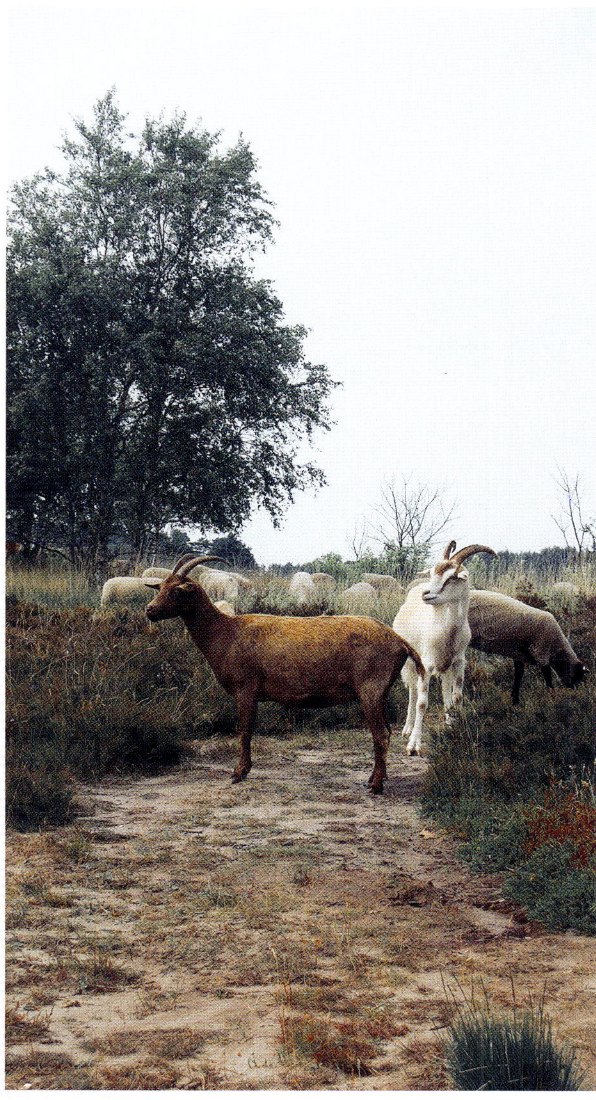

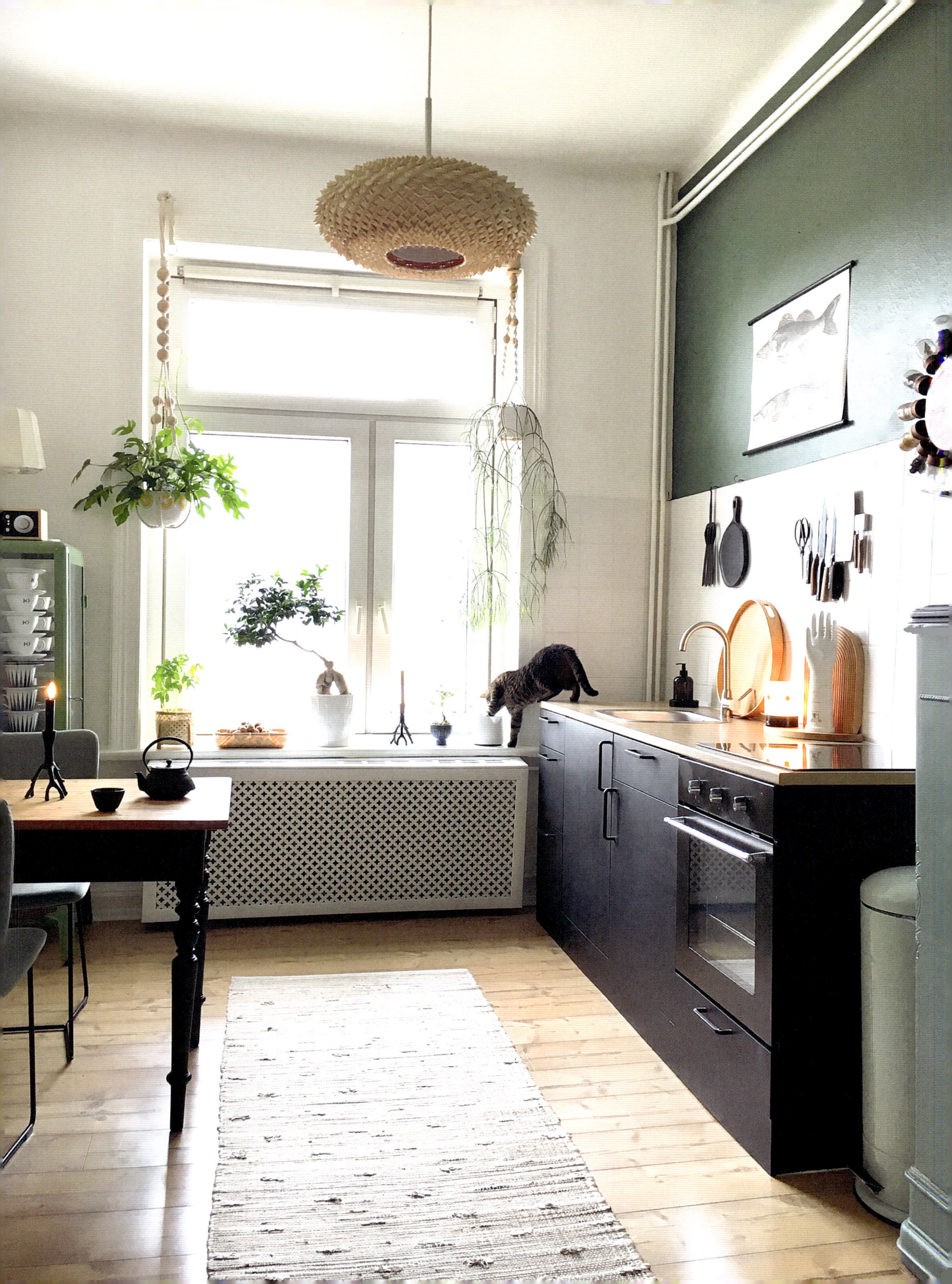

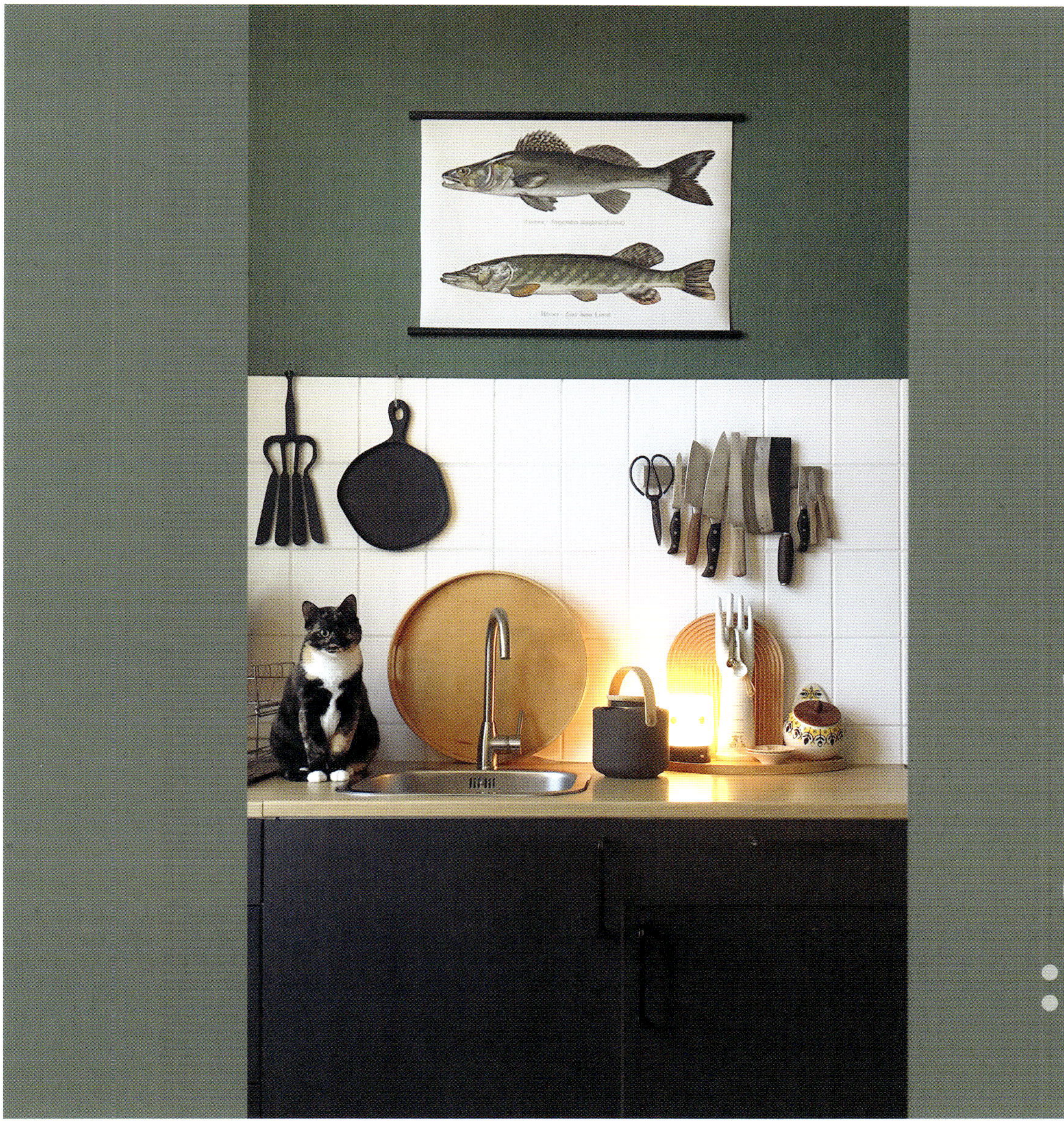

KÜCHE

Wer sagt denn, dass funktional nicht auch schön sein darf? Herd, Backofen, Spülmaschine, Kühlschrank ... Eine Küche steckt voller elektrischer Geräte. Außerdem braucht man eine Spüle und eine große Arbeitsfläche. Und dann noch jede Menge Stauraum für Lebensmittel, Geschirr und all die praktischen Gerätschaften. Im Grunde genommen ist die Küche eine Werkstatt, in der mindestens dreimal täglich Mahlzeiten produziert werden. Doch so funktional wie die Küche ist, muss sie ja nicht aussehen. Keinen anderen Raum unserer Wohnung haben wir so auf den Kopf gestellt wie diesen, um ihn richtig schön zu machen.

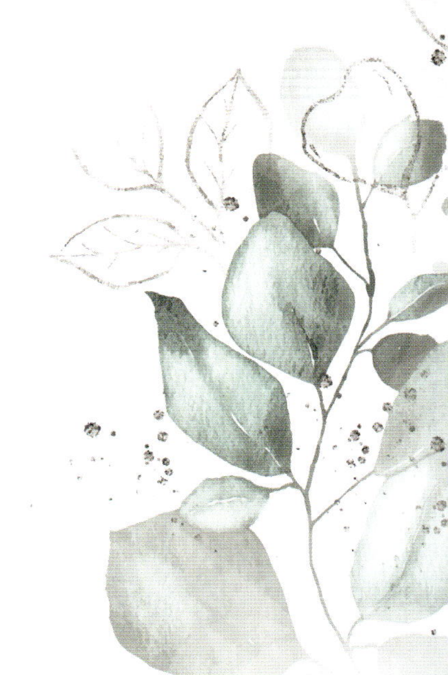

VON WEISS ZU SCHWARZ

Als wir einzogen, bauten wir schlichte, weiße Küchenschränke ein. Klare Linien, keine Schnörkel, praktisch und gleichzeitig schön schlicht und zeitlos, so gefielen sie uns.

Allerdings war uns der Look irgendwann zu clean. Deshalb lackierten wir die Fronten einfach in einem matten Schwarz. Jetzt setzen sie ein cooles Statement und fügen sich gleichzeitig sehr gut in die Umgebung ein. Die Küchenzeile nimmt nämlich nicht den gesamten Raum ein, sondern verläuft nur an einer Wand. Auf Oberschränke haben wir verzichtet, um das Zimmer optisch nicht zu erdrücken. Wir lieben die Luftigkeit an der Wand. Für den notwendigen Stauraum sorgen zusätzlich eine grüne Glasvitrine am Fenster und ein Jugendstil-Küchenbuffet, das wir auf einem Hamburger Flohmarkt entdeckt haben.

Die Grüntöne, die weißen Fliesen und das Schwarz der Küchenfronten harmonieren perfekt mit dem Holz der Arbeitsplatte, des Bodens und von Tisch und Stühlen. Ein cooler und gleichzeitig natürlicher Look.

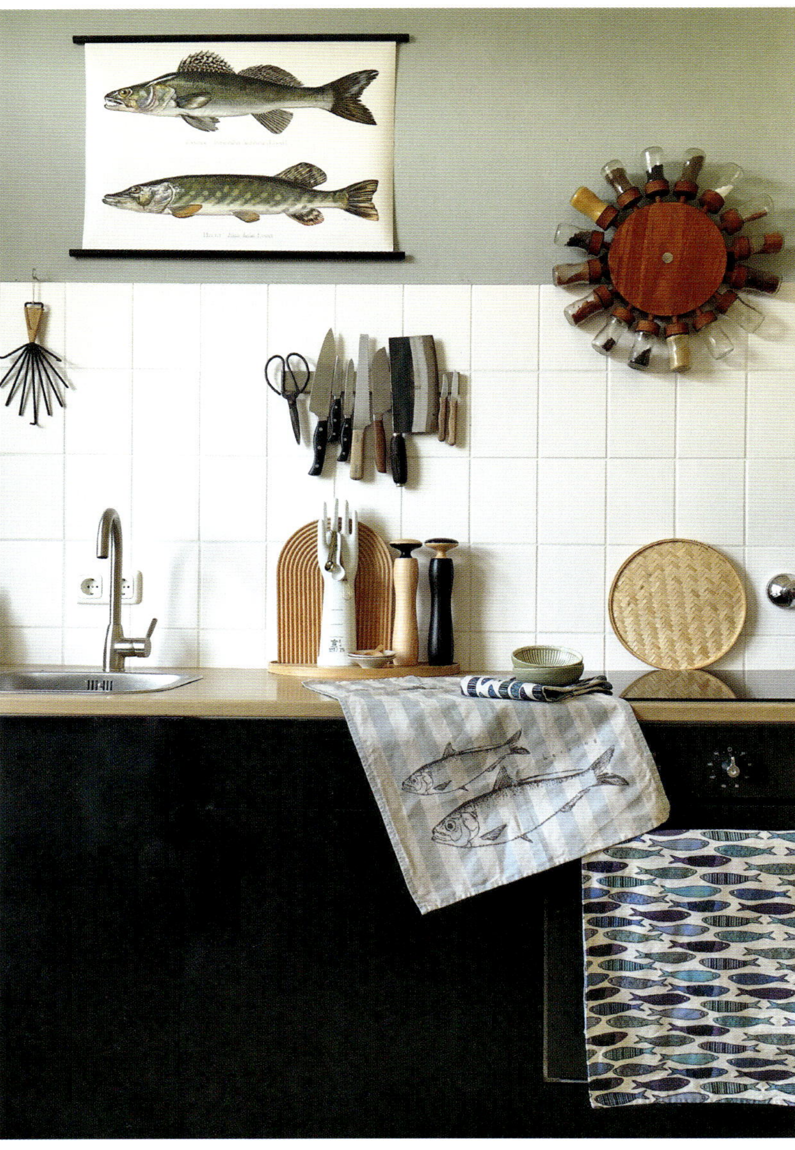

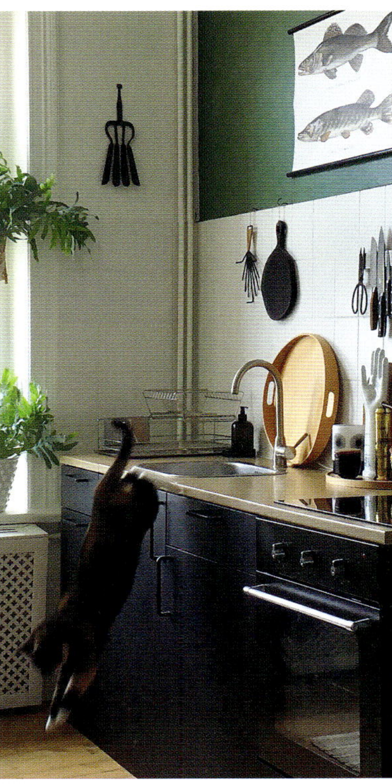

Die Arbeitsplatte ist aus Massivholz. Um das Holz zu schützen, kann man sie ölen oder lackieren. Wir haben uns für die zweite Variante entschieden. So ist sie robust und bewahrt dennoch ihren Charakter.

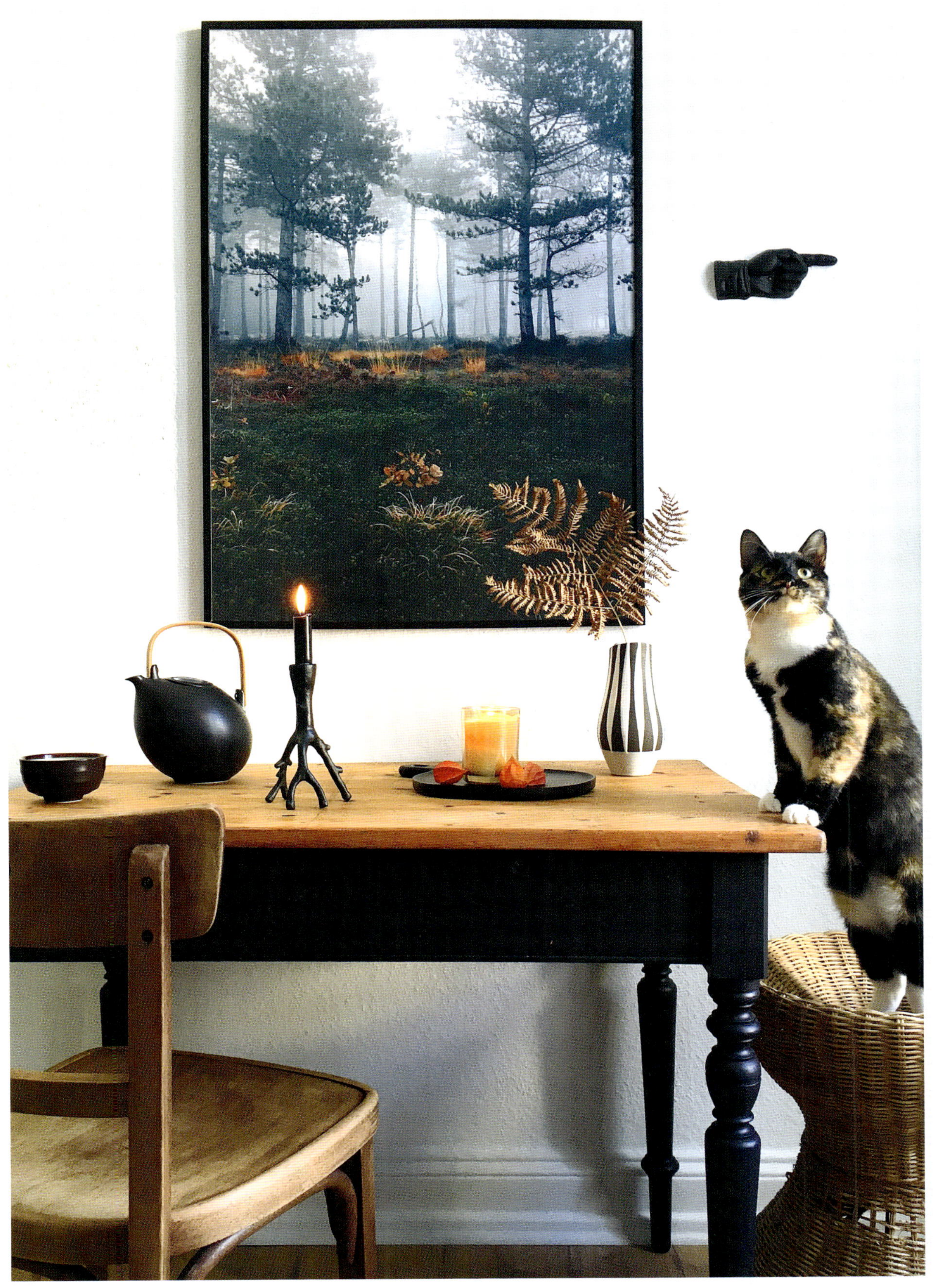

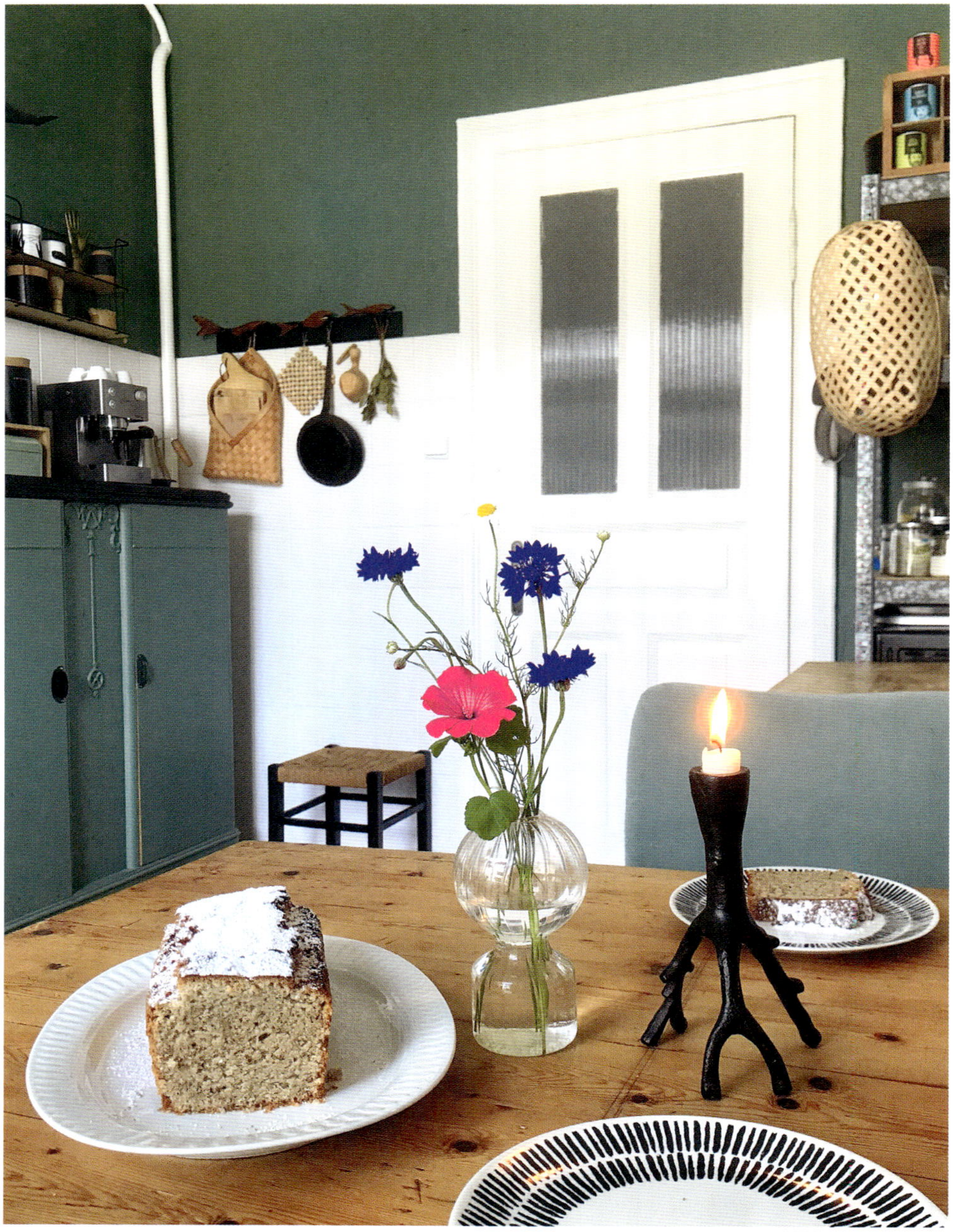

⚓ Gutes Essen ist uns wichtig. Und das zelebrieren wir am liebsten mit schönem Geschirr und einem hübsch gedeckten Tisch. Auch den kleinen Essplatz in der Küche decken wir liebevoll.

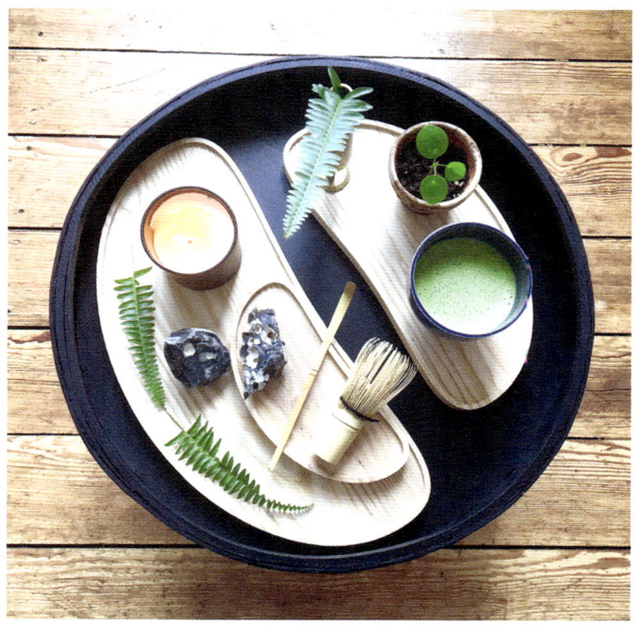

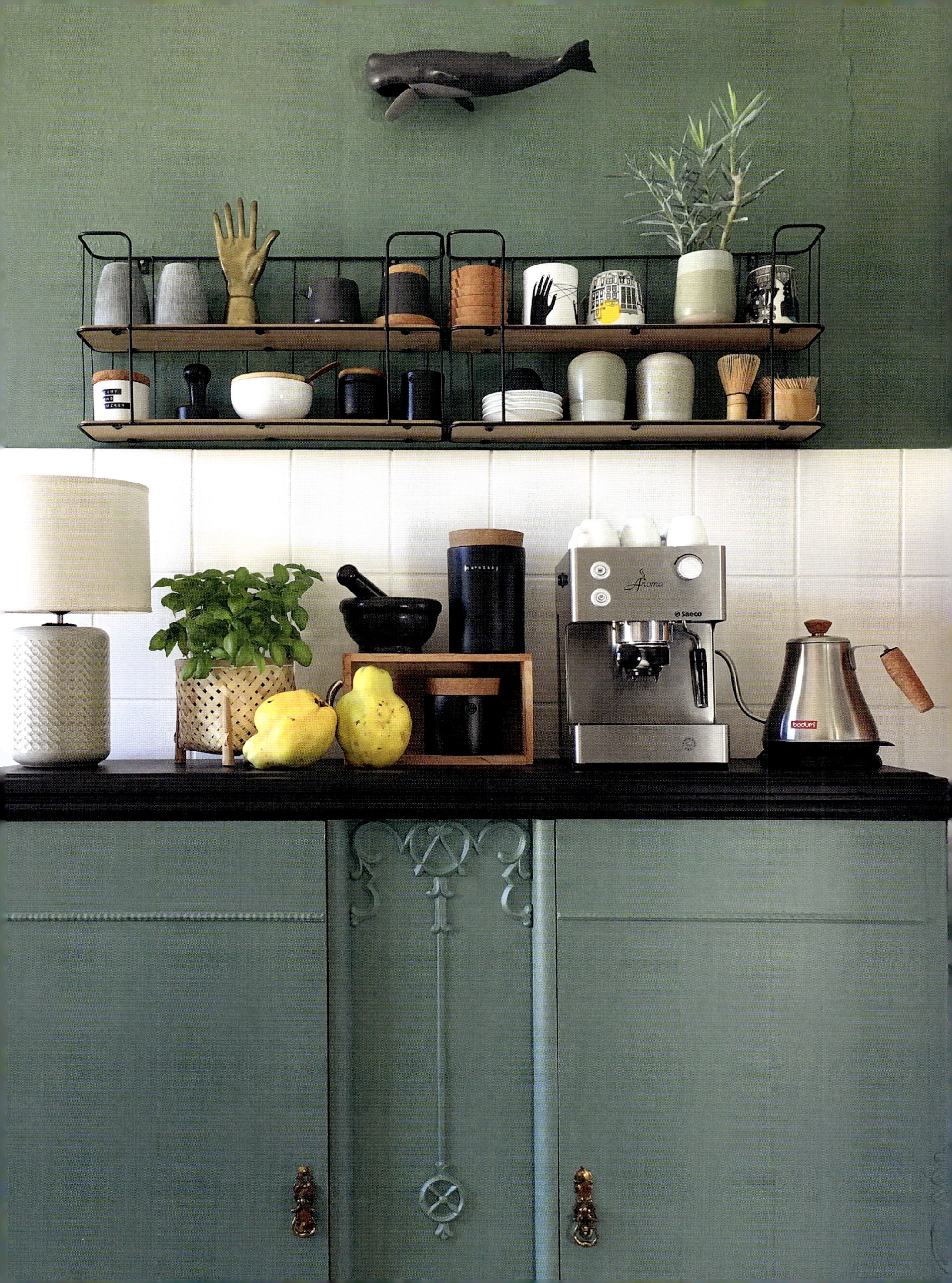
Aroma
Saeco
bodum

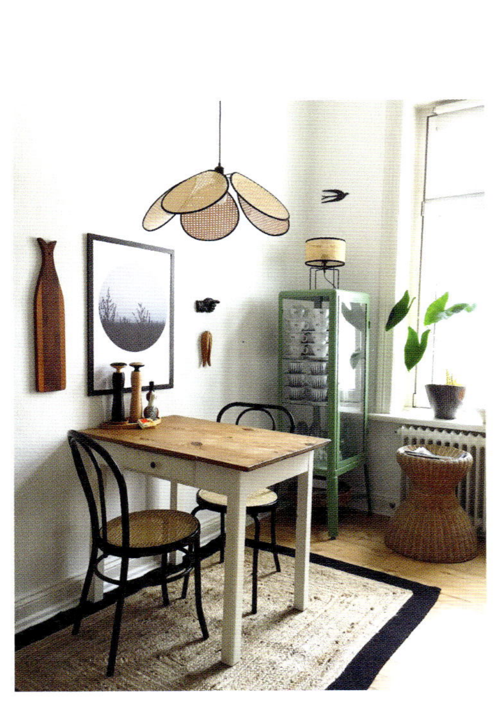

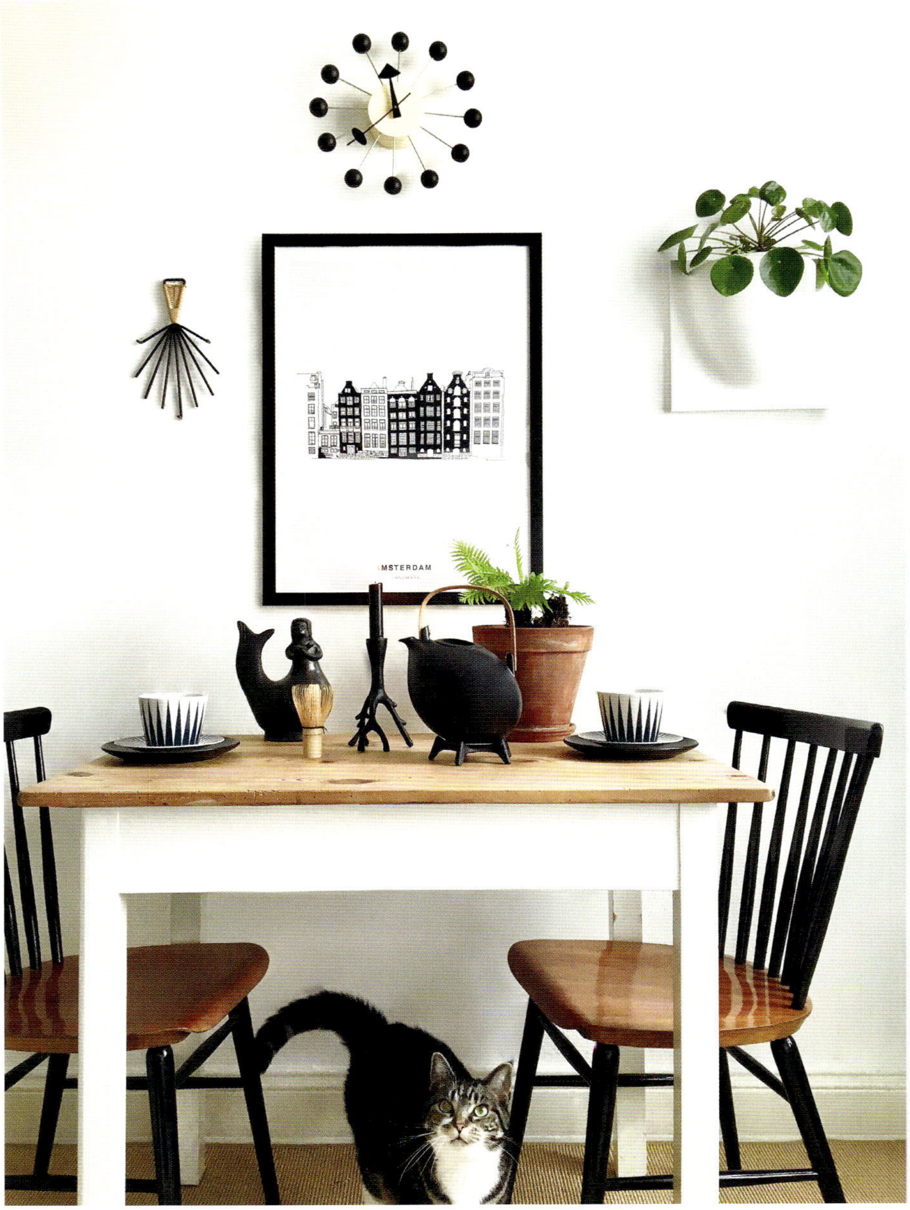

EINMAL GENERALÜBERHOLUNG, BITTE!

Als wir in die Wohnung einzogen, fehlte den Räumen ganz viel Charme. Besonders die Küche war altmodisch und farblos. Deshalb haben wir sie von Grund auf verändert.

Nein, wir haben keine Wände eingerissen oder aufgebaut. Erstens passt der Schnitt der Küche für uns – und zweitens leben wir in einer Mietwohnung. Aber Hammer und Meißel kamen dennoch zum Einsatz. Wir haben nämlich den alten braunen Fliesenboden komplett herausgerissen und stattdessen ein pflegeleichtes Laminat in Dielenoptik verlegt. Es passt sich optisch ein wenig an die über 100 Jahre alten Böden in den anderen Räumen an. Und dann kam noch einmal Werkzeug zum Einsatz, als neue Elektrik und neue Wasserleitungen verlegt wurden. Natürlich nicht von uns, sondern von Fachleuten. Auch einen neuen Fliesenspiegel für die eine Wand hinter der Küchenzeile gab es. Wir haben dann am Ende die frisch verputzten Wände gestrichen, in Weiß und Schwarz, das wir später gegen ein Grün tauschten. Unser bisher letzter Einsatz in der Küche war die Verkleidung des alten Heizkörpers. Wer weiß, was uns als Nächstes einfällt.

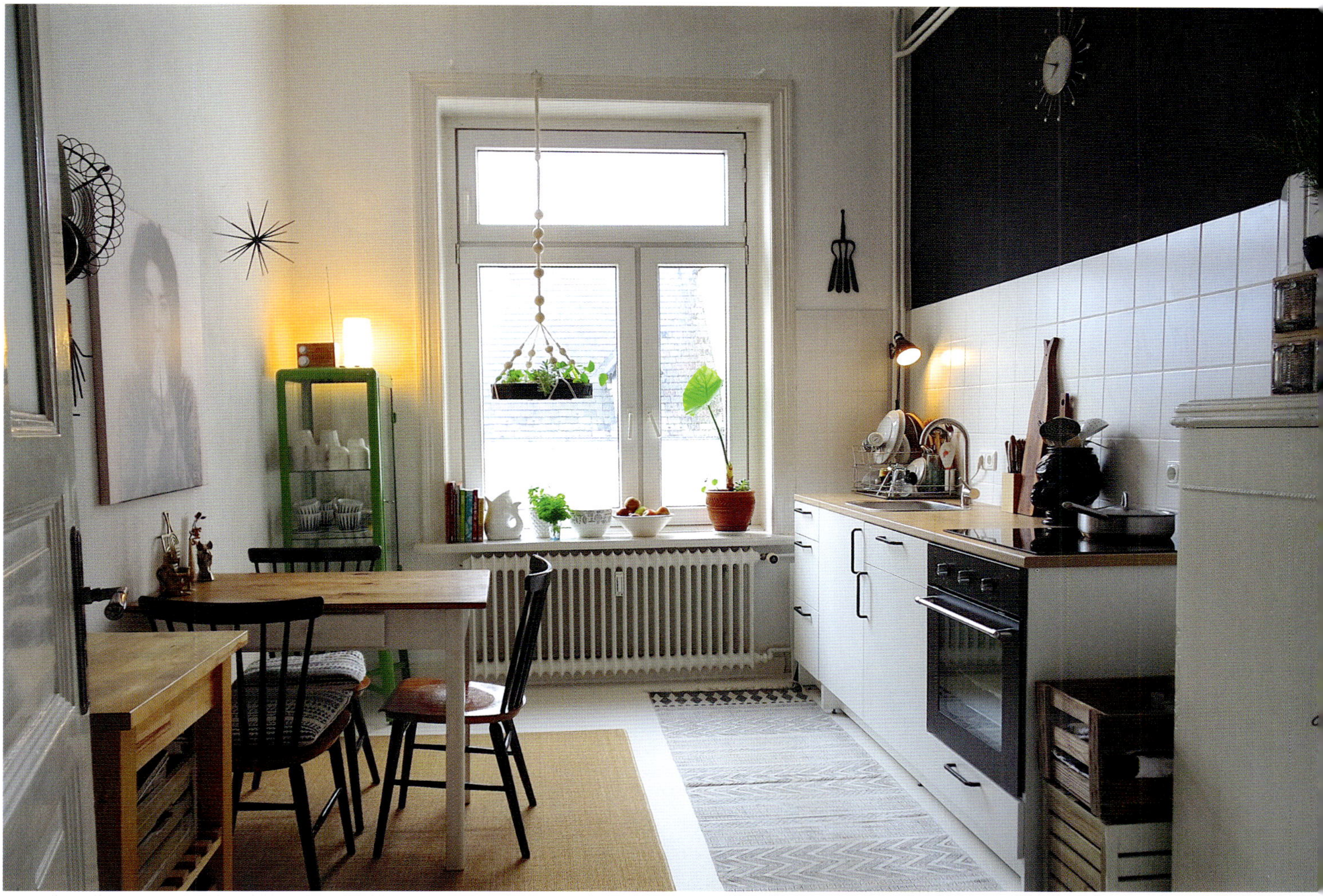

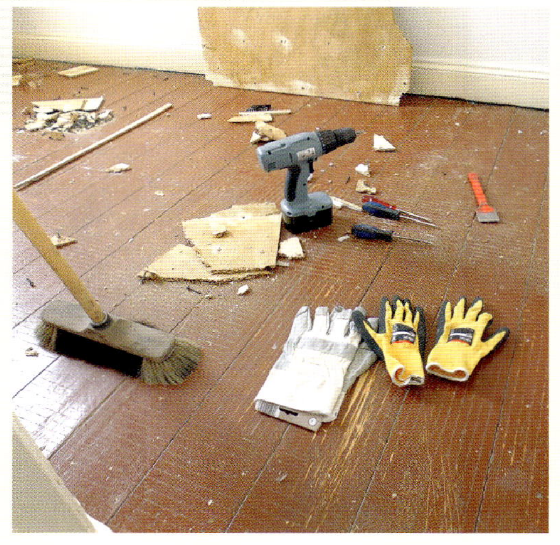

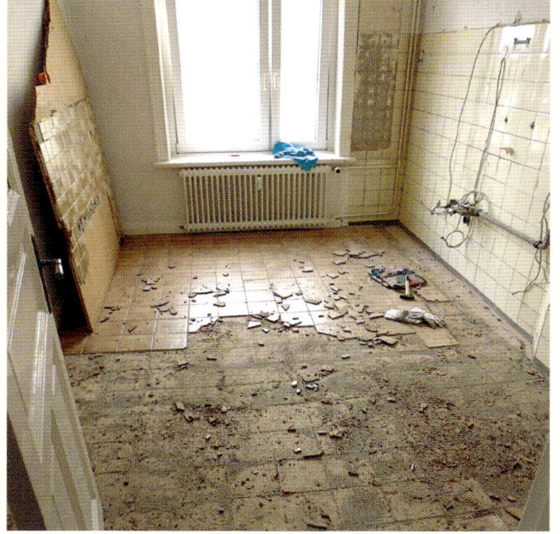

Wir hatten gehofft, dass sich unter den Fliesen Holzdielen verstecken – vielleicht so lackiert wie die im Flur. Wir hätten sie abschleifen und neu versiegeln können. Doch in der Küche gab es keine Dielen, leider.

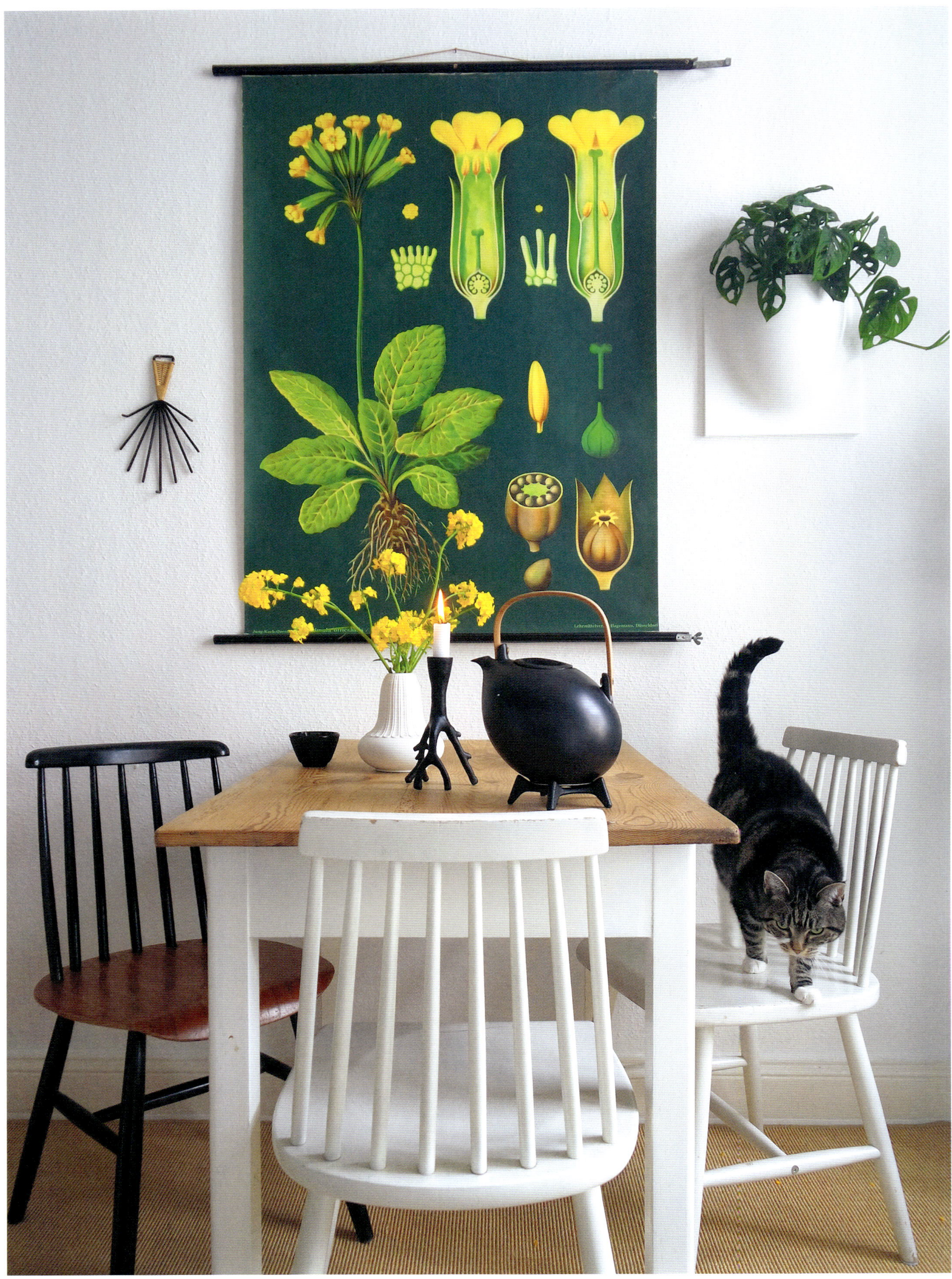

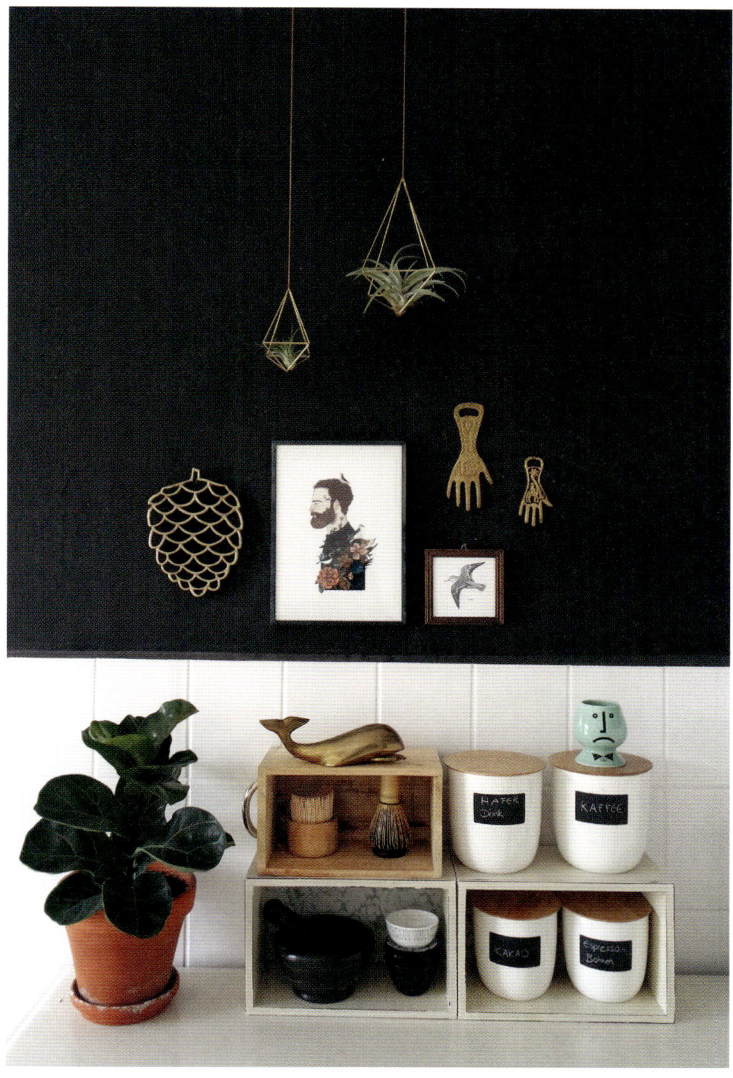

SCHÖN KOCHEN UND ESSEN

Unsere Küche ist mehr als eine Koch-Werkstatt. An unserem gemütlichen kleinen Küchentisch sitzen, essen und quatschen wir. Deshalb ist es keine Frage, dass dieser Raum genauso viel Aufmerksamkeit bekommt wie der Rest der Wohnung.

Wie auch in den anderen Zimmern legen wir hier Wert auf Details. Die Wände schmücken wir beispielsweise mit schönen Bildern und Postern, aber auch mit Objekten, die uns Spaß machen – wie zum Beispiel die Flaschenöffner-Hände. Kerzen, Zimmerpflanzen, Blümchen in der Vase: Wir schmücken unsere Küche gerne mit liebevoll ausgewählten Accessoires. Dazu zählen auch stilvolle Aufbewahrungsmöglichkeiten. Wir lieben beispielsweise hübsche Keramik-Dosen, die wir mit Tee, Kaffee, Gewürzen oder Granola füllen und in kleinen Regalen ausstellen.

VINTAGE-STÜCKE INTEGRIEREN

Es gibt unzählige schöne Möbel aus vergangenen Zeiten, die auch in einer heutigen Wohnung Platz finden sollten. Solche Schätze entdeckt man oft auf Flohmärkten, in den Kleinanzeigen oder beim Trödler. Vielleicht gibt es aber auch ein Erbstück, an dem das Herz hängt.

Manche Vintage-Teile fügen sich ganz unauffällig und problemlos in das Zuhause ein. Sie sehen aus, als wären sie schon immer und selbstverständlich ein Teil der Einrichtung gewesen. Andere wirken vielleicht auf den ersten Blick wie ein Fremdkörper. Manchmal hilft schon eine kleine Veränderung, wie etwa ein neues Textilkabel bei einer Lampe. Manchmal muss es aber auch ein größeres Make-over sein. Etwa eine Schicht Lack in einer coolen Farbe oder ein neuer Bezug für ein altes Sofa.

Bei Vintage-Stücken darf man ruhig mutig sein, wenn es um die Auswahl neuer Farben geht. Ein ungewöhnlicher Ton macht oft den Unterschied zwischen verstaubt und modern, zwischen Erbstück und Lieblingsstück.

Die alten Schätze dürfen gerne ins Rampenlicht rücken. Eine farbig lackierte Kommode beispielsweise bekommt vor einer kontrastreich lackierten Wand besonders viel Aufmerksamkeit.

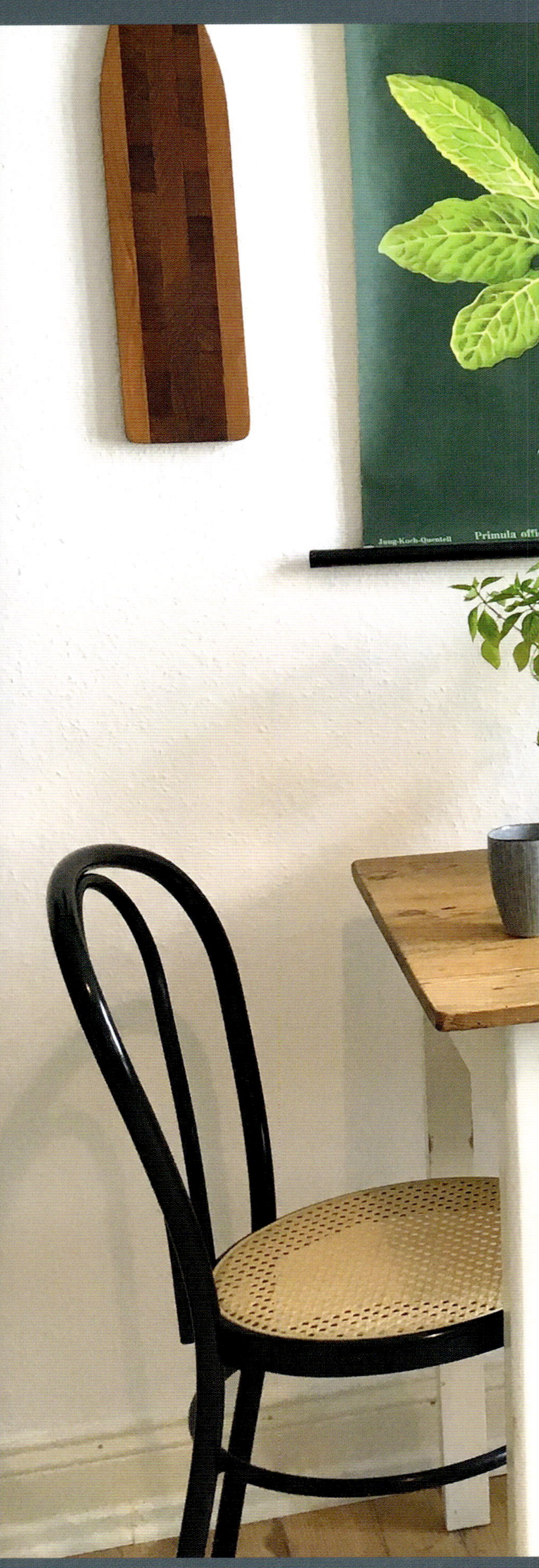

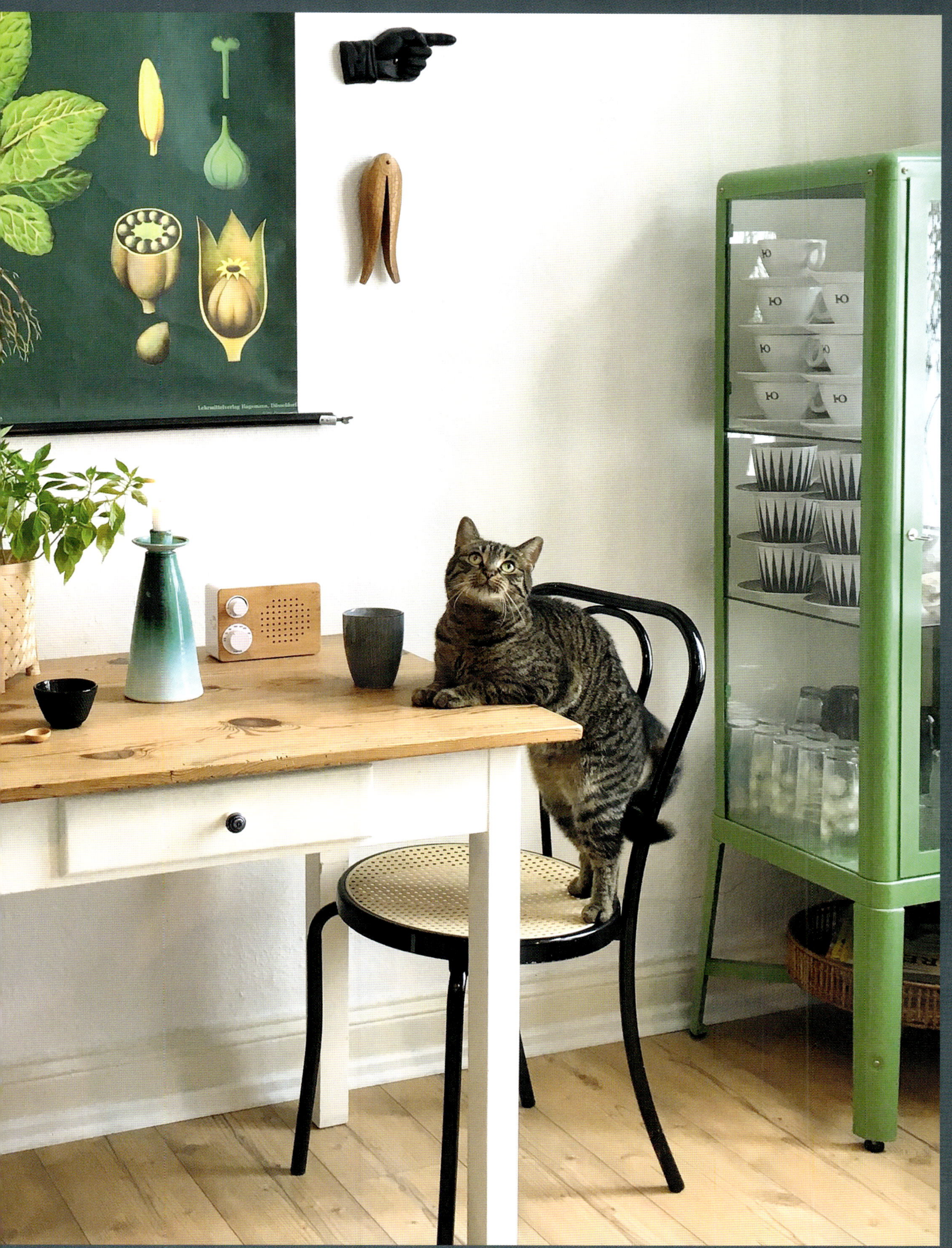

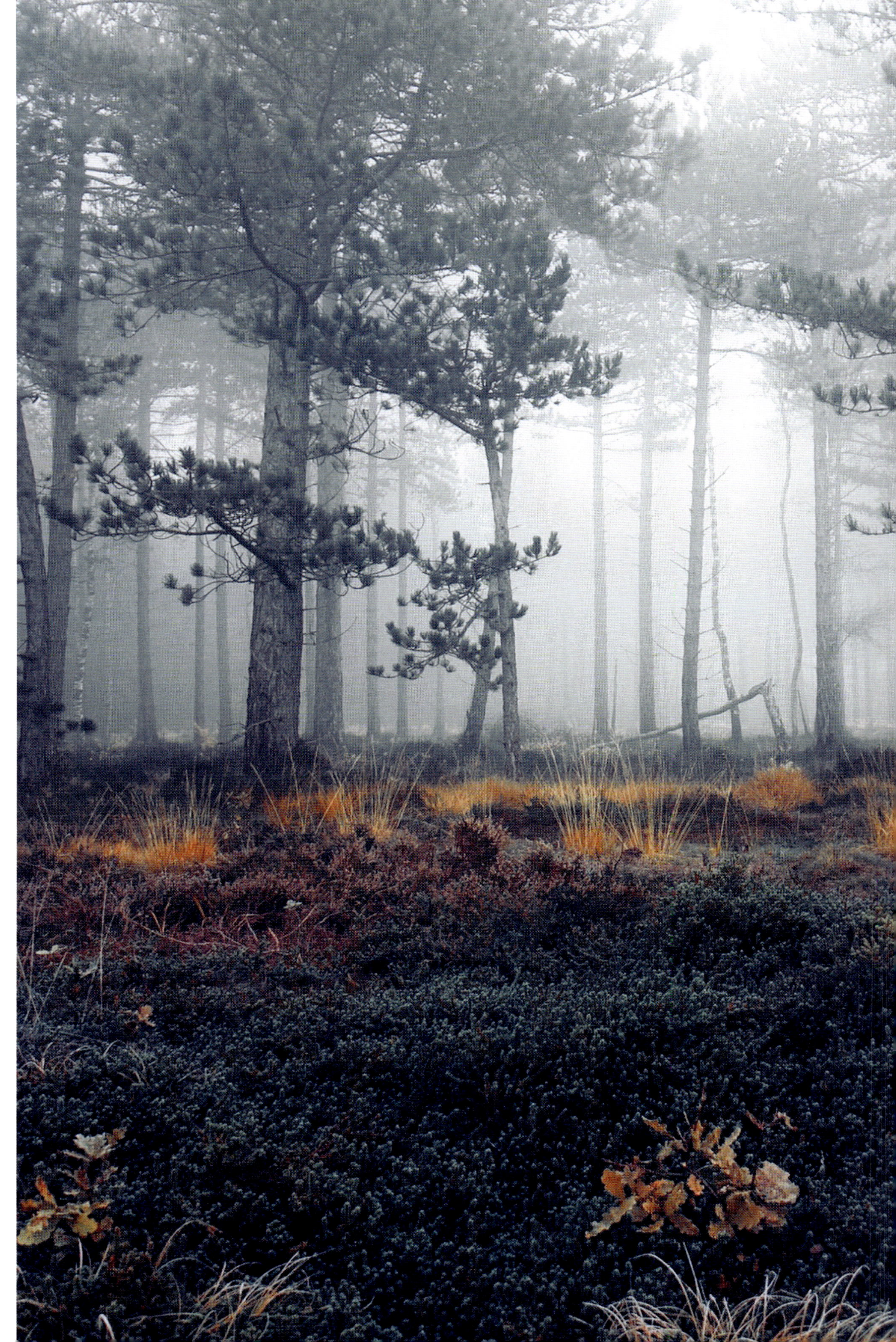

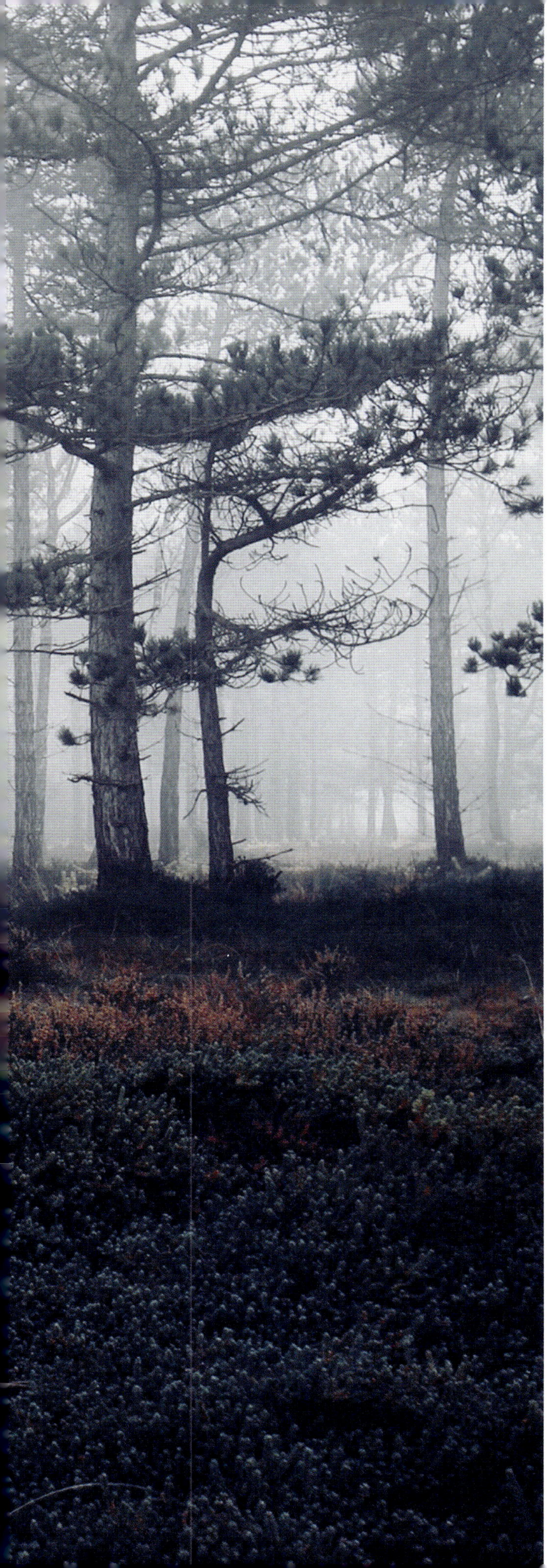

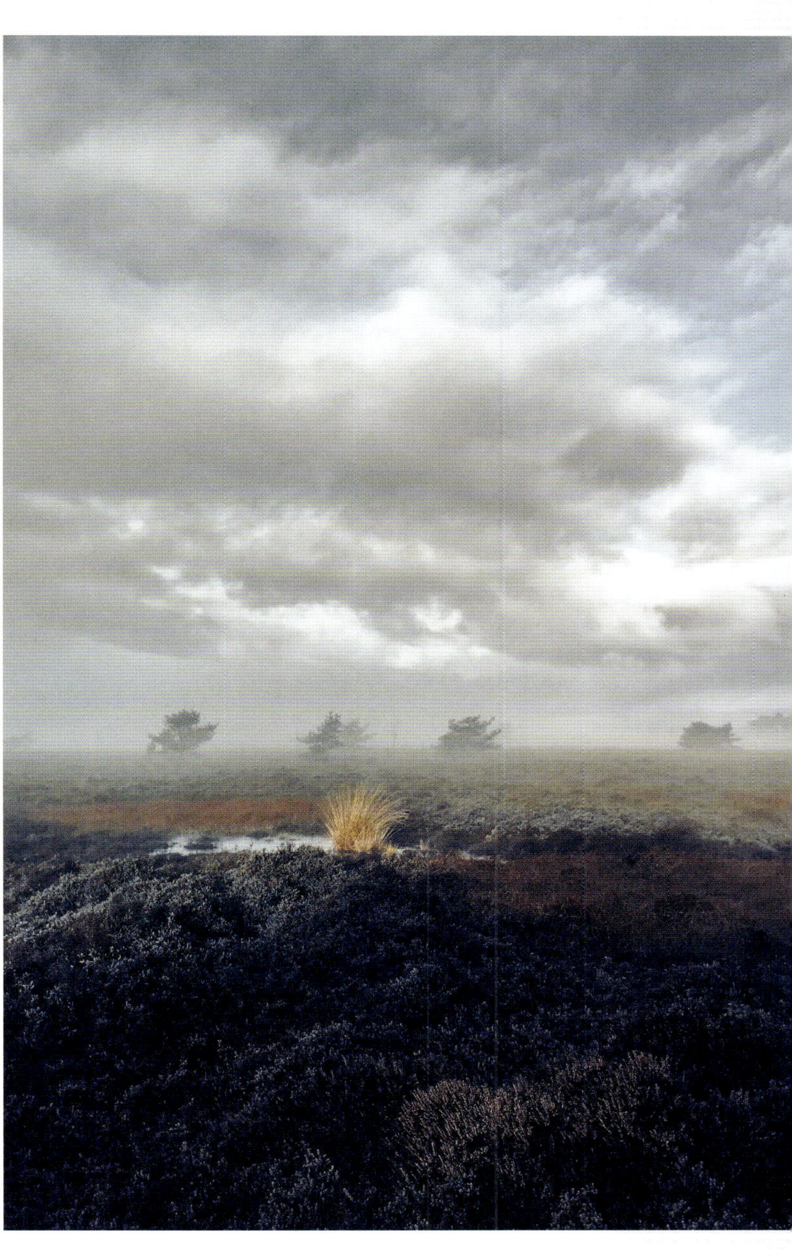

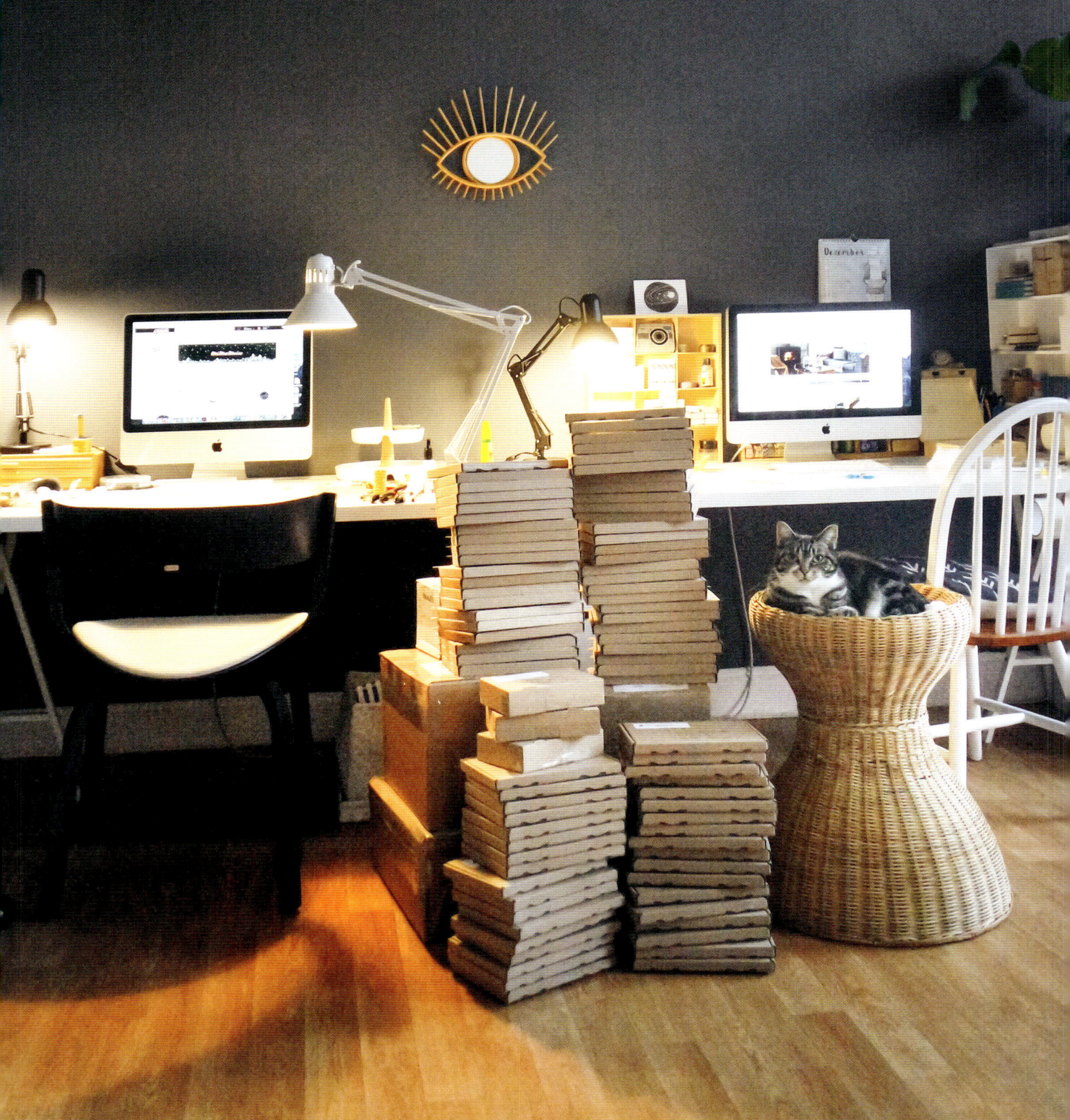
Mi Ma Meise
December

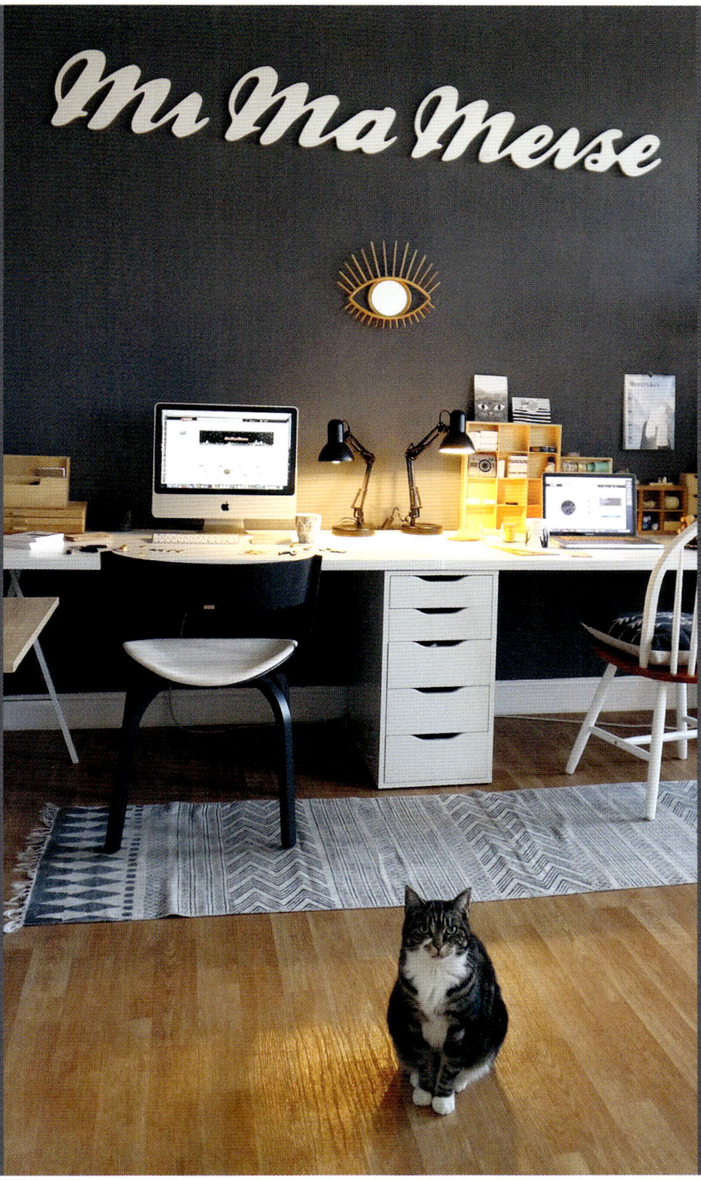

BÜRO

Wenn man liebt, was man tut, fühlt es sich nicht nach Arbeit an. Und wenn man sich dann auch noch in seinem Home-Office wohlfühlt, sind Überstunden überhaupt kein Problem. Wir haben unser Arbeitszimmer so gestaltet, dass wir hier sehr gerne viel Zeit verbringen. Mit ausdrucksstark gestrichenen Wänden, vor denen die weißen Möbel und unser antiker Bleisatzschrank richtig gut zur Geltung kommen. Und mit unserem Schriftzug, der über dem überlangen Schreibtisch prangt. Hier entwerfen und gestalten wir Schmuck, hier verpacken wir Bestellungen und hier schmieden wir neue Ideen. Und das mit Leidenschaft.

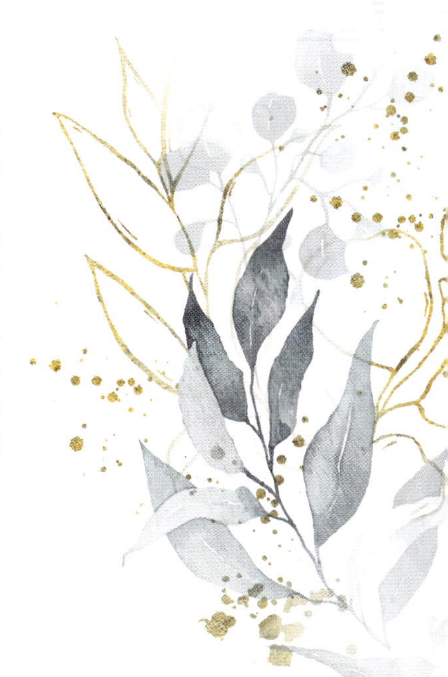

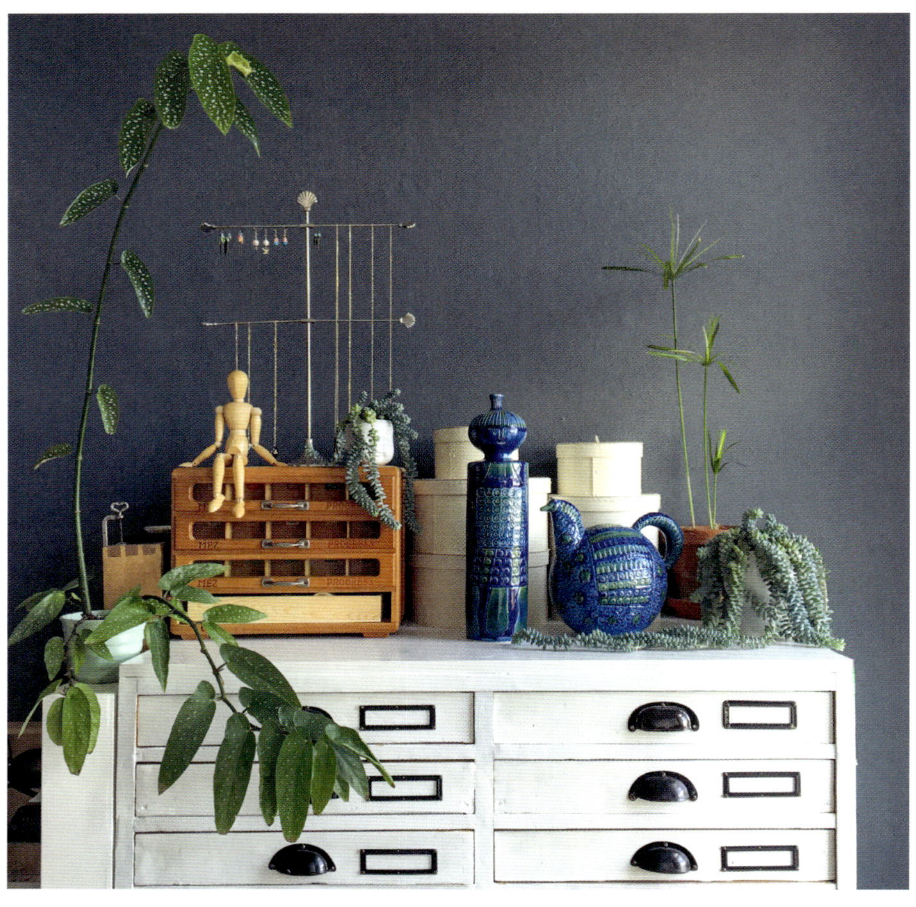

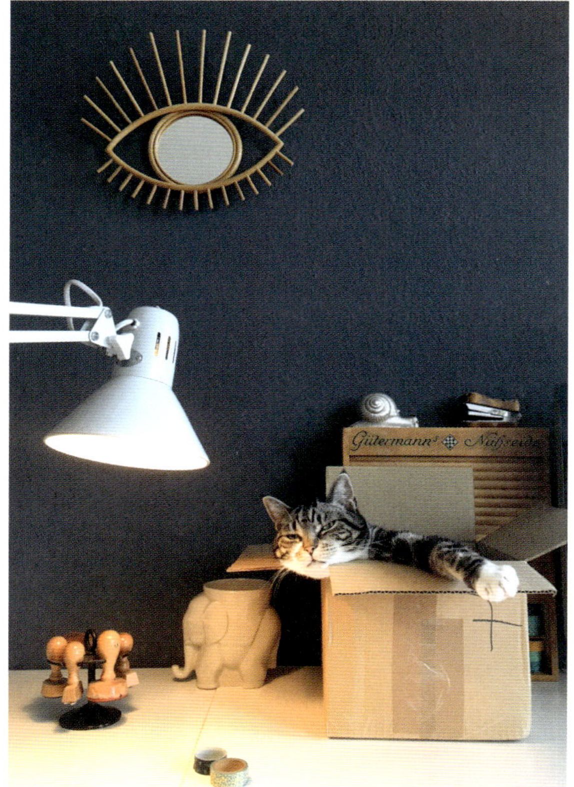

LAUTER INSPIRATIONEN FÜR LAUTER GEISTESBLITZE

Manche Menschen brauchen eine aufgeräumte, monochrome, minimalistische Umgebung, um auf neue Ideen zu kommen. Bei uns ist das ganz anders. Wir lassen uns von den Lieblingsdingen inspirieren, die um uns versammelt sind. Da fällt der Blick auf Flohmarkt-Fundstücke und Schätze, an denen unser Herz hängt. Und oft findet sich mittendrin noch eine Katze, die in einem Karton döst oder sich in der Sonne räkelt.

Einer unserer Lieblinge im Arbeitszimmer ist der historische Bleisatzschrank. Er stammt aus den 30er-Jahren und verwahrt die Materialien für die Schmuckstücke, die wir nach eigenen Entwürfen fertigen. Auch die Schubladenkiste eines ehemaligen Garnherstellers wird für die Arbeit genutzt – und geliebt. Und natürlich hängen wir an unseren Firmen-Schriftzug, der aus MDF-Platten zugeschnitten wurde.

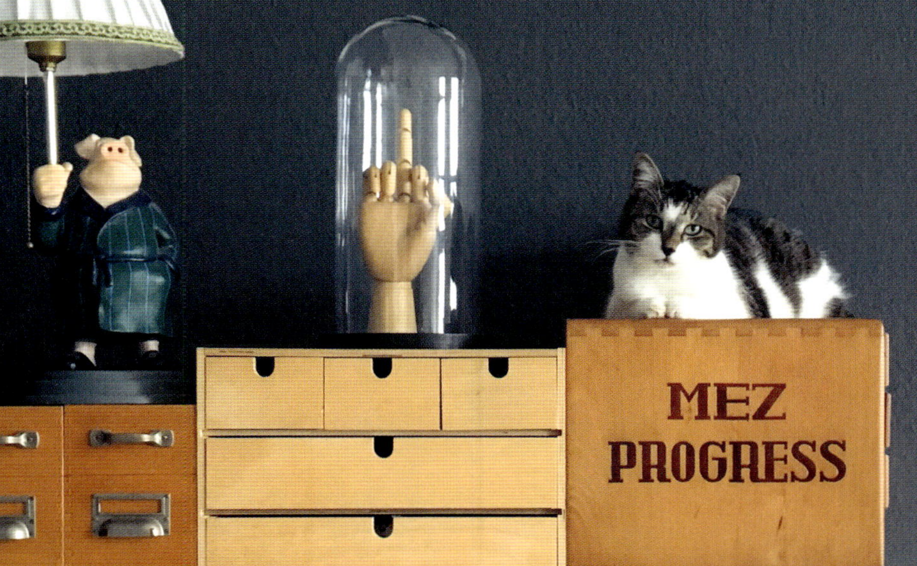
MEZ
PROGRESS

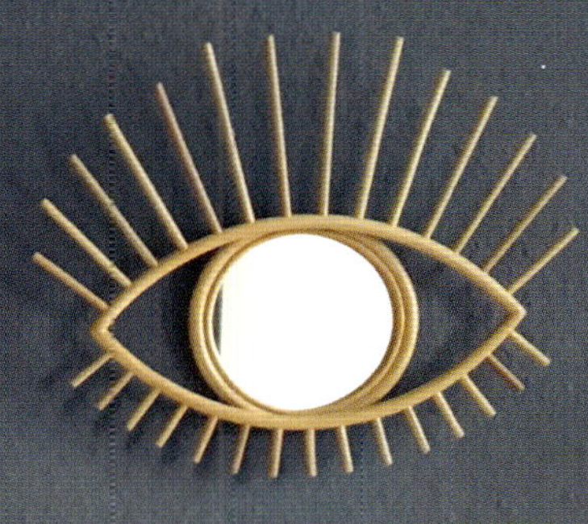

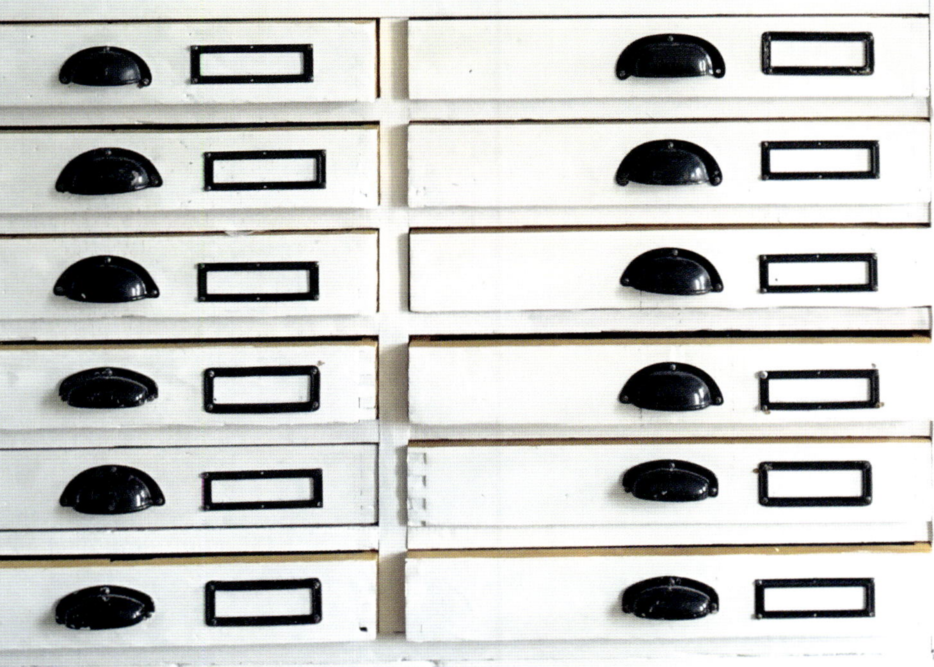

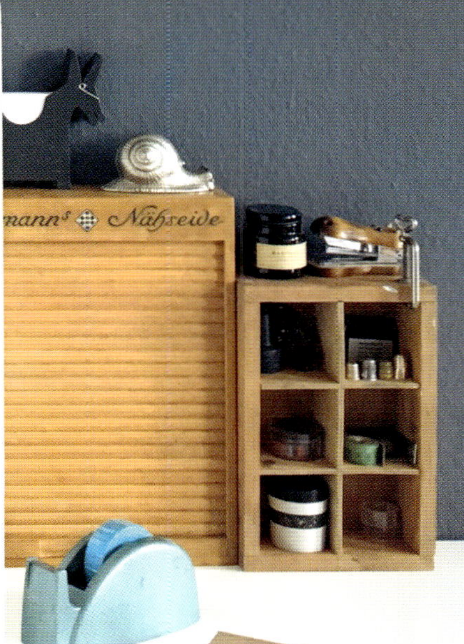
Nähseide

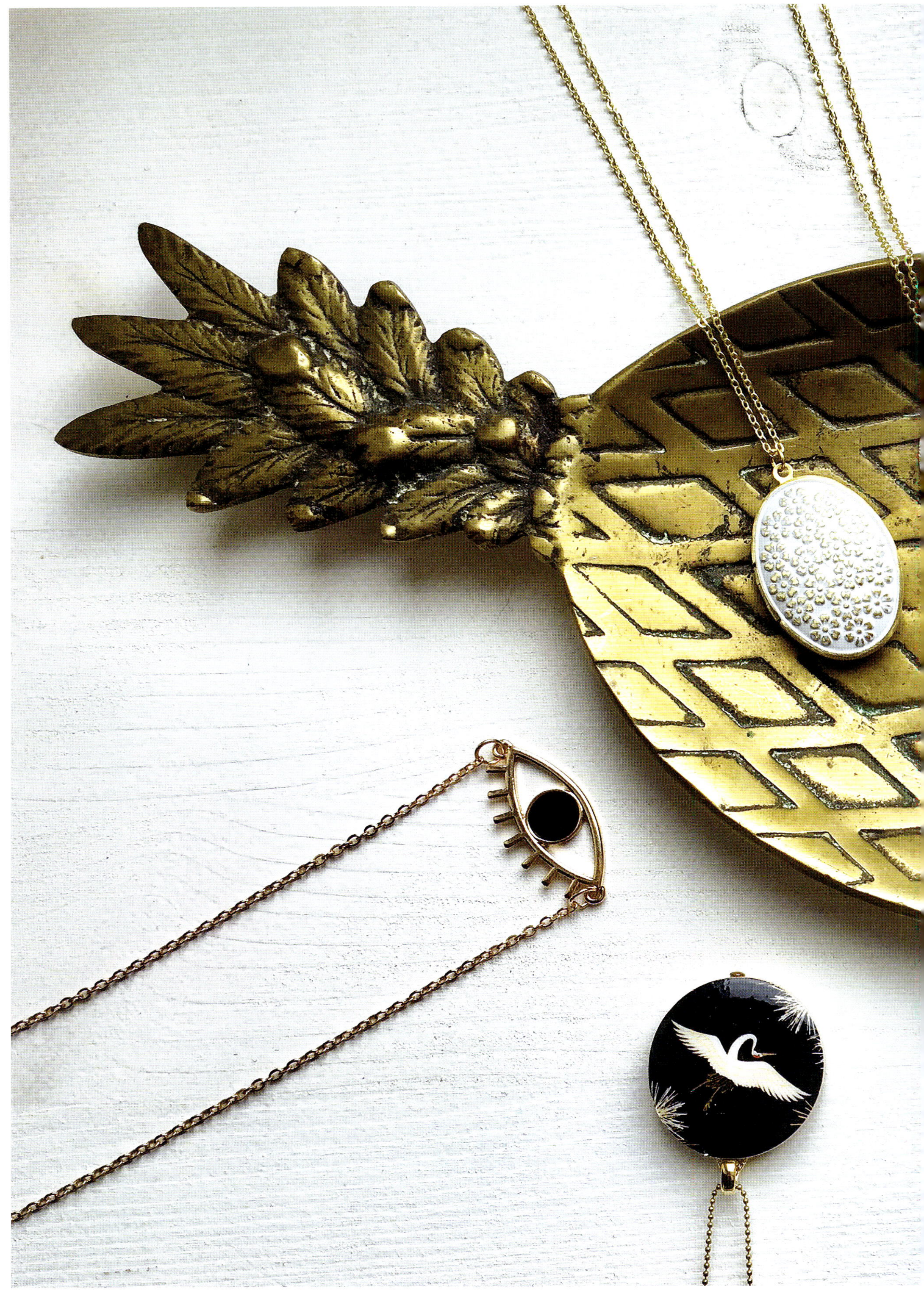

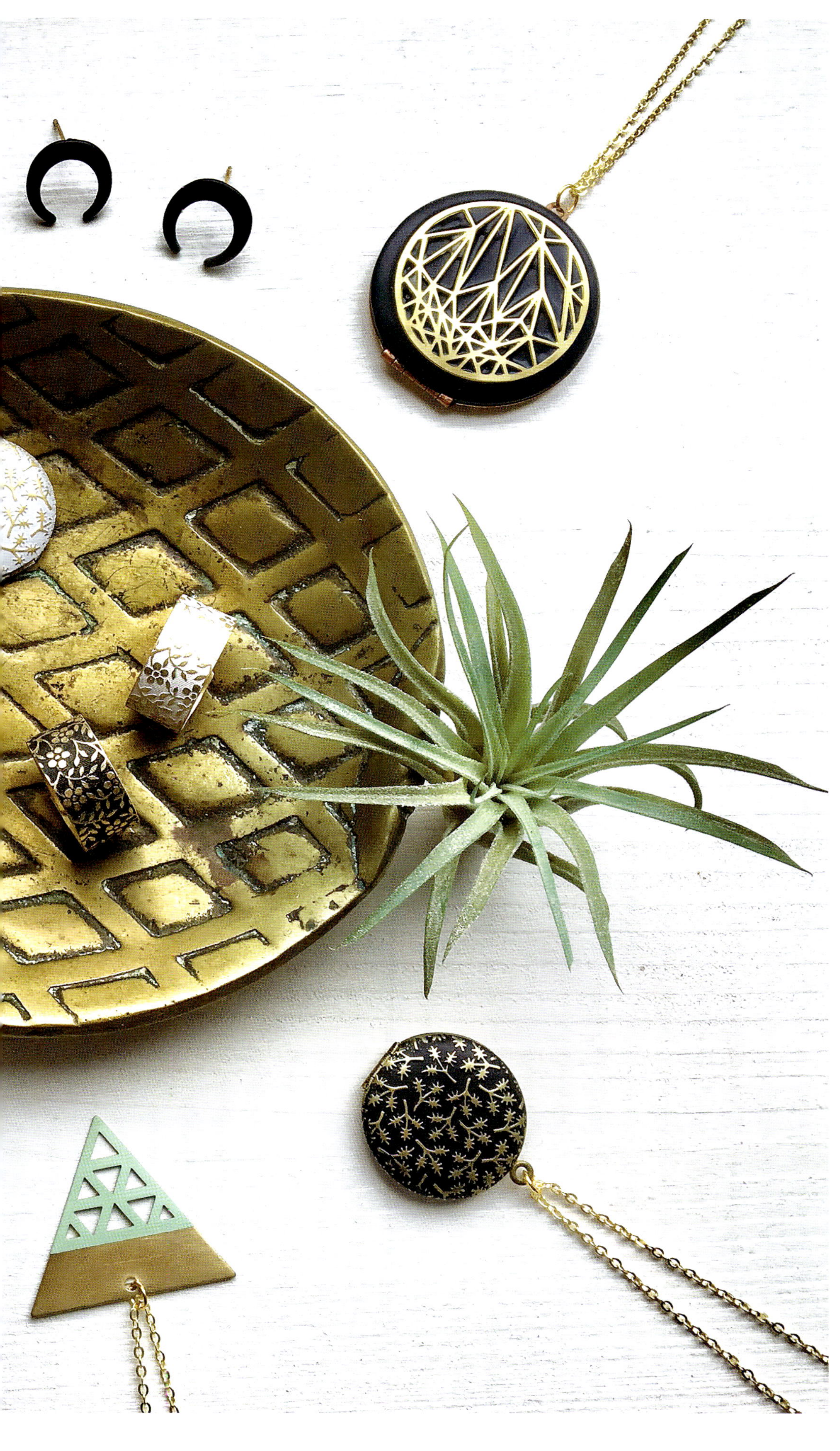

⚓ Die Schmuckstücke entstehen nach unseren Entwürfen. Einige fertigen wir selbst, andere lassen wir produzieren. Manche Designs sind ganz neu, andere längst Klassiker. Sie alle gehen an Kunden in der ganzen Welt.

GRÜNE GESELLEN

EIne Wohnung ohne Pflanzen können wir uns nicht vorstellen. Wir lieben nicht nur die unterschiedlichen Grüntöne, die Formen und Strukturen, mit denen sie unsere Räume schmücken.

Zimmerpflanzen sind eine tolle, lebendige Deko. Das Grün in unterschiedlichsten Nuancen belebt jeden Raum. Die spannenden Blattformen – mal klein und rund, mal schmal und länglich, mal gefiedert, mal nadelspitz – setzen interessante Akzente. Doch Pflanzen können noch viel mehr: Sie verbessern die Luft und sorgen für ein gutes Raumklima. Einen Teil des Gießwassers geben sie nämlich wieder als ganz feinen Nebel ab. So funktionieren sie im Prinzip als natürliche Luftbefeuchter. Außerdem gibt es Pflanzen, die sogar Schadstoffe aus der Luft filtern können, so wie beispielsweise Grünlilien und Farne. Im Arbeitszimmer ist kaum Platz für große, ausladende Exemplare. Hier stehen die Pflanzen vor allem auf Schränken, Regalen und der Fensterbank. Vor den dunklen Wänden leuchten sie besonders ausdrucksstark.

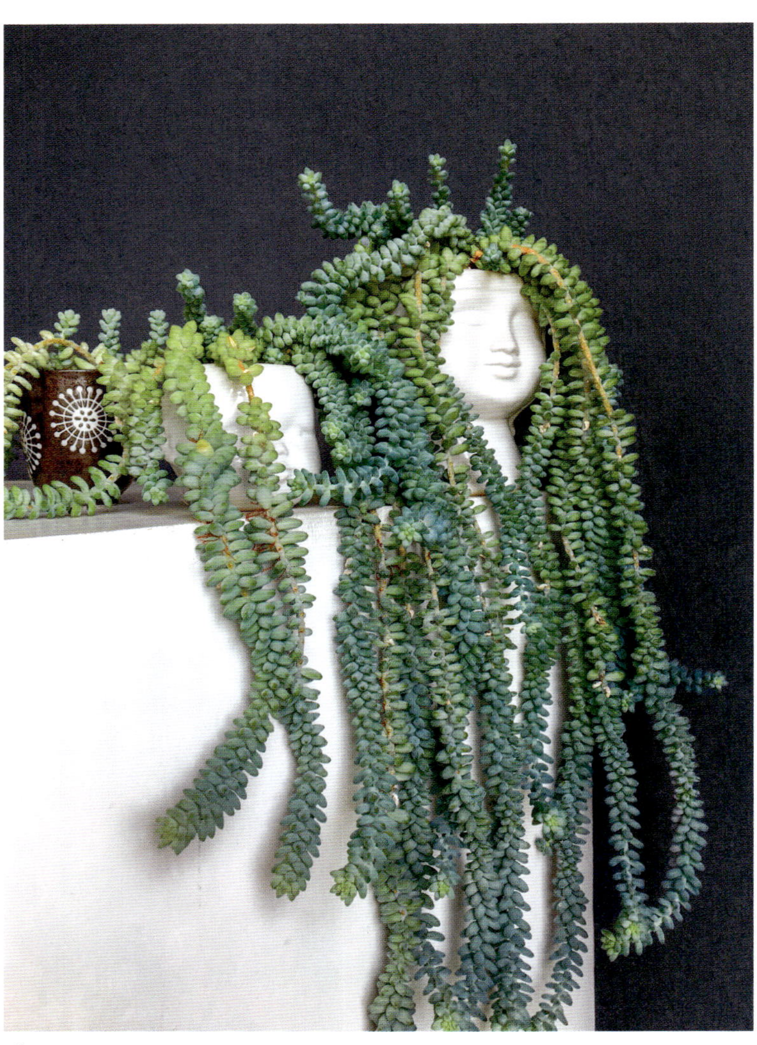

⚓ Hier passen Übertopf und Pflanze perfekt zusammen: Die Affenschaukel wird zur üppigen Langhaarfrisur. Mit etwas Glück blüht sie im Sommer rosa.

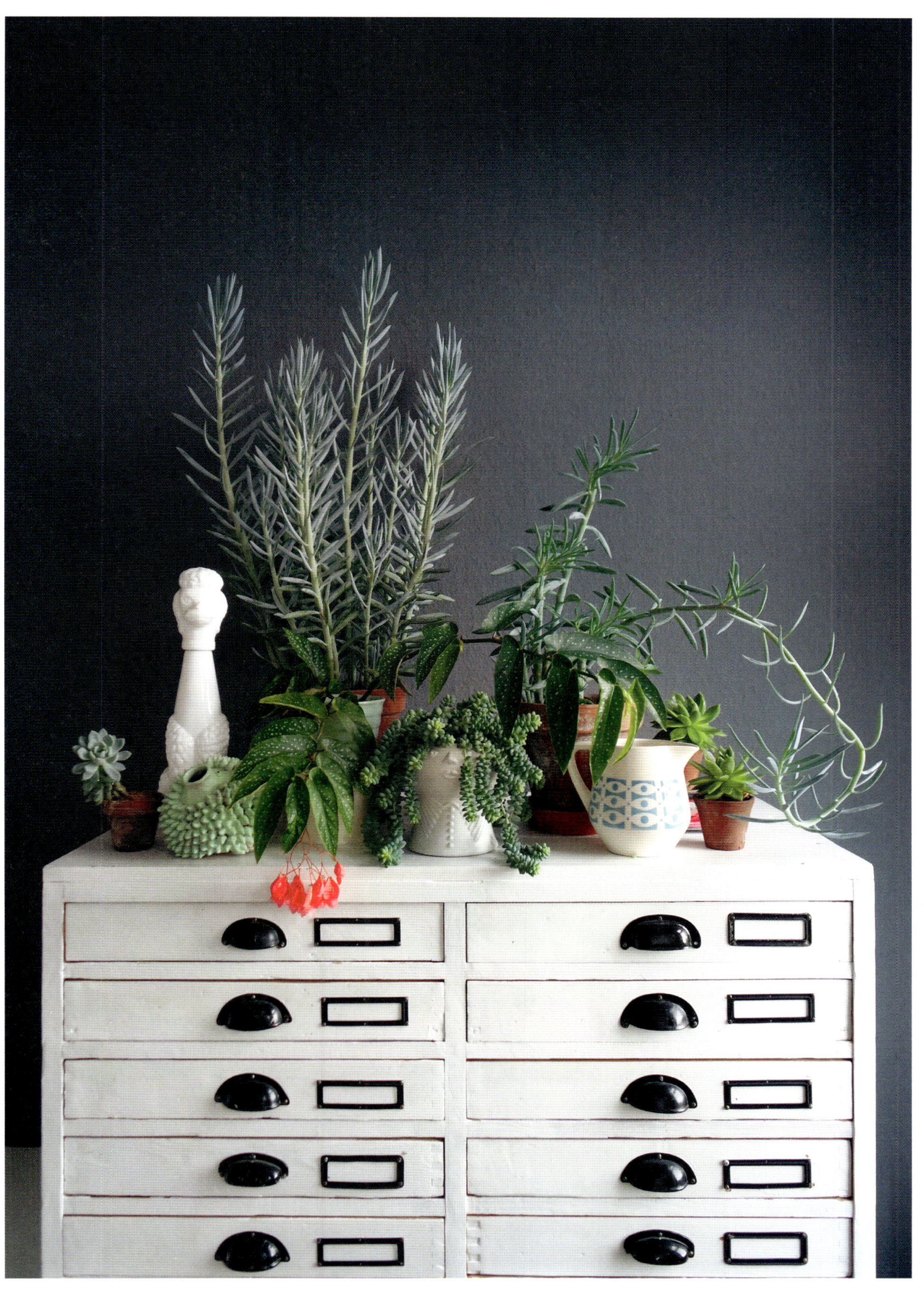

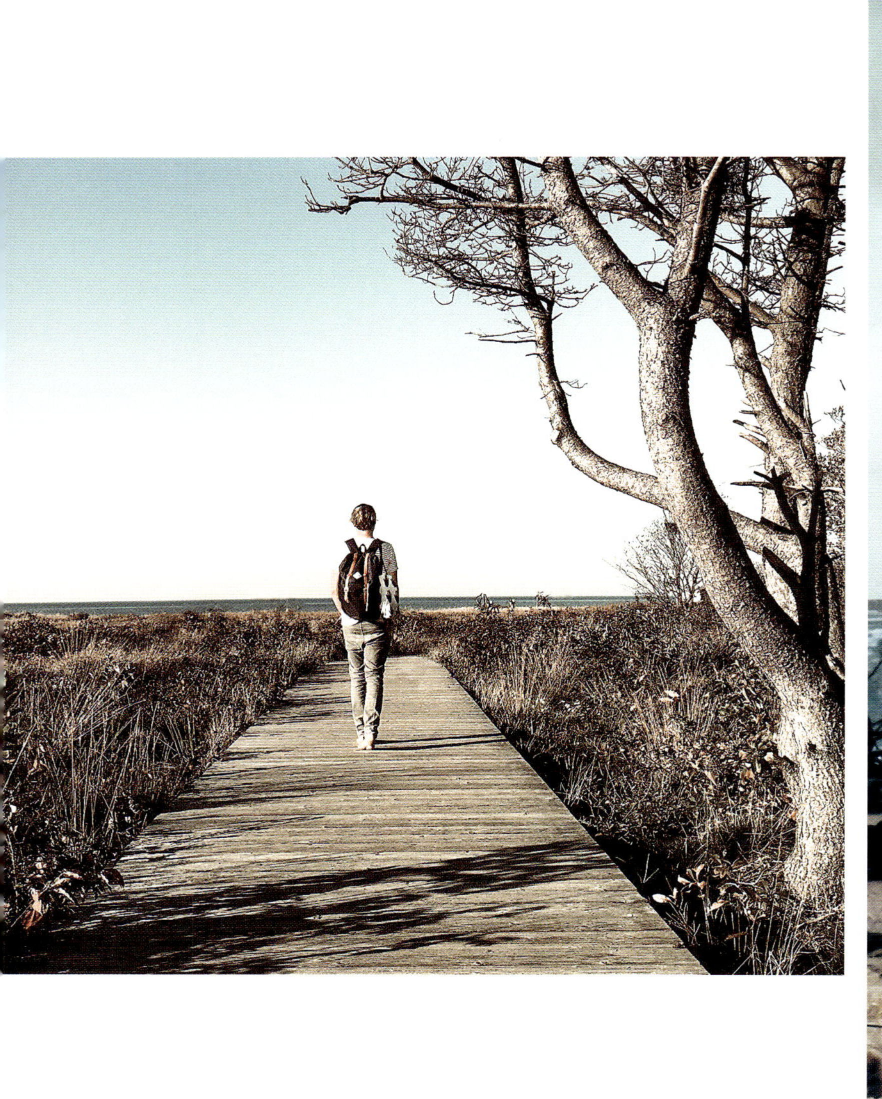

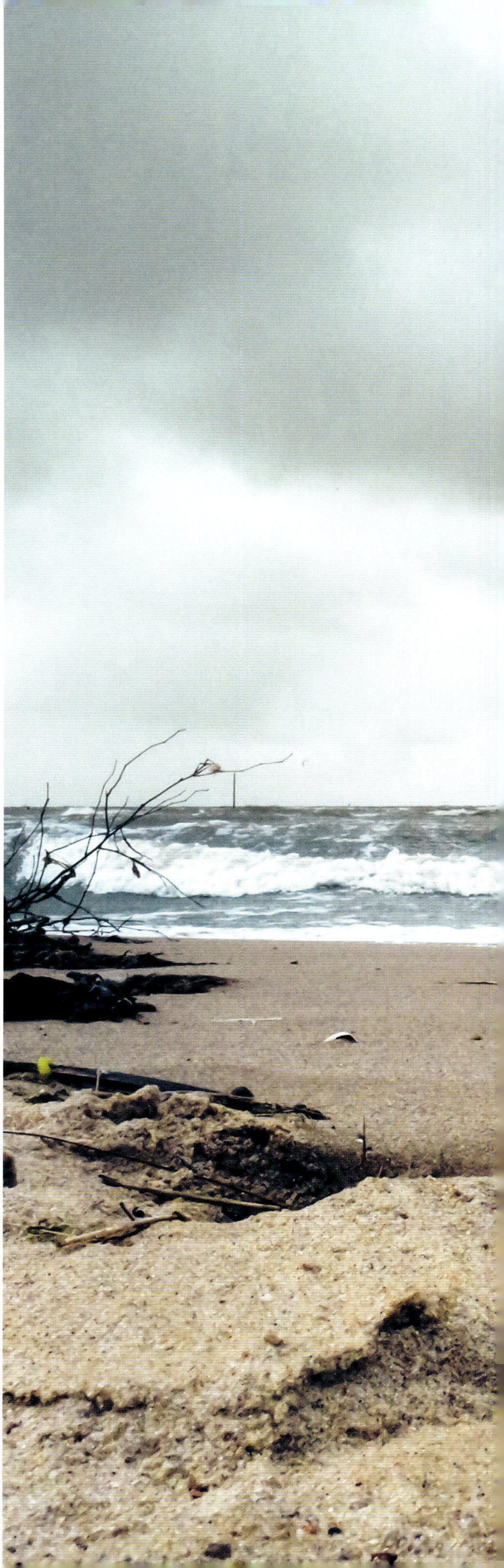

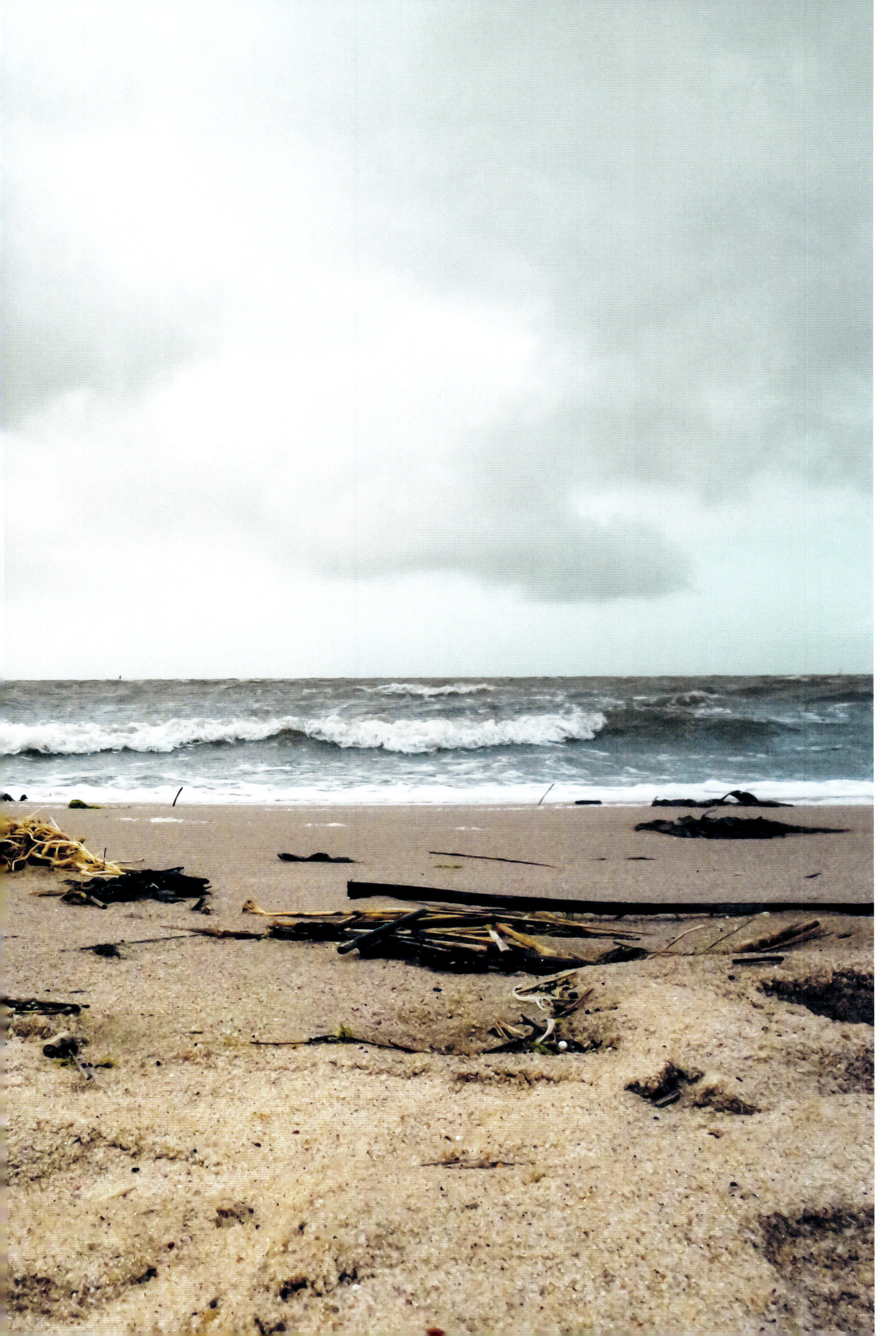

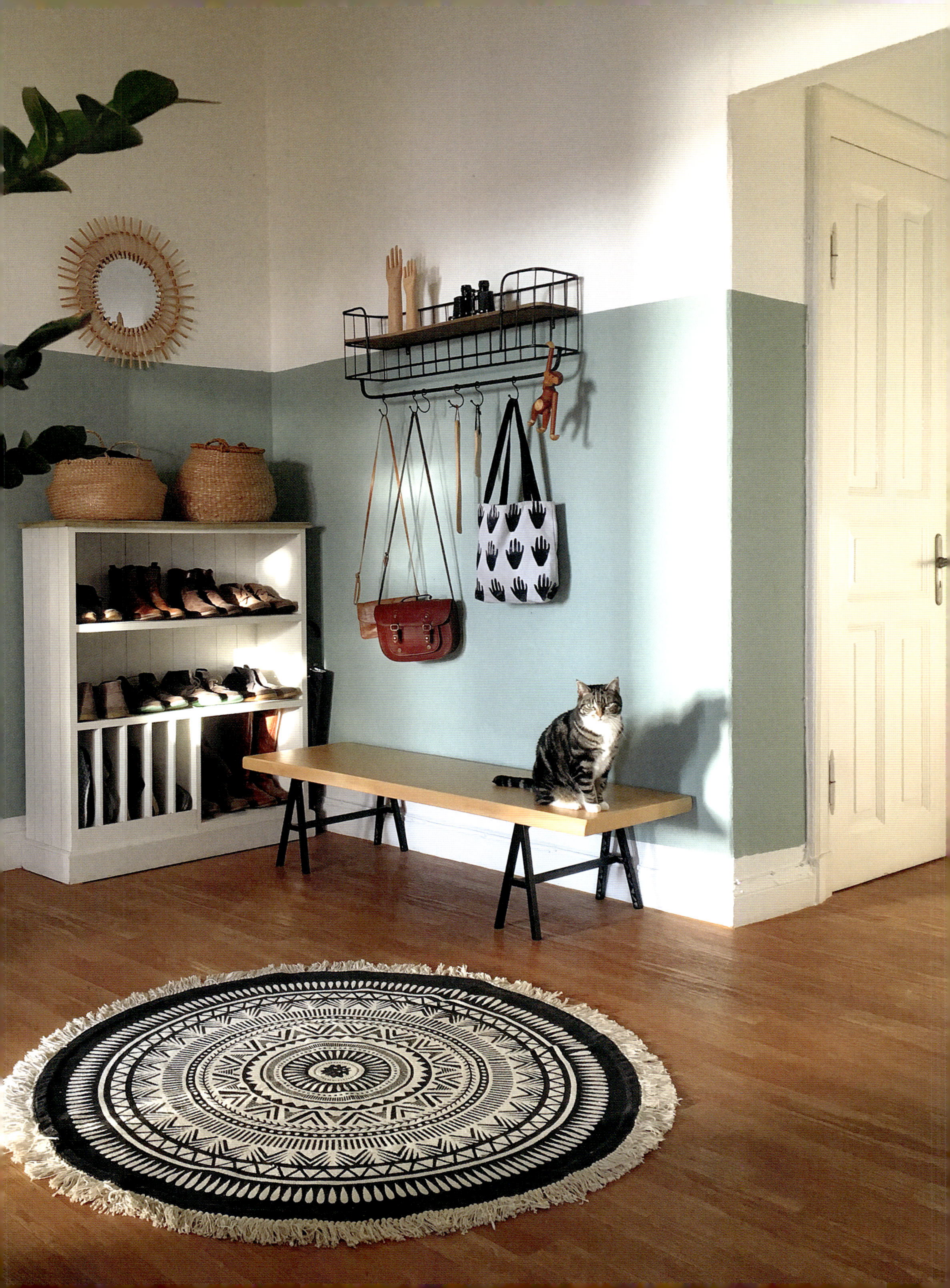

DIELE

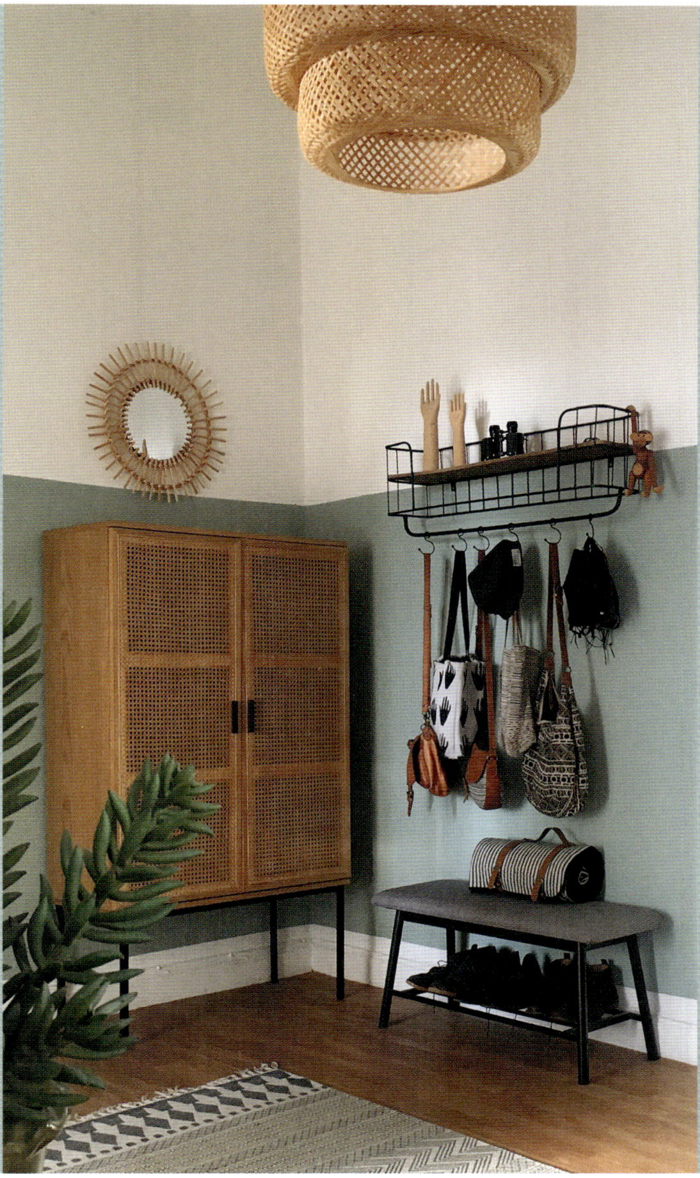

Herzlich willkommen bei MiMaMeise! Tritt man durch unsere Wohnungstür, steht man in der Diele. So nennen wir in Norddeutschland den Eingangsbereich. Wir haben unsere Diele hell und einladend gestaltet, schließlich ist sie die Visitenkarte unserer Wohnung. Sie heißt Besucher willkommen und zeigt auf den ersten Blick, wer wir sind und wie wir leben. Also sollte sie einladend und offen wirken, damit sich die Gäste sofort wohlfühlen. Dazu darf sie ruhig etwas von unseren Persönlichkeiten widerspiegeln. Und dann muss die Diele natürlich noch all die Schuhe, Jacken, Taschen und Mützen beherbergen, die man so braucht, wenn man das Haus verlässt.

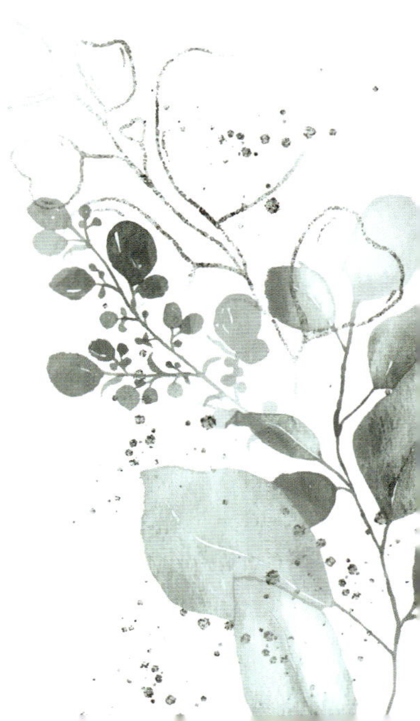

ÄUSSERE UND INNERE WERTE

Jacken, Taschen, Schuhe. Dazu noch Handschuhe und Mützen, Schals und Schlüssel: Im Flur muss alles griffbereit sein, was man braucht, um das Haus zu verlassen. Deshalb braucht dieser Raum ein paar funktionelle Möbel, die den nötigen Stauraum bieten. Wir haben uns für Exemplare voller Leichtigkeit und Charme entschieden. Ein hochbeiniger Schrank mit Türen aus Geflecht ersetzt inzwischen ein offenes Schuhregal. Er hat deutlich mehr Stauraum und versteckt seinen Inhalt hinter den hübschen Türen. Dazu hält eine Hängegarderobe aus Metall viele Haken für Taschen bereit und bietet zusätzlich eine Ablagefläche. Darunter steht eine Bank, auf der man sich bequem niederlassen kann, um die Schuhe an- und auszuziehen.

Mal staubiges Mint, mal rauchiges Blau: Im Flur lieben wir Töne, die die Weite und den Himmel in den quasi fensterlosen Raum bringen. Dabei streichen wir nur die untere Hälfte der Wand farbig. Für noch mehr Licht bleibt die obere Hälfte weiß.

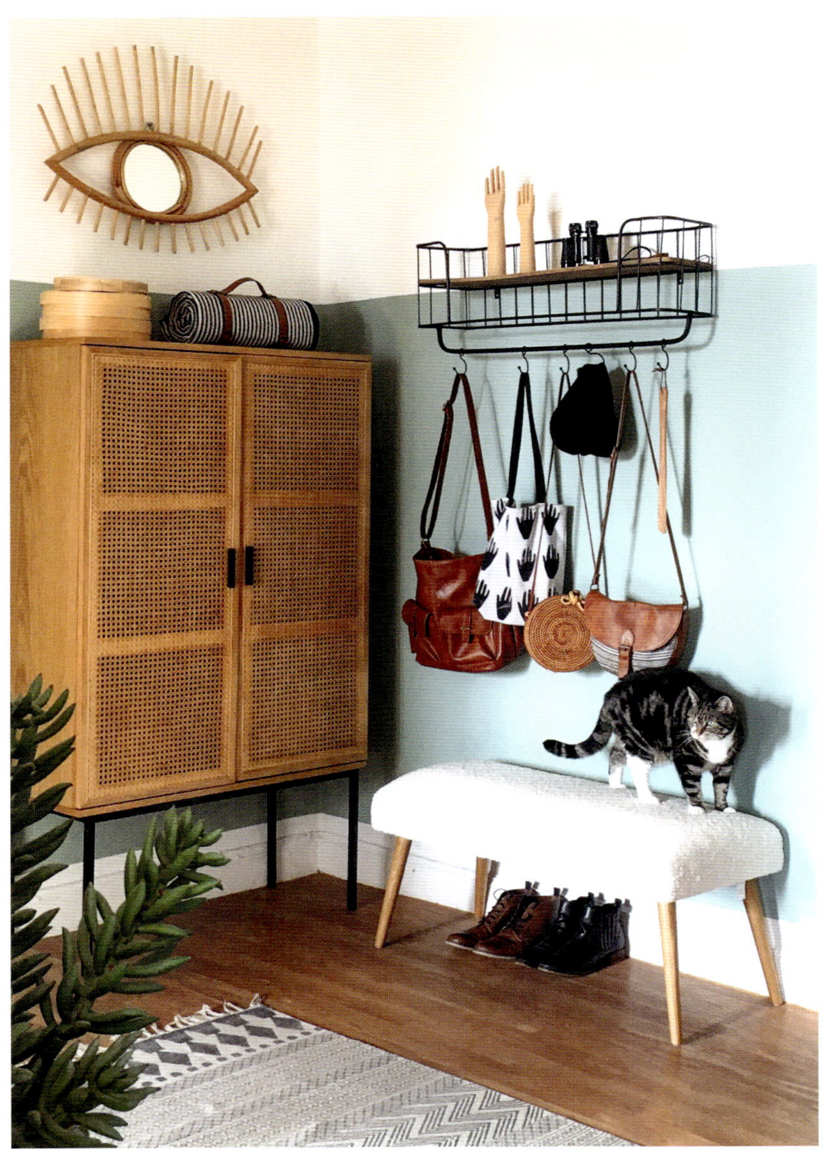

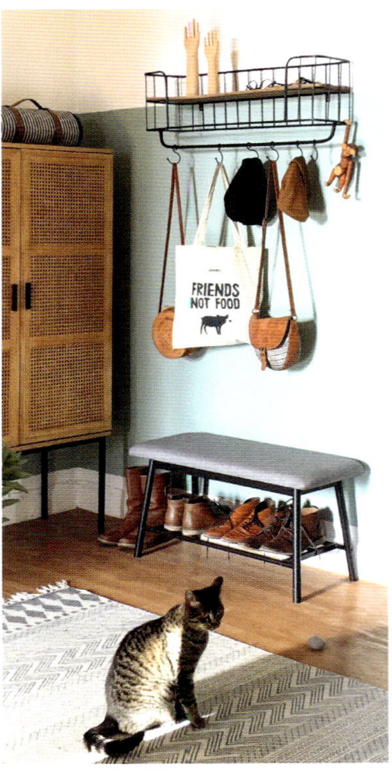

⚓ Einrichtung und Farben sind schön und gut. Niemand aber begrüßt unsere Gäste so freundlich wie unsere Katzen.

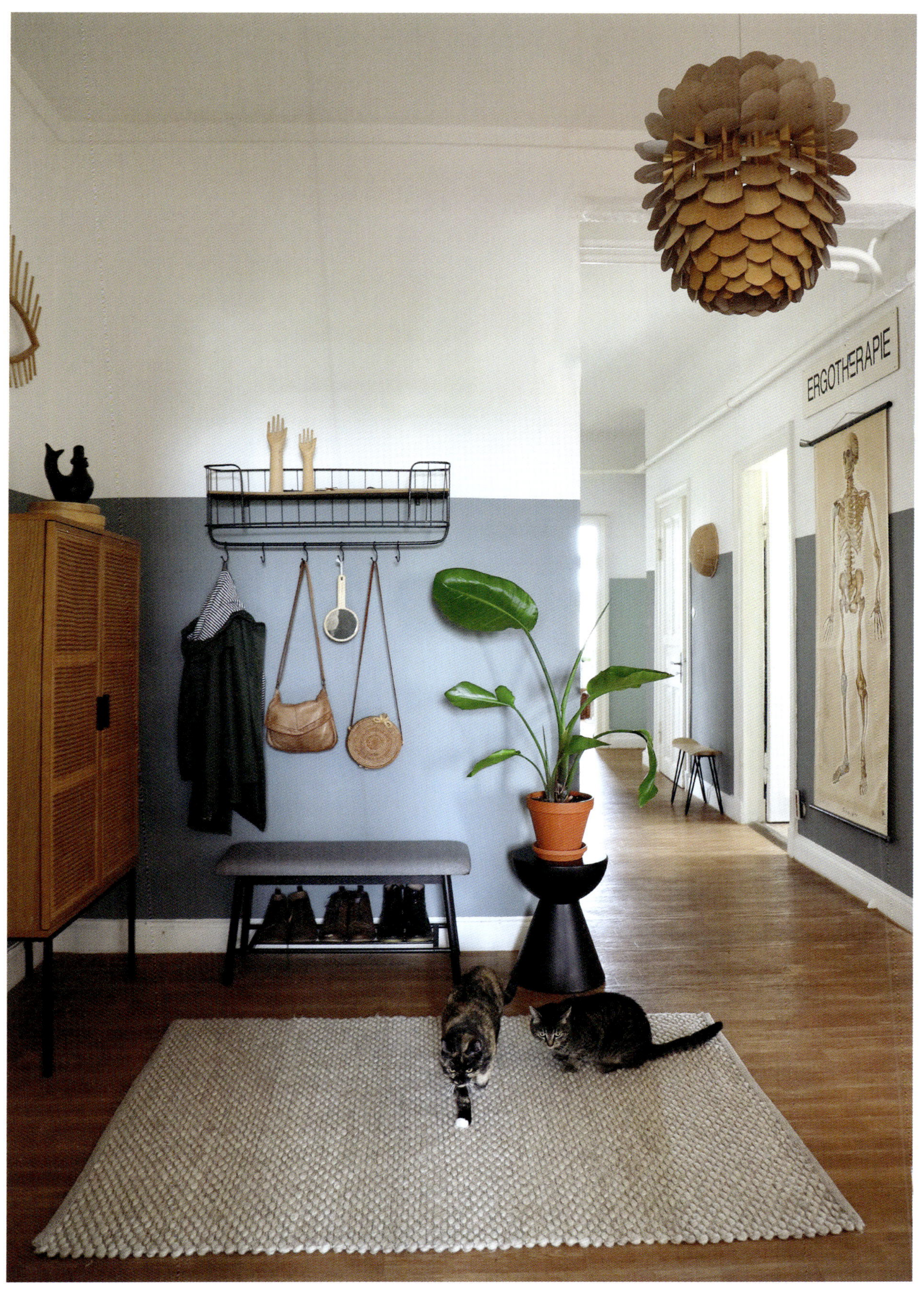
ERGOTHERAPIE

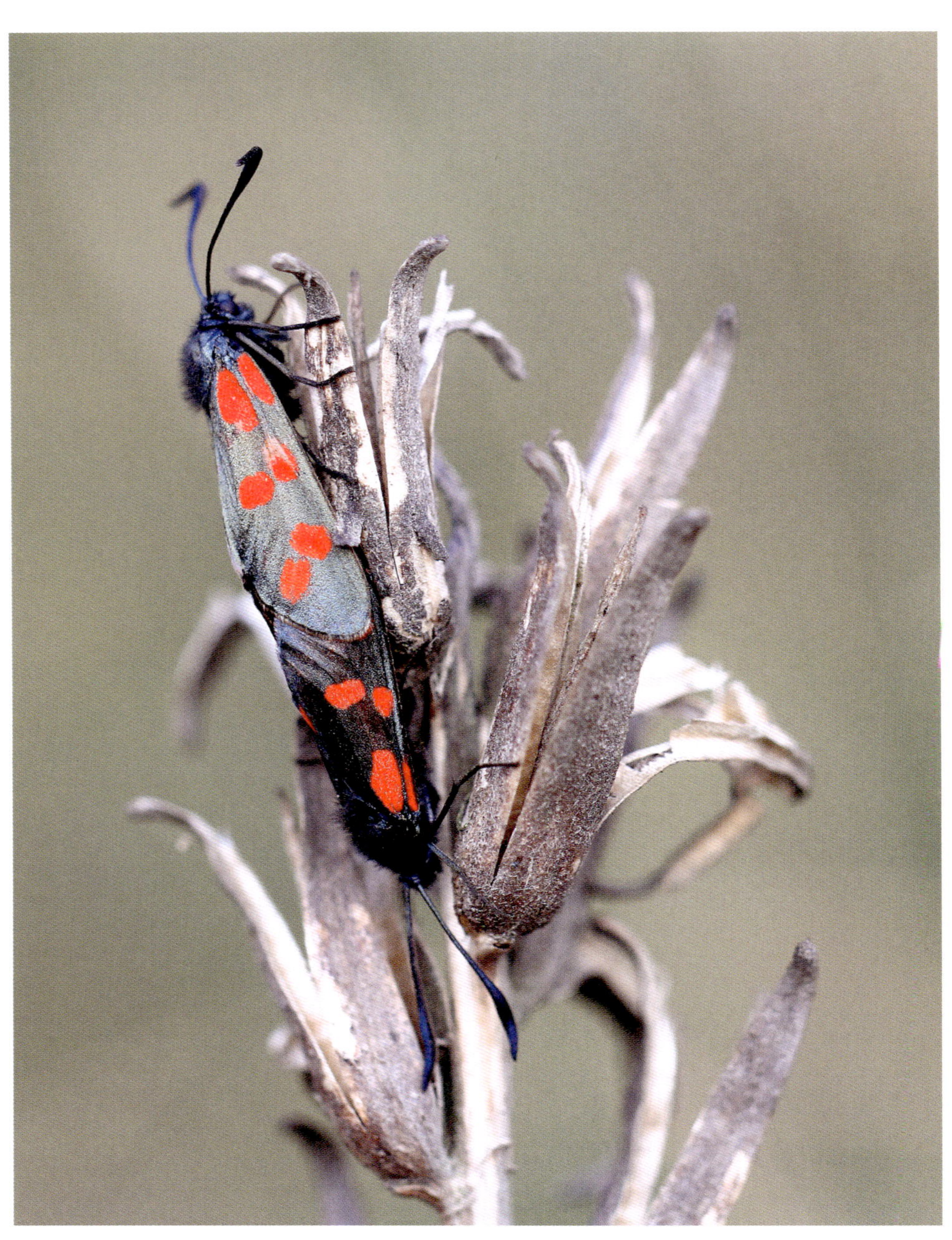

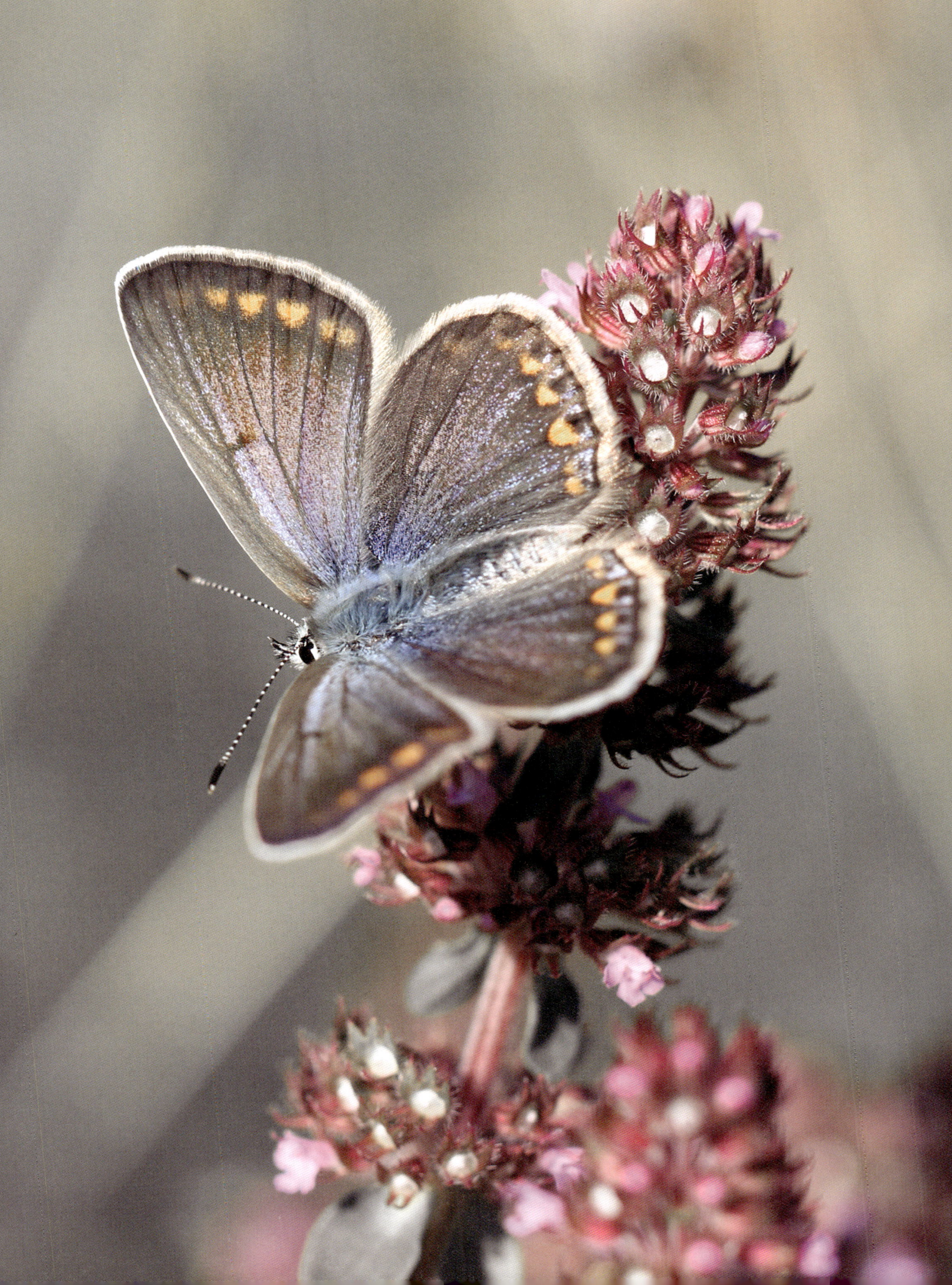

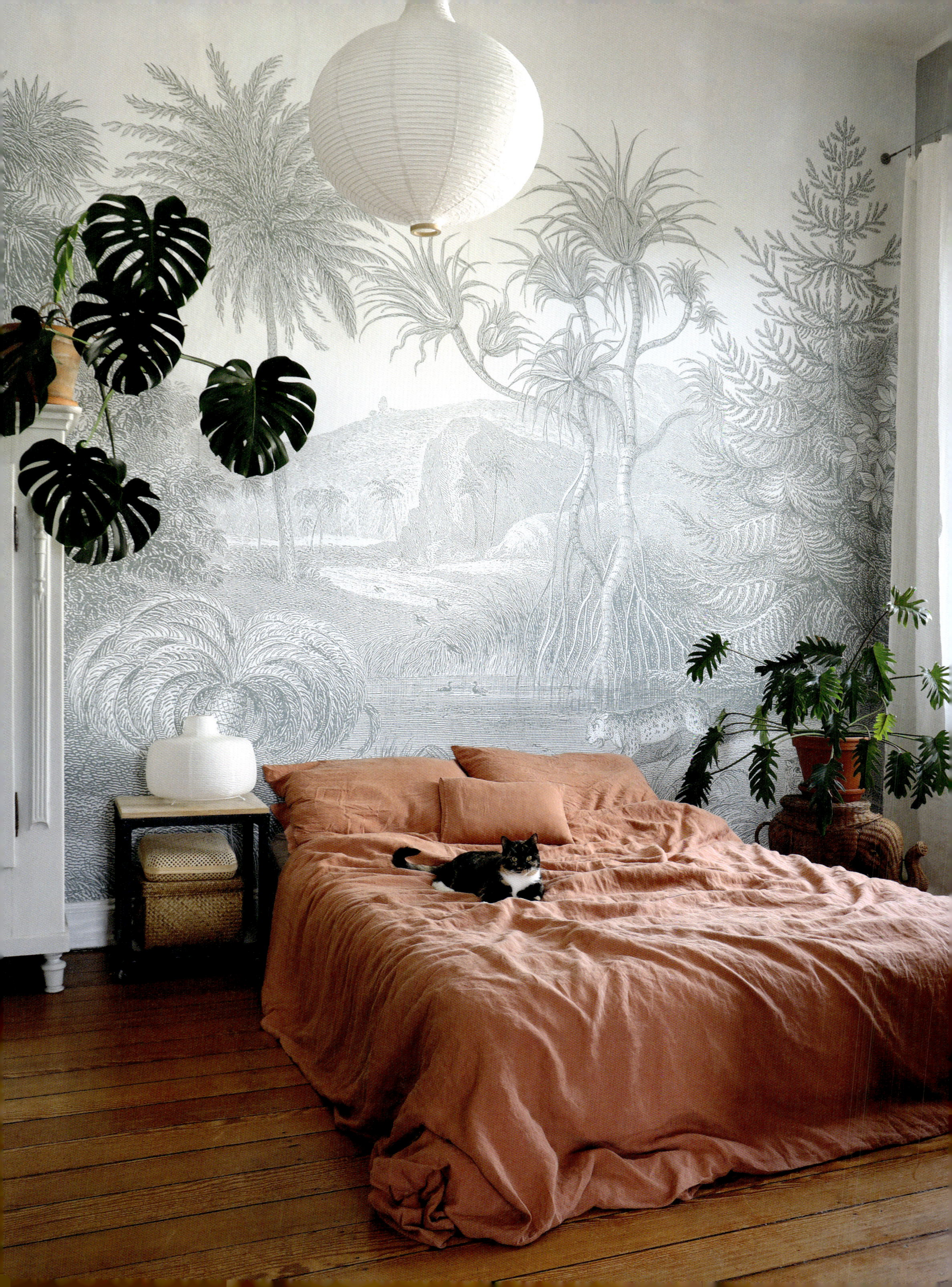

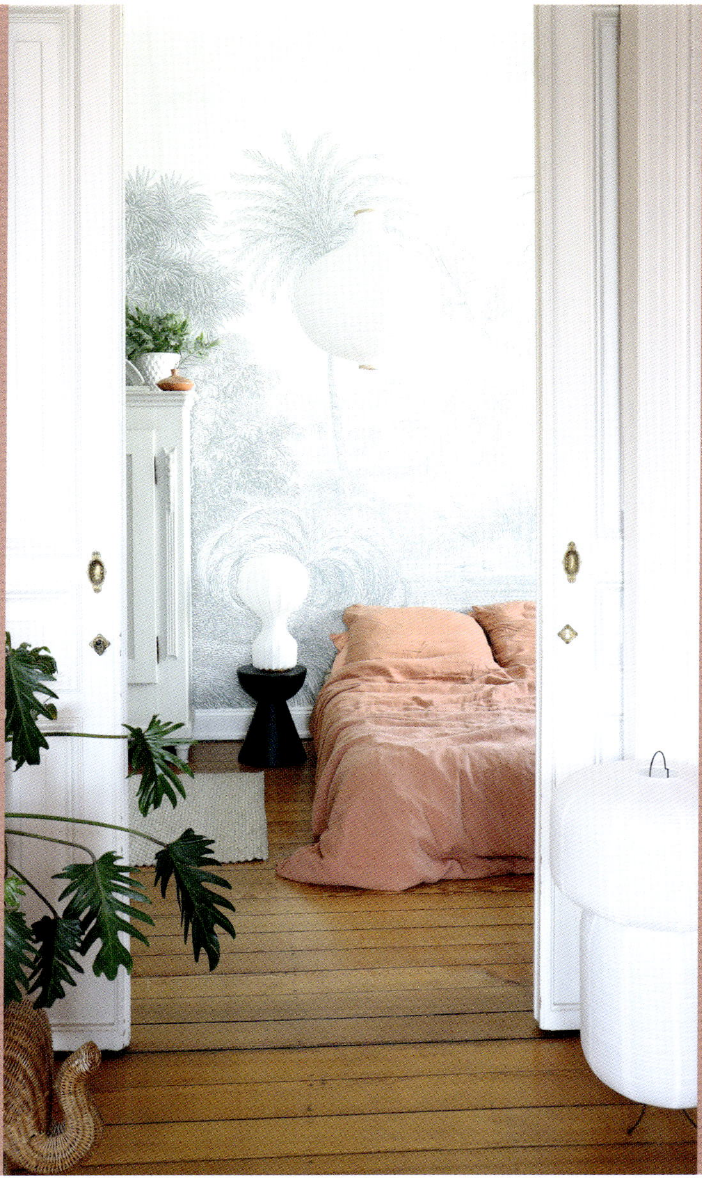

SCHLAFZIMMER

Eine sanfte Umgebung sorgt für tiefenentspannte Nächte. Unser Schlafzimmer ist der optisch ruhigste Raum in der ganzen Wohnung. Das muss auch so sein, schließlich wollen wir hier am Ende des Tages komplett abschalten, den Trubel des Alltags hinter uns lassen und tief entspannen. Um dann nach einer erholsamen Nacht wieder energiegeladen aufzuwachen und in den Tag zu starten. Und auch tagsüber ist dieser Ruheraum immer mal gut für eine kurze Auszeit – vor allem für unsere vierbeinigen Mitbewohnerinnen. Die lieben es nämlich sehr, sich auf dem Bett zu räkeln und zu strecken.

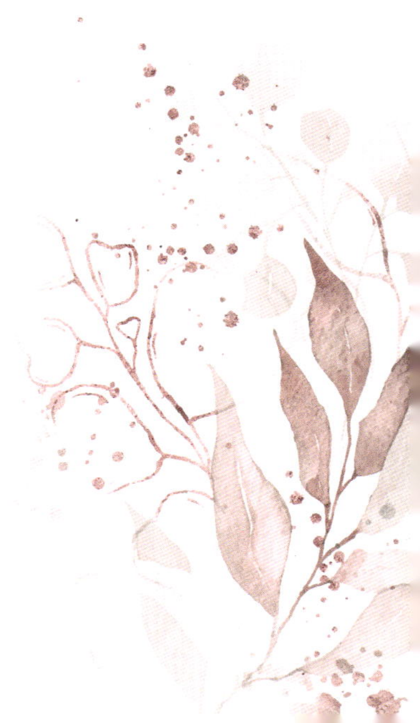

ALLES GANZ ENTSPANNT

Wie im Rest unserer Wohnung wechseln sich auch im Schlafzimmer die Möbel ab. Immer wieder mal geht etwas Altes und etwas Neues zieht ein. Dabei ist Wänden und Einrichtung gleich, dass sie Ruhe und Entspannung ausstrahlen. Aufregende und bunte Farben haben wir aus diesem Raum verbannt. Das gilt natürlich auch für das Mobiliar. Wir haben uns für Schränke und Kommoden in klar lackiertem Holz, Weiß und ganz zartem Hellgrau entschieden. Unser liebstes Stück ist der kleine Jugendstilschrank, ein Flohmarktfund, der uns seit vielen Jahren begleitet. Als Nachttische dienen mal kleine Kommoden oder Beistelltische, mal Hocker oder Stühle. Dabei mixen wir gern, wie in der gesamten Wohnung, Stile und Epochen. Unser Bett ist übrigens ganz besonders schlicht: Es besteht aus einem Palettenbausatz, den wir selbst zusammengebaut haben.

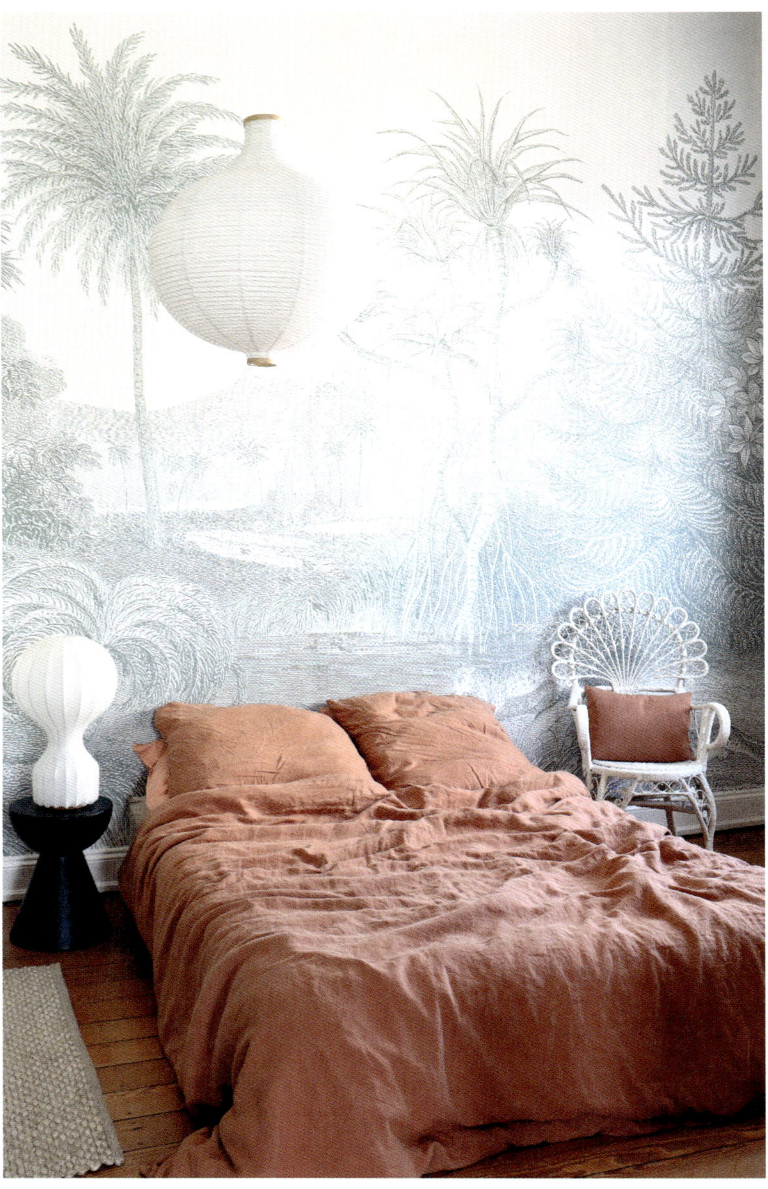

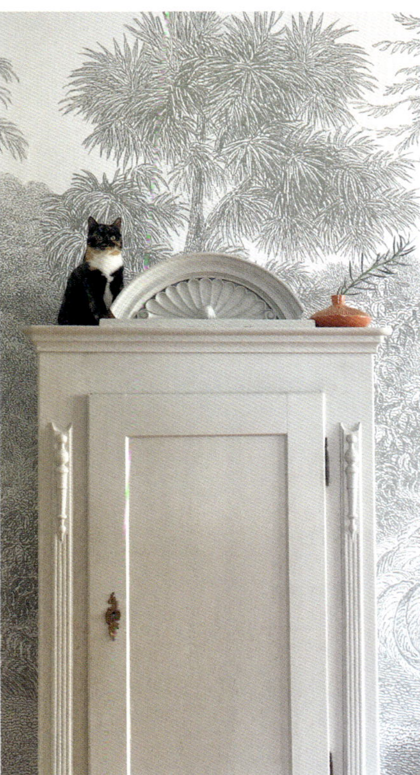

⚓ Auf Flohmärkten kann man die tollsten Dinge entdecken. In diesen Jugendstilschrank haben wir uns sofort verliebt. Mit einer neuen Farbschicht ist er ein Highlight im Schlafzimmer.

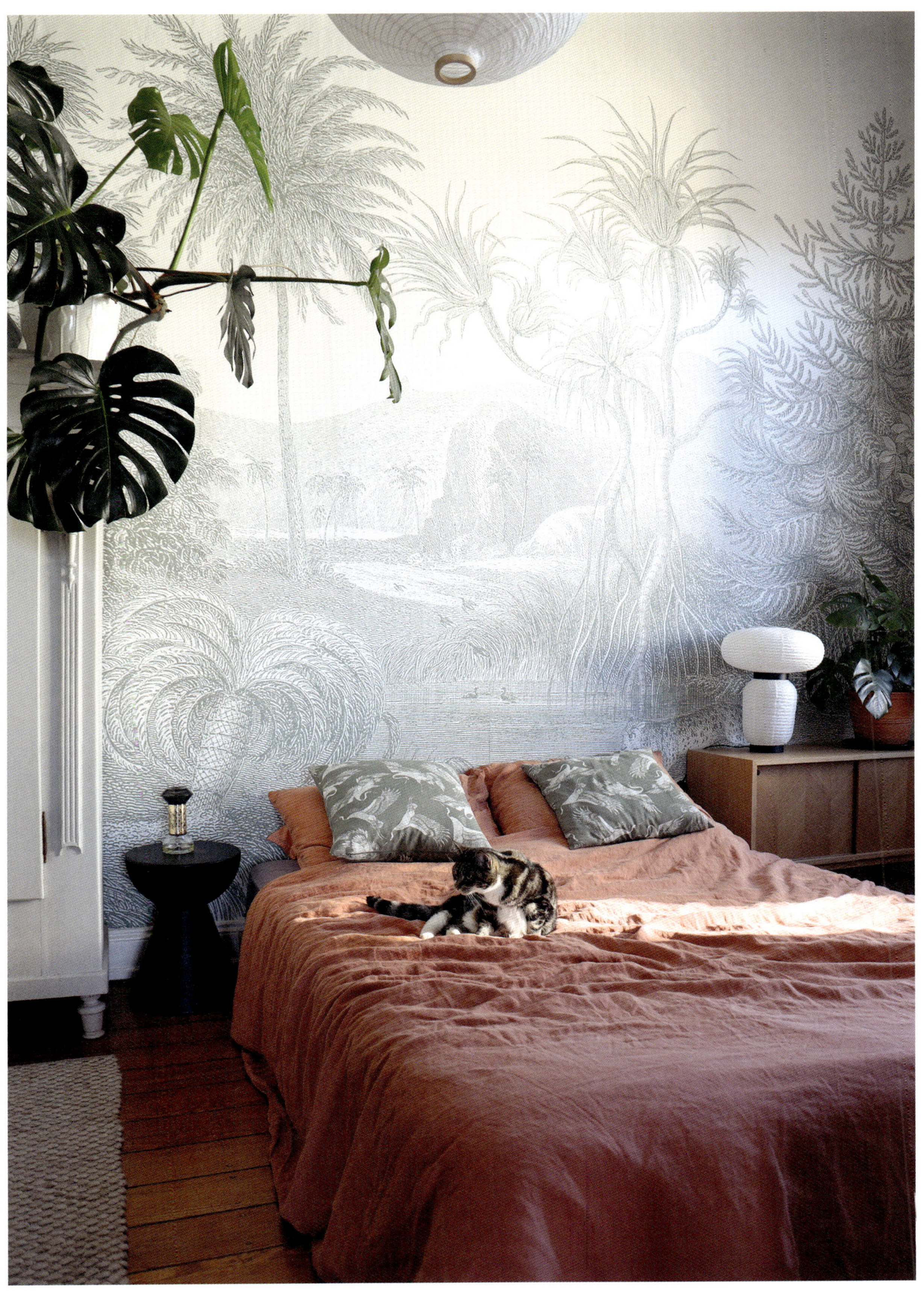

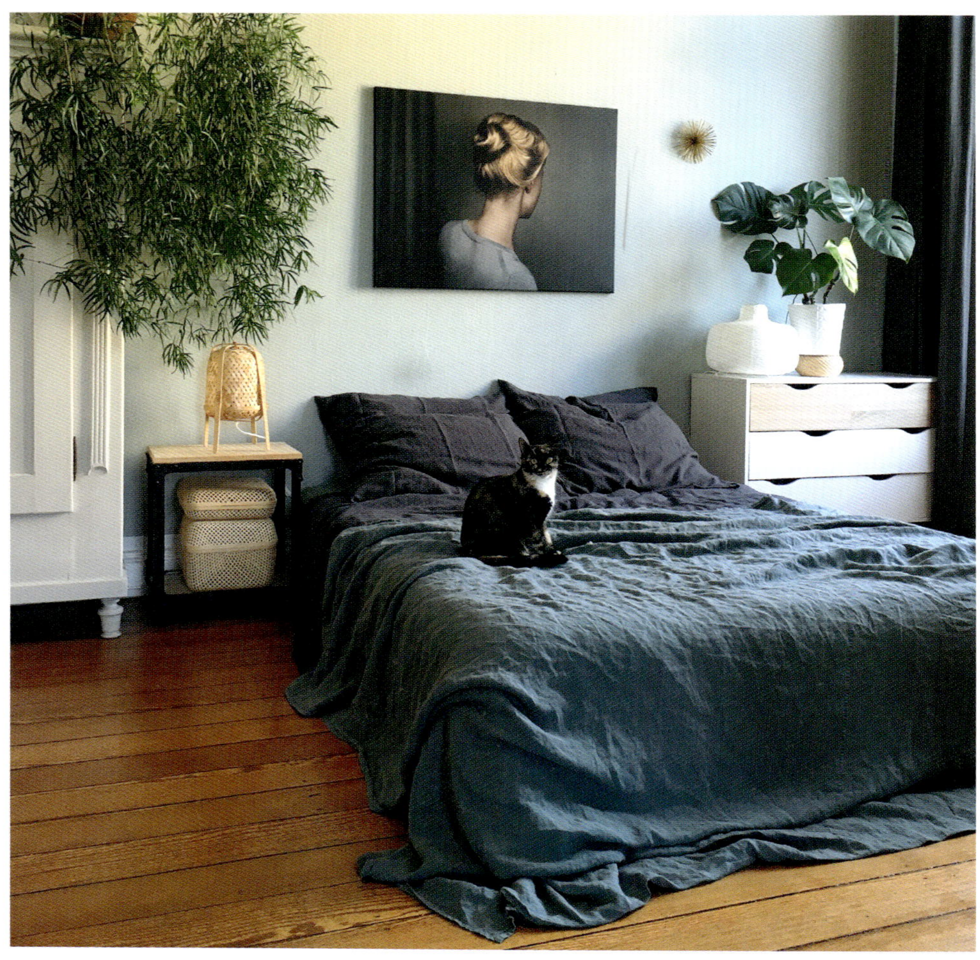

MITTEN IM GRÜNEN

Die Natur ist uns unendlich wichtig. Sie erdet und inspiriert und schenkt uns ein Gefühl von Ruhe und Freiheit. Oft sind wir mit den Rädern unterwegs ins Grüne oder ans Meer. Wir lieben die Küstenheide und den Strand, aber auch urige Wälder. Kein Wunder also, dass wir die Natur auch in unser Zuhause holen. Im Schlafzimmer lässt sie uns durchatmen und entspannen.

Dafür haben wir gleich zwei Versionen in die Einrichtung integriert: eine Motivtapete mit historisch anmutenden Waldzeichnungen und die echten, dreidimensionalen Pflanzen. Die großblättrige Monstera und der feingliedrige Asparagus beispielsweise scheinen mit der Tapete zu kommunizieren. Sie verlängern den Wandschmuck bis in den Raum hinein und machen die gezeichnete Landschaft dreidimensional. So fühlen wir uns auch innerhalb unser eigenen vier Wände der Natur ganz nah.

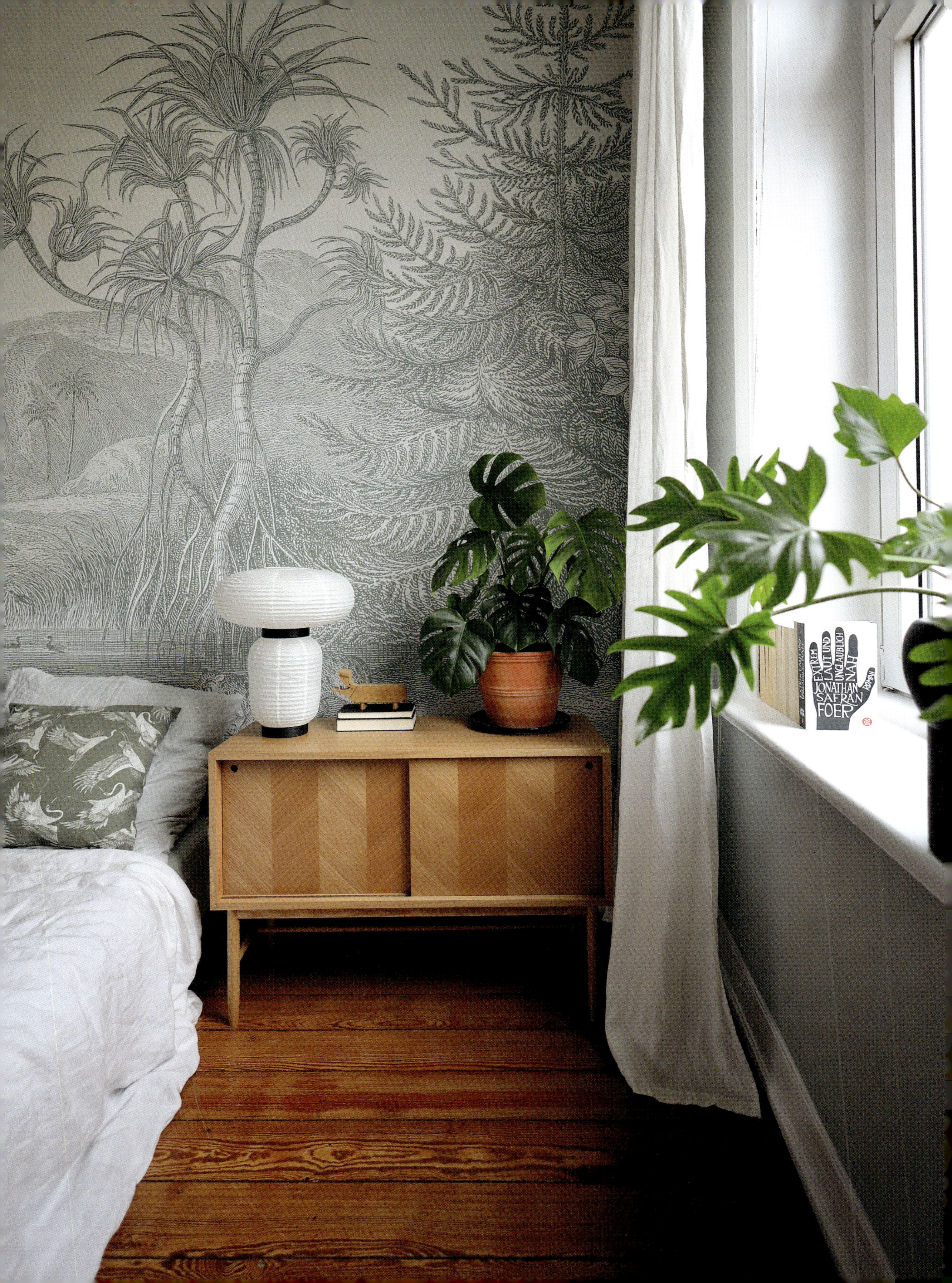
EXTREM
LAUT UND
UNGLAUBLICH
NAH
JONATHAN
SAFRAN
FOER
ROMAN

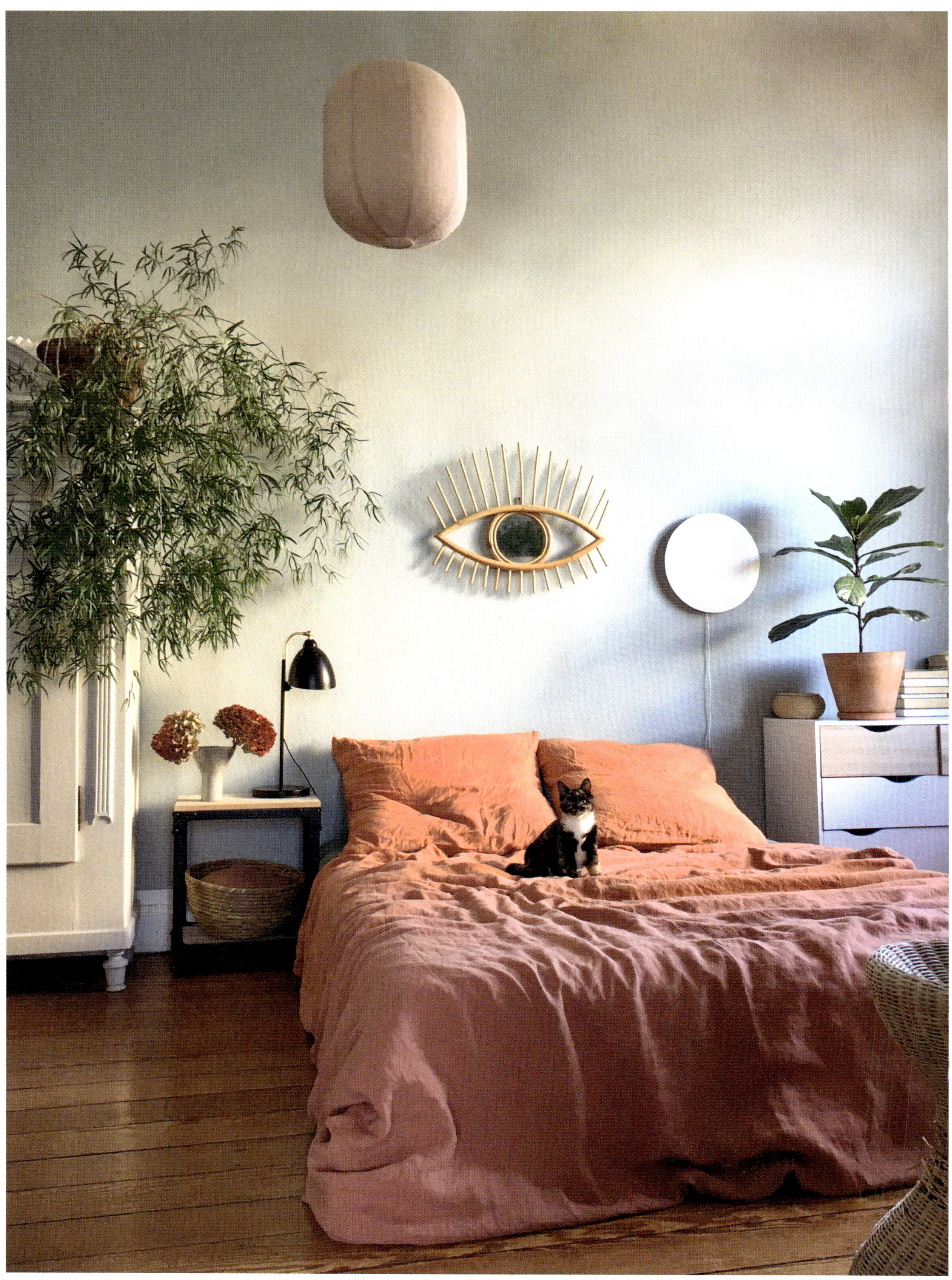

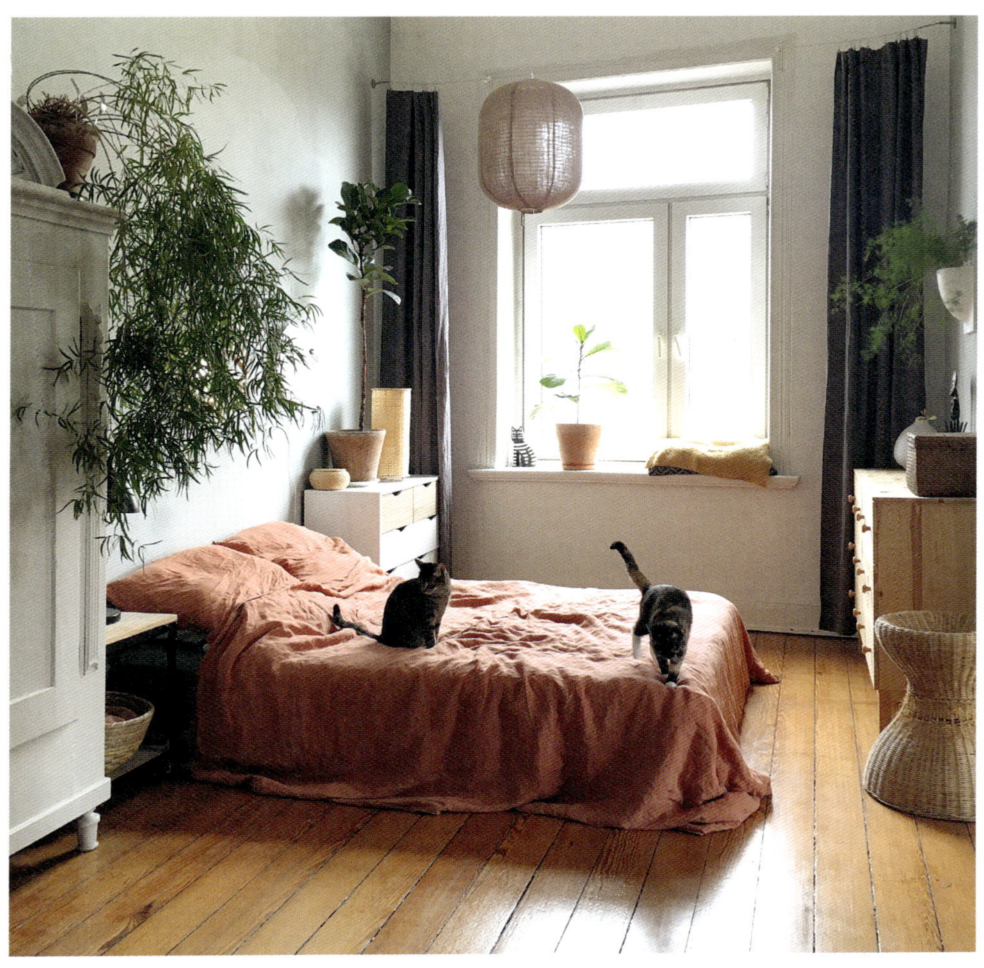

RICHTIG GUTER STOFF

Wir wohnen gern mit Naturmaterialien. Ob Holz oder Metall, Wolle oder Korb und Rattan – Möbel und Wohnaccessoires aus natürlichen Stoffen tragen nicht nur optisch zu einer angenehmen Atmosphäre bei. Das gilt auch für das Schlafzimmer. Hier spielt eine Materialgruppe eine besonders wichtige Rolle: die Stoffe. Und auch hier legen wir Wert auf Naturmaterialien. Unsere Vorhänge beispielsweise sind aus Leinen, die Bettwäsche mal aus Leinen, mal aus Baumwolle. Die Naturfasern wirken schön lässig und luftig und sorgen gleichzeitig für ein sehr angenehmes Klima. Leinen beispielsweise kühlt im Sommer und wärmt im Winter, weil es Temperaturen ausgleichen kann. Perfekt für entspannte Nächte.

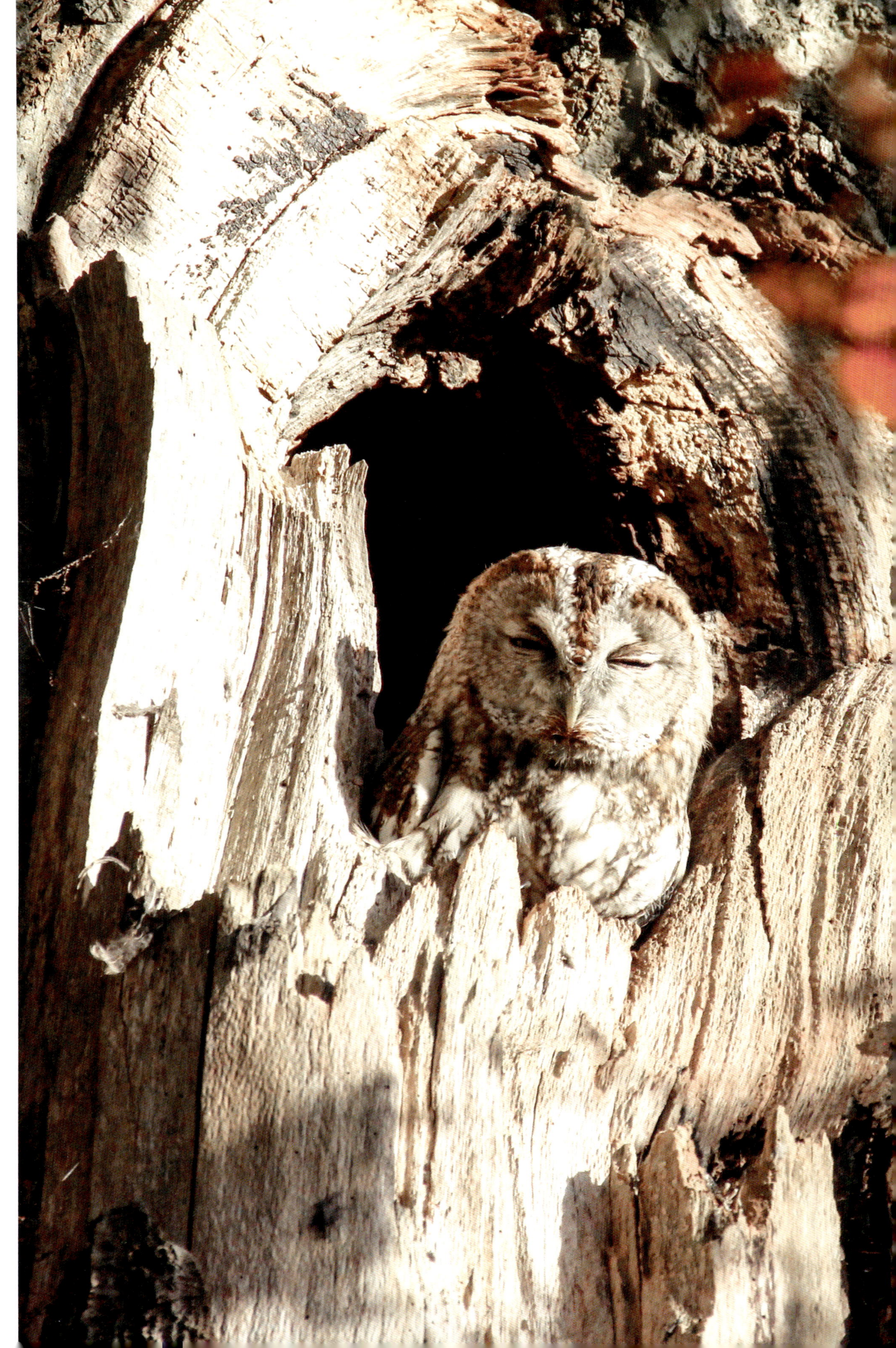

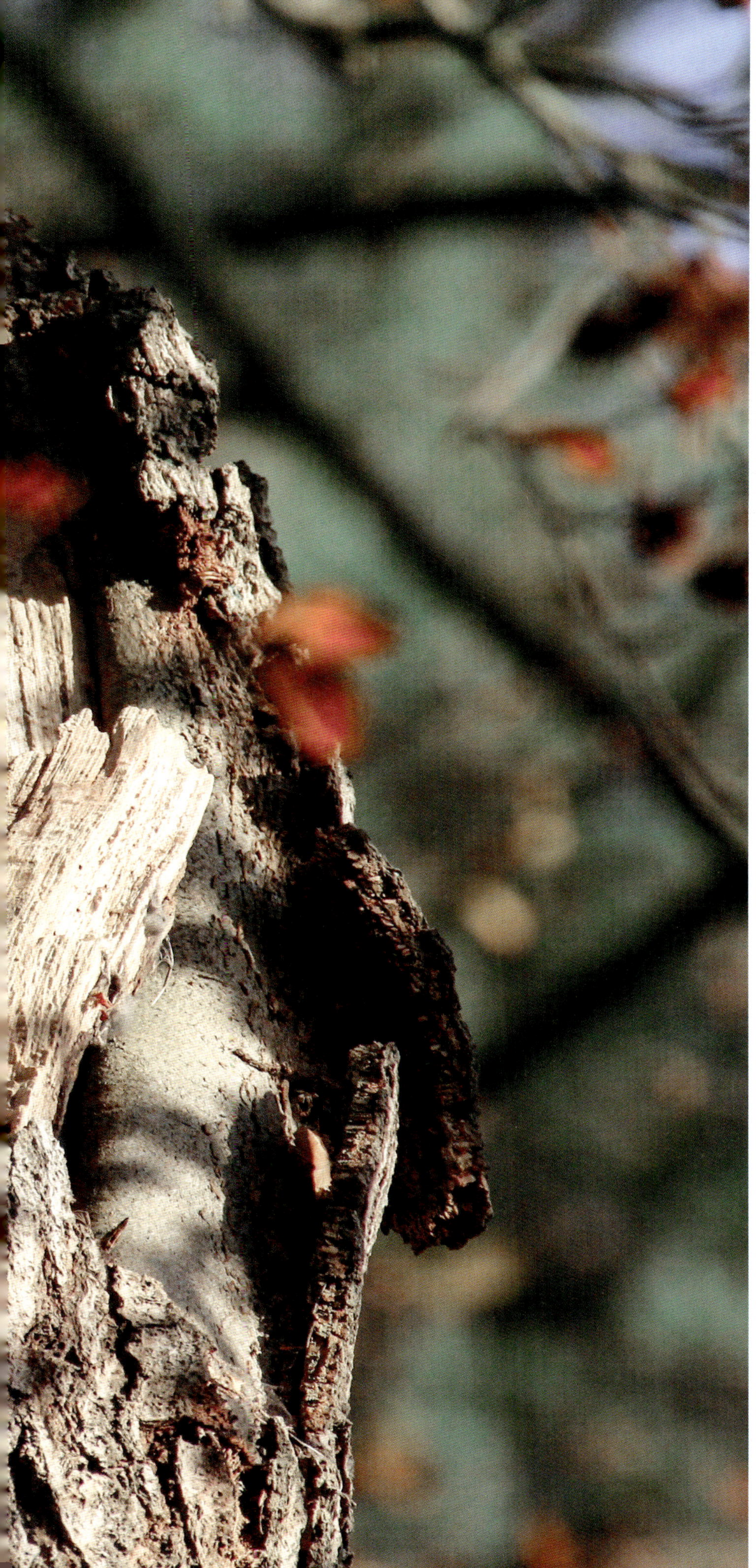

⚓ Augen auf in der Natur. Wer aufmerksam durch Wälder und über Wiesen streift, entdeckt oft die tollsten Motive. So wie diesen Waldkauz in einer alten Buche, der vorsichtig in die Nachmittagssonne blinzelt.

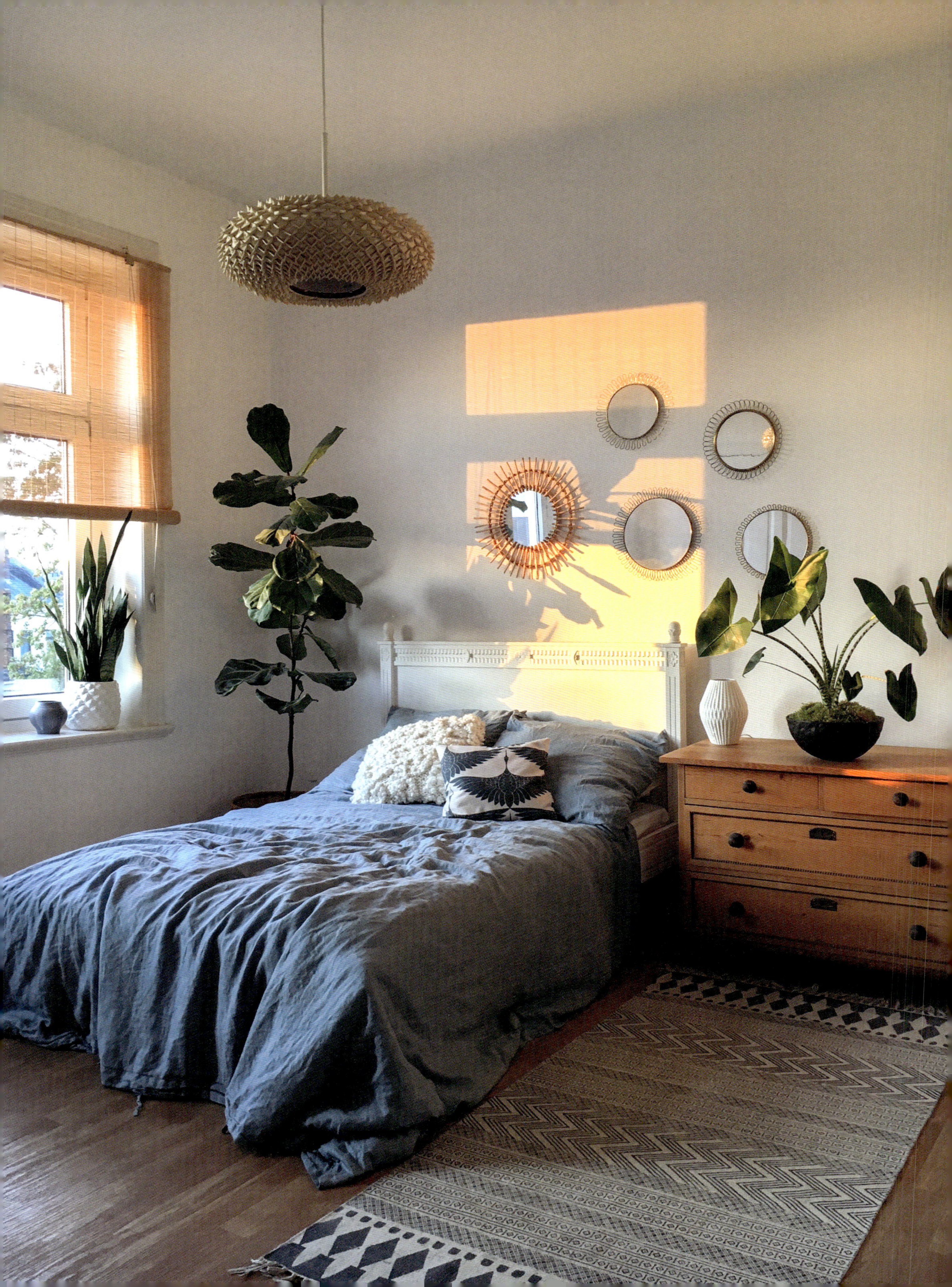

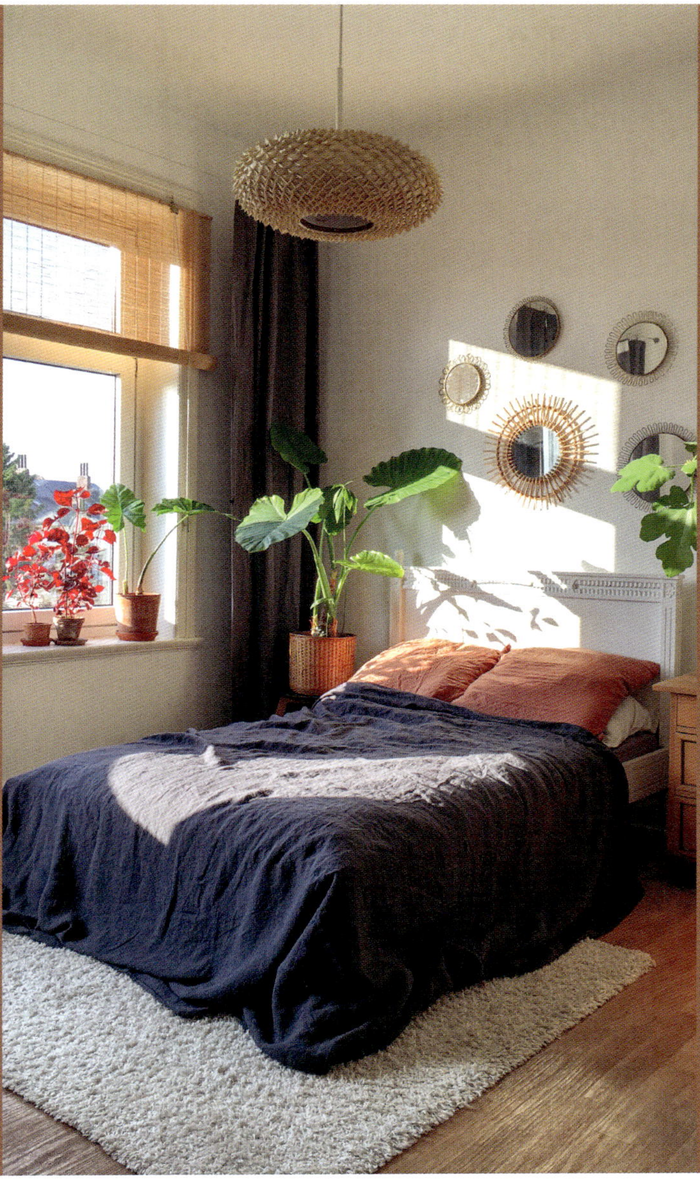

GÄSTEZIMMER

Bleib doch einfach über Nacht! Für Freunde und Familie haben wir nicht nur immer ein offenes Ohr, weit geöffnete Arme und einen heißen Tee oder Kaffee, sondern auch ein frisch bezogenes Bett. Schließlich haben einige von ihnen eine längere Heimfahrt oder freuen sich über einen Kurzurlaub an der Nordsee. Glücklicherweise ist unsere Wohnung so groß, dass wir einen der Räume als Gästezimmer nutzen können. Mittendrin steht ein Jugendstilbett, das wir weiß lackiert haben. Wer länger bleibt, braucht Stauraum, also haben wir eine alte Kommode dazu gestellt. Die sonnigen Spiegel, die aus Korb geflochtene Lampe und das Bambus-Rollo sorgen für Urlaubsleichtigkeit.

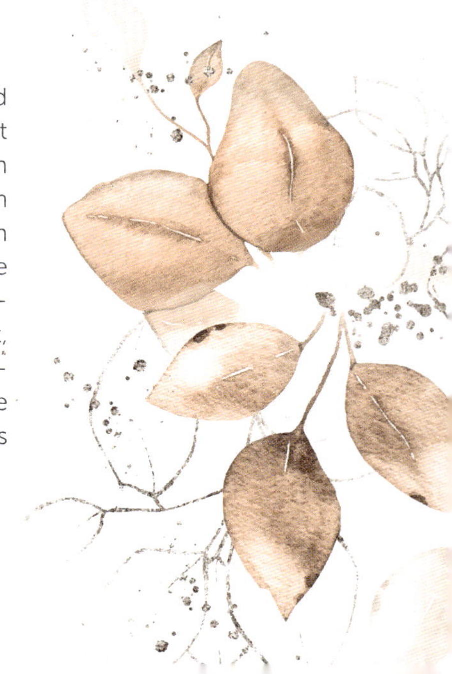

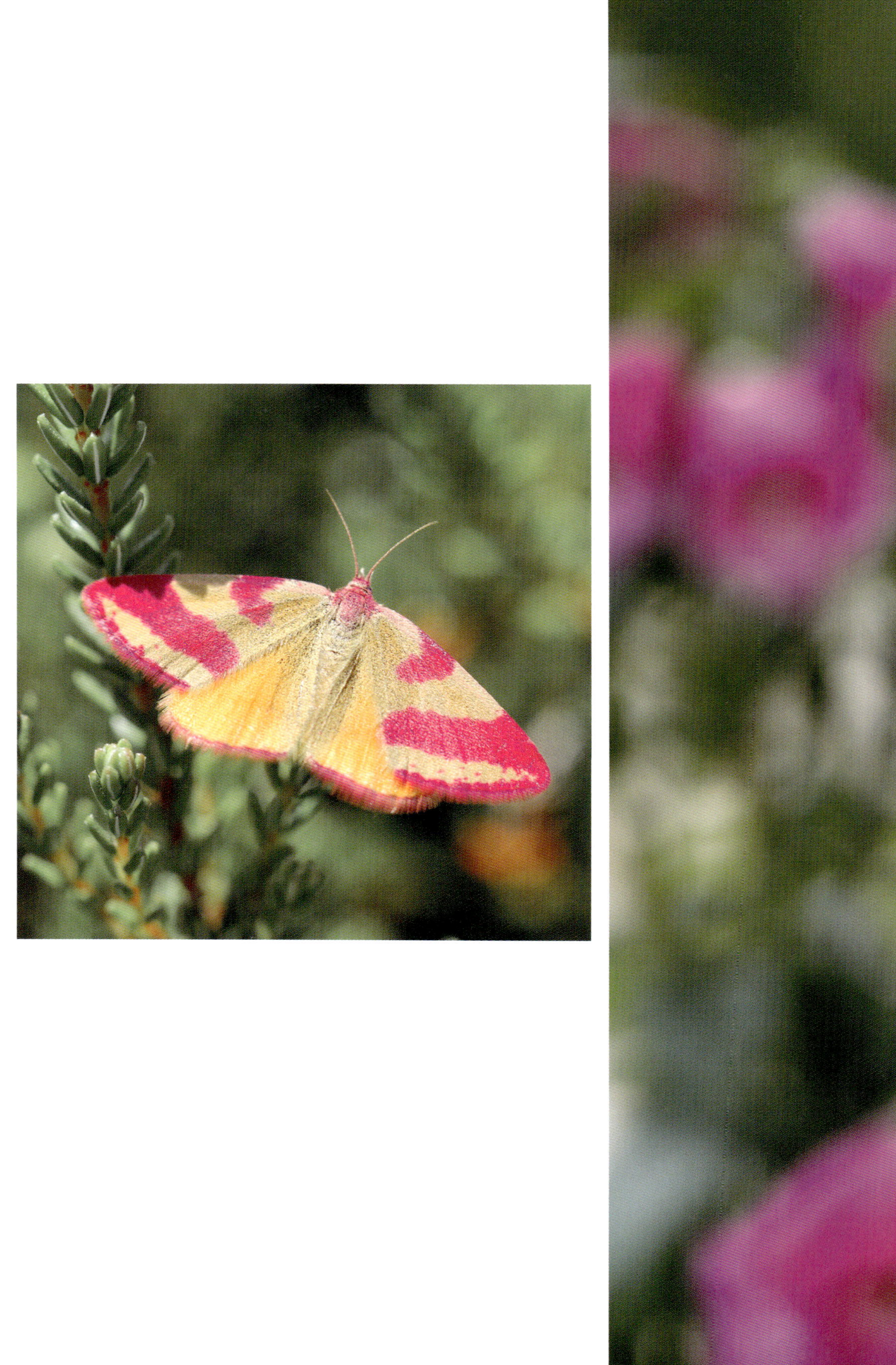

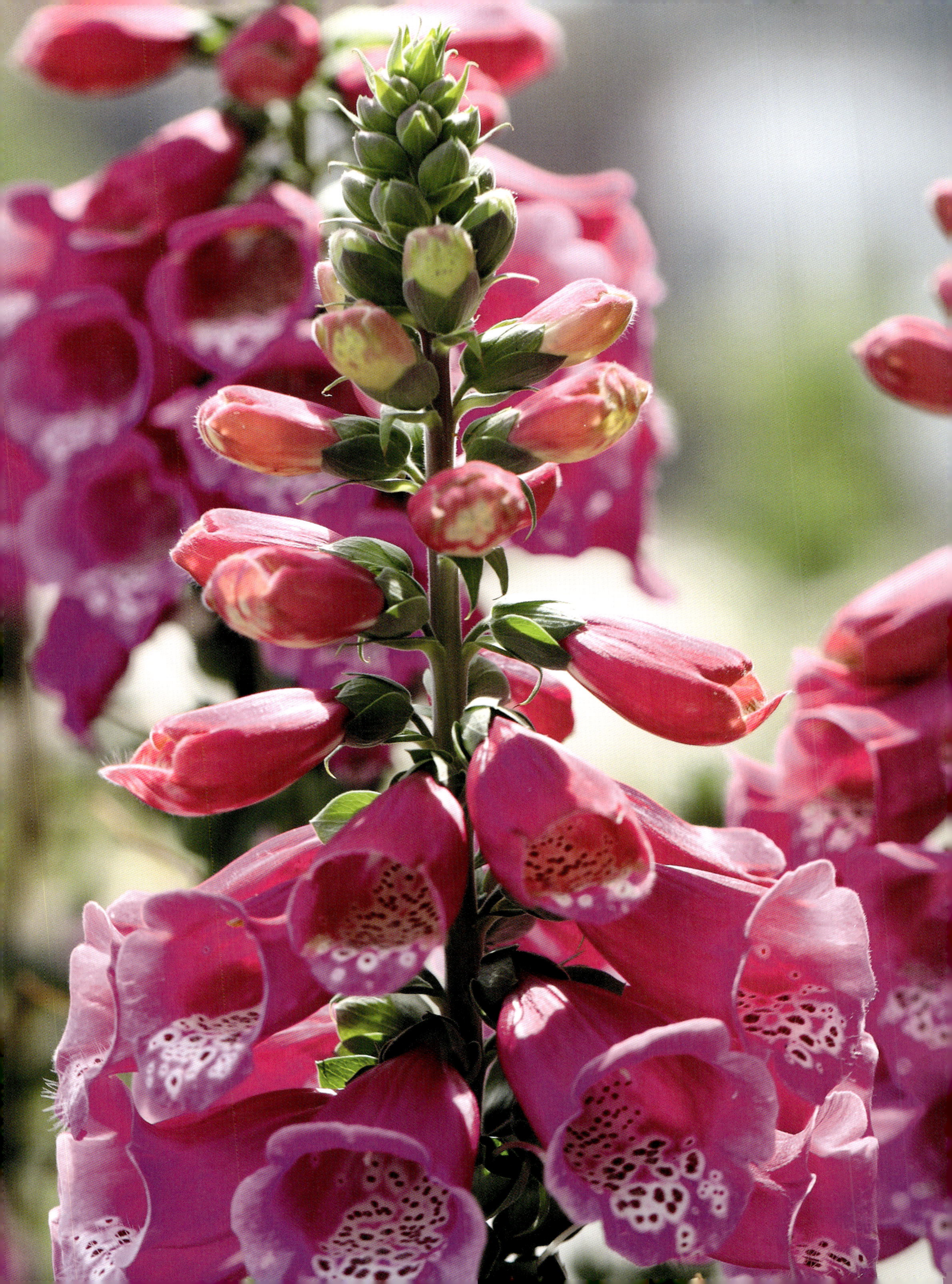

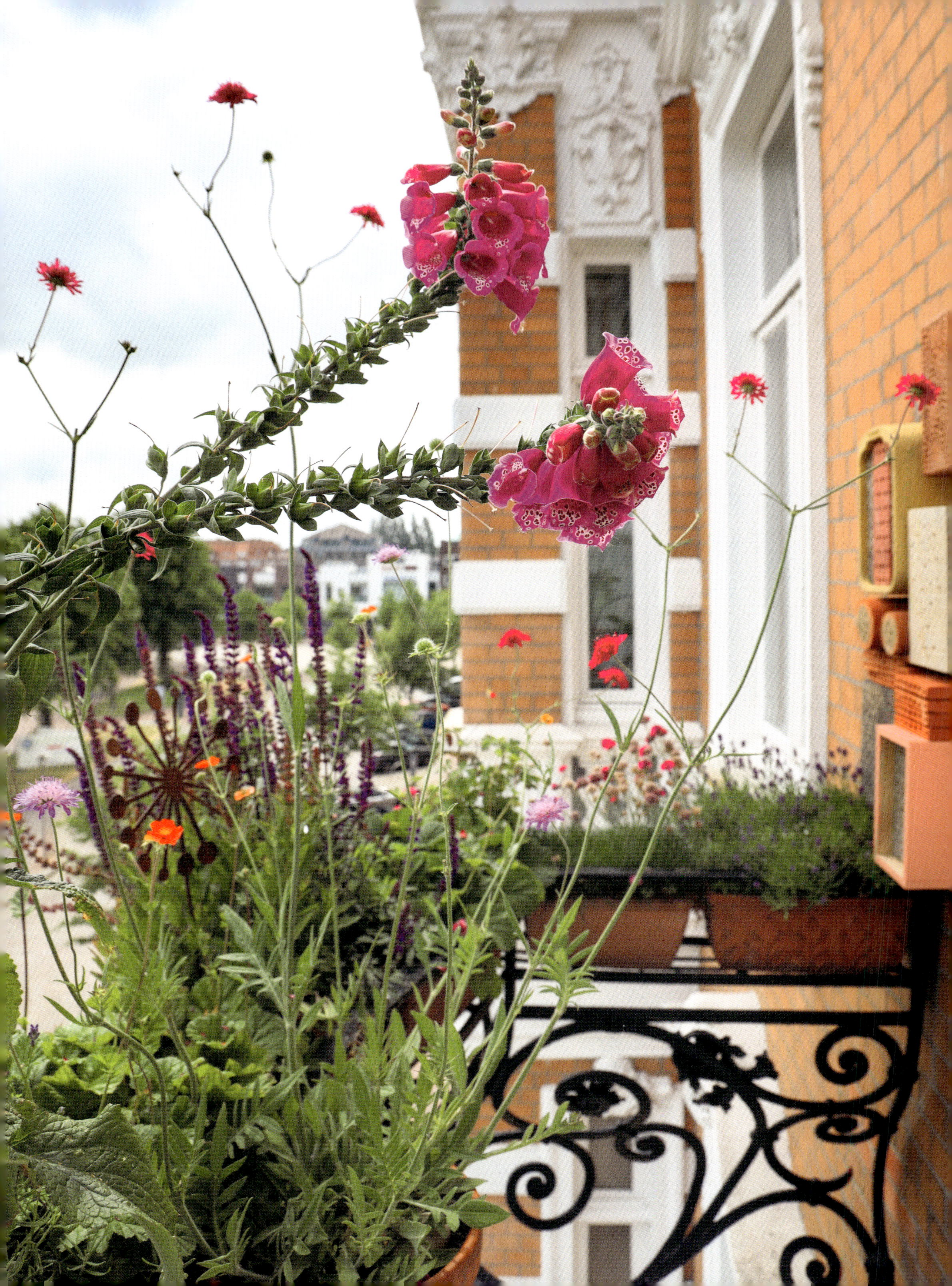

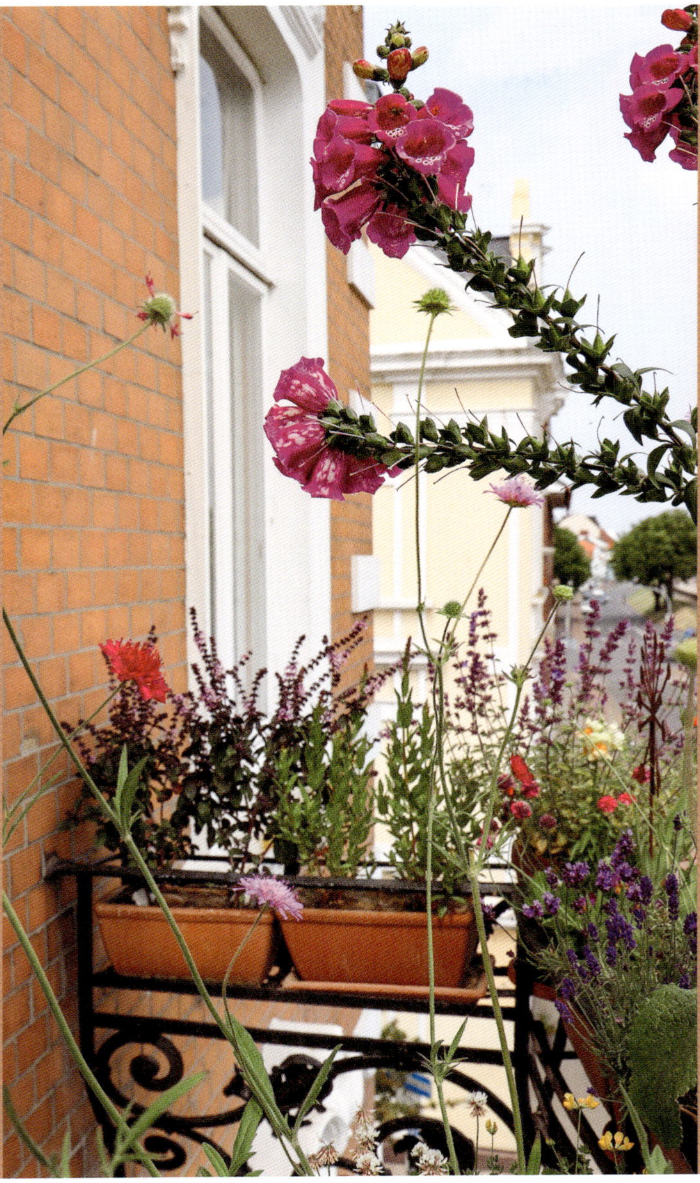

BALKON

Unser schönstes Zimmer liegt im Freien. Sobald die Temperaturen es zulassen, ziehen wir auf unseren Balkon. Da wir im zweiten Obergeschoss wohnen, können wir nicht morgens mit dem Kaffee in der Hand eine Runde durch den Garten drehen. Macht aber nichts, denn dafür genießen wir die ersten Sonnenstrahlen in unserem luftigen Paradies. Dort empfängt uns der Blick ins Grüne, denn auf der anderen Straßenseite liegt ein Park. Es empfangen uns aber auch die unzähligen Blüten und das Summen der vielen Insekten, die um die Pflanzen tanzen. Inmitten unserer bunten Balkonbewohner, mit der Sonne auf dem Gesicht, genießen wir die schönsten Pausen.

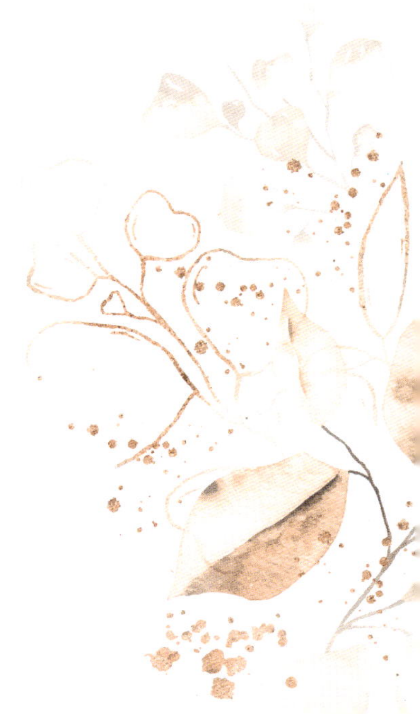

DIE HÜBSCHEN WILDEN

Wir holen die Natur auf unseren Balkon. Und zwar am liebsten die heimische. Pflanzen, die schon lange in diesen Breitengraden leben, sind bestens an unser Klima angepasst und schön pflegeleicht.

Geranien und Petunien? Auf dem Balkon darf so viel mehr blühen. Am besten vom Frühjahr bis zum Herbst. Wir wählen dafür vor allem heimische Stauden. Die sind schön unkompliziert und pflegeleicht, weil sie an unser Wetter gewöhnt sind. Außerdem blühen Stauden jedes Jahr wieder auf, also muss man die Töpfe nicht im Frühjahr neu bepflanzen. Das ist wunderbar nachhaltig. Unsere Balkonblumen dürfen auch gerne etwas ungezähmter sein. Zu unseren Lieblingen gehören zum Beispiel diese Wildblumen: Die Witwenblume lässt ihre kleinen purpurroten Köpfchen den ganzen Sommer über den Töpfen tanzen. Und der Blutweiderich reckt seine dunkelrosa Blütenkerzen von Juli bis September in die Luft.

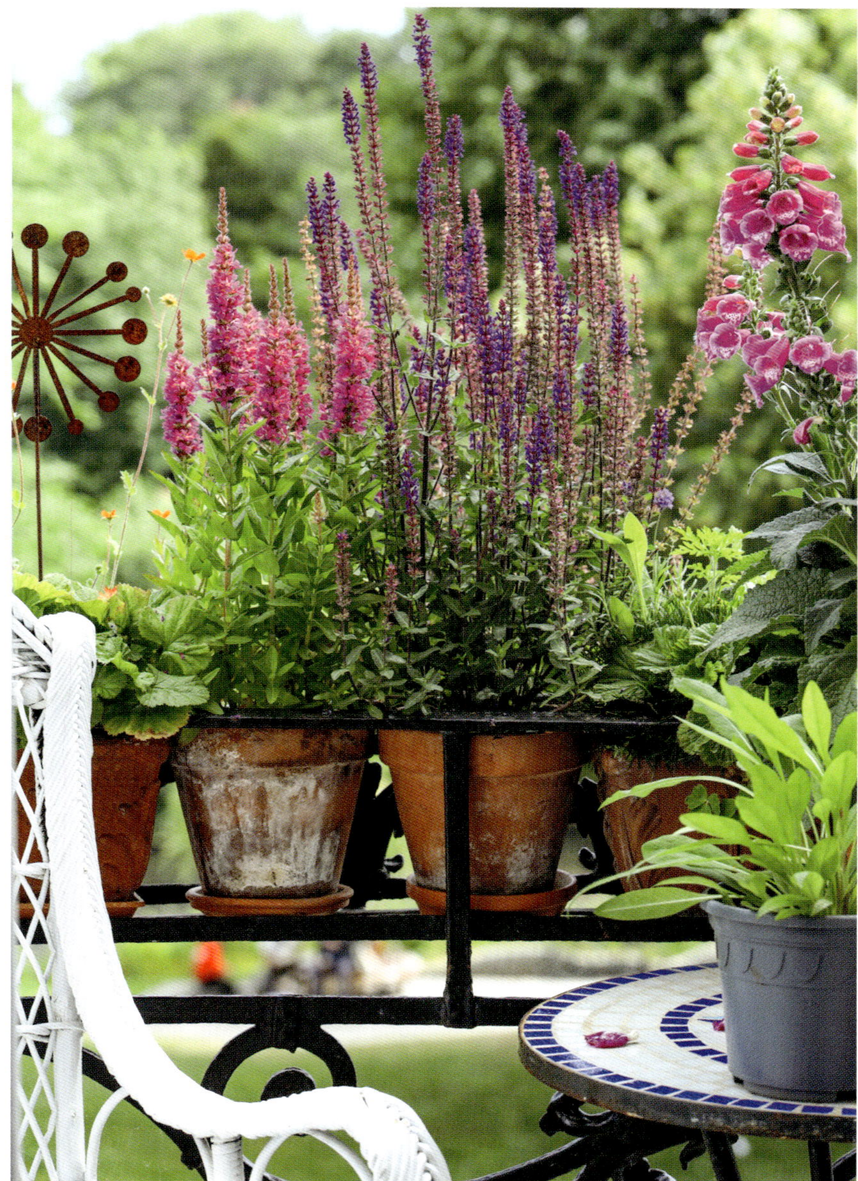

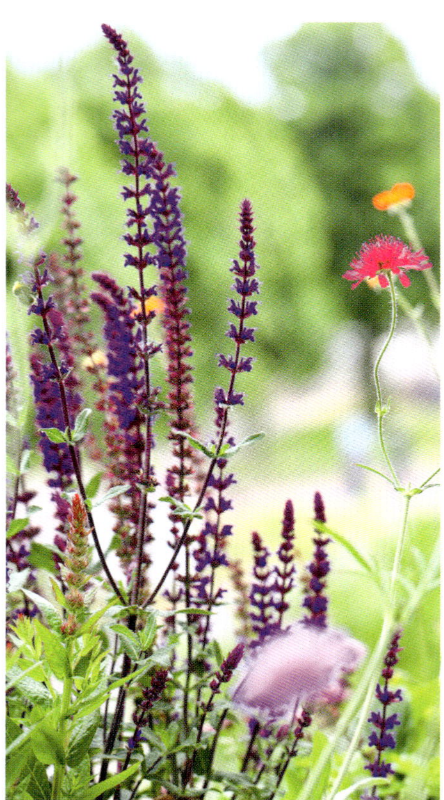

Der Steppen-Salbei bezaubert mit langen und schmalen Blütenkerzen in Blau-Violett. Schneidet man diese nach der Blüte ab, leuchtet noch einmal Nachschub im Spätsommer.

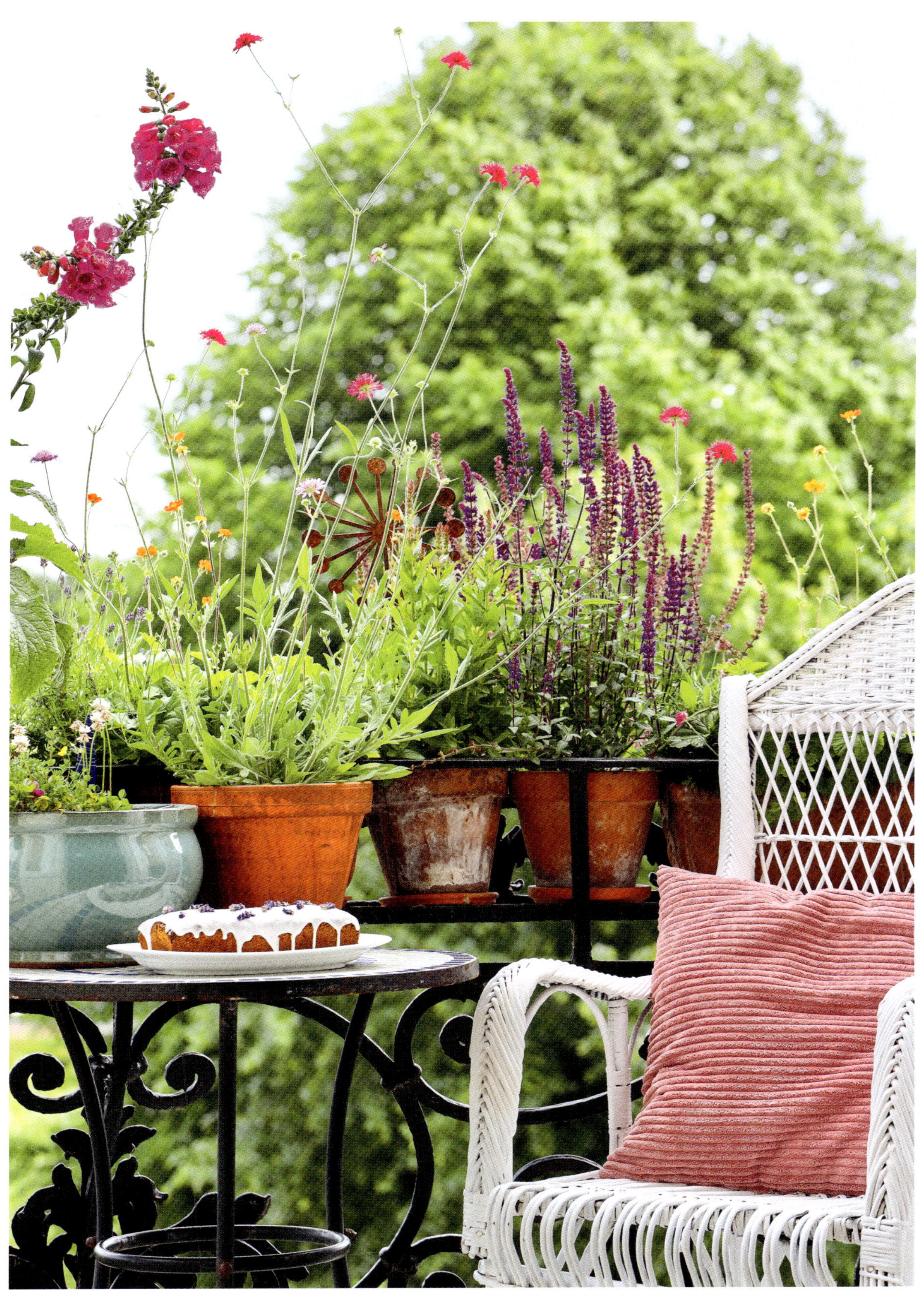

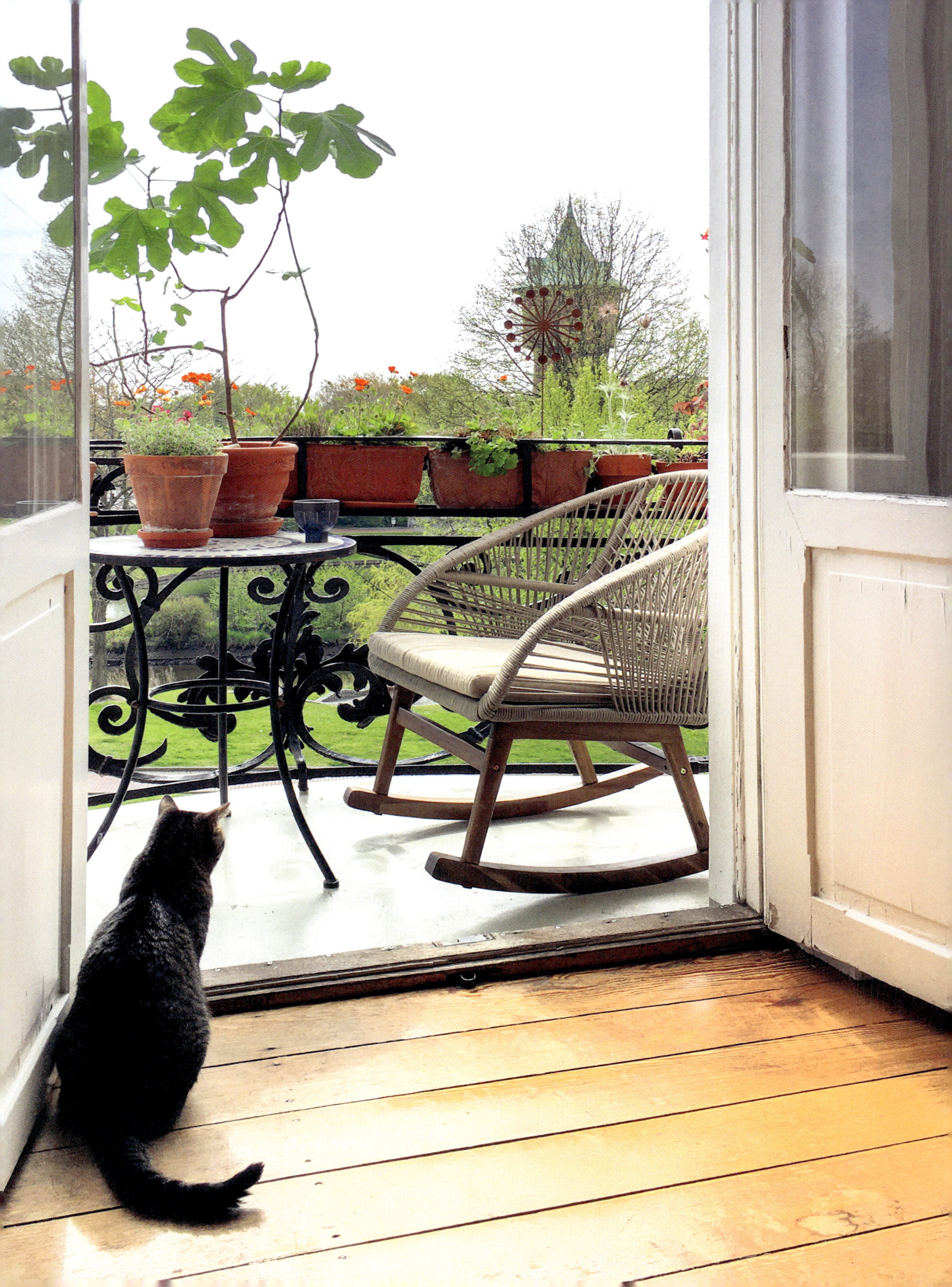

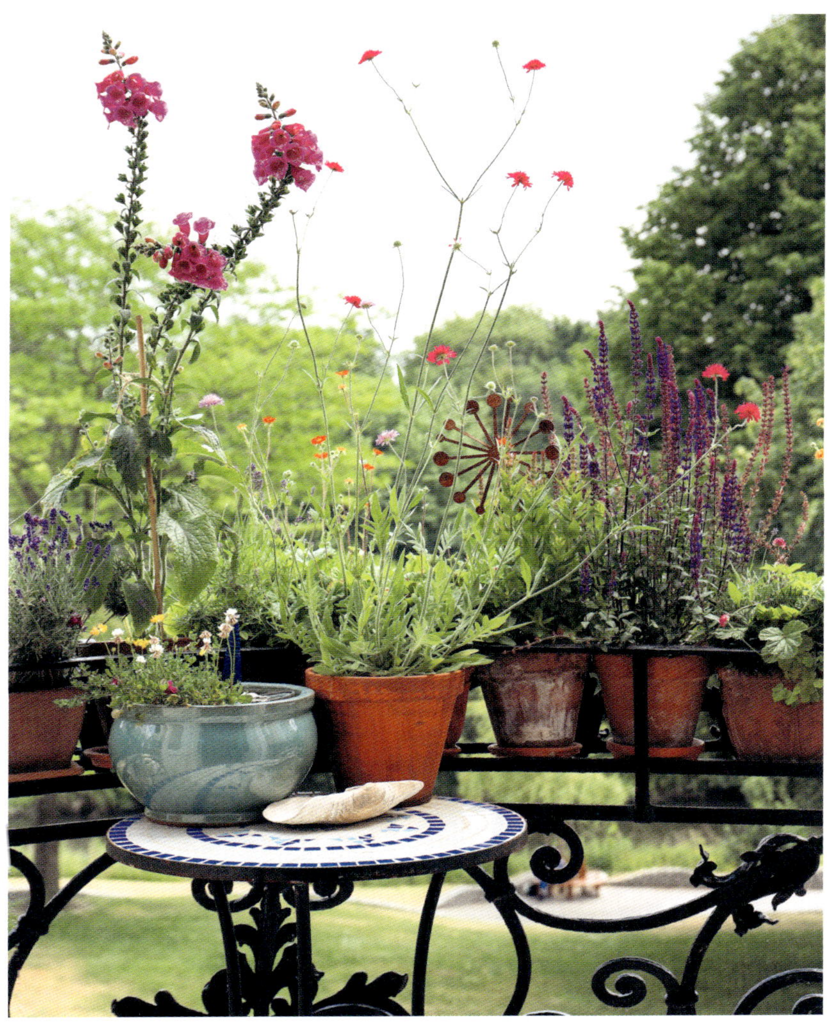

MIT FERIEN-FLAIR

Die Blumen leuchten bunt und gut gelaunt, das historische Balkongeländer ist fantasievoll blumig gestaltet. Ein wunderbar leichtes und inspirierendes Fleckchen! Für noch mehr Leichtigkeit und Urlaubsflair richten wir den Balkon mit entsprechendem Mobiliar ein. Das Tischchen beispielsweise passt sich mit seinem Gestell dem schmiedeeisernen Balkongeländer an. Die geflieste Platte des marokkanischen Mosaiktischs nimmt dem Fuß die Schwere und verbreitet sommerliche Stimmung. Dazu passen unser weiß lackierter Rattanstuhl und der niedrige Schaukelstuhl, der mit seiner Bespannung aus Sisal sommerliche Leichtigkeit verströmt. Kein Wunder, dass wir im Sommer jeden freien und sonnigen Moment in unserer bunten Urlaubsoase verbringen.

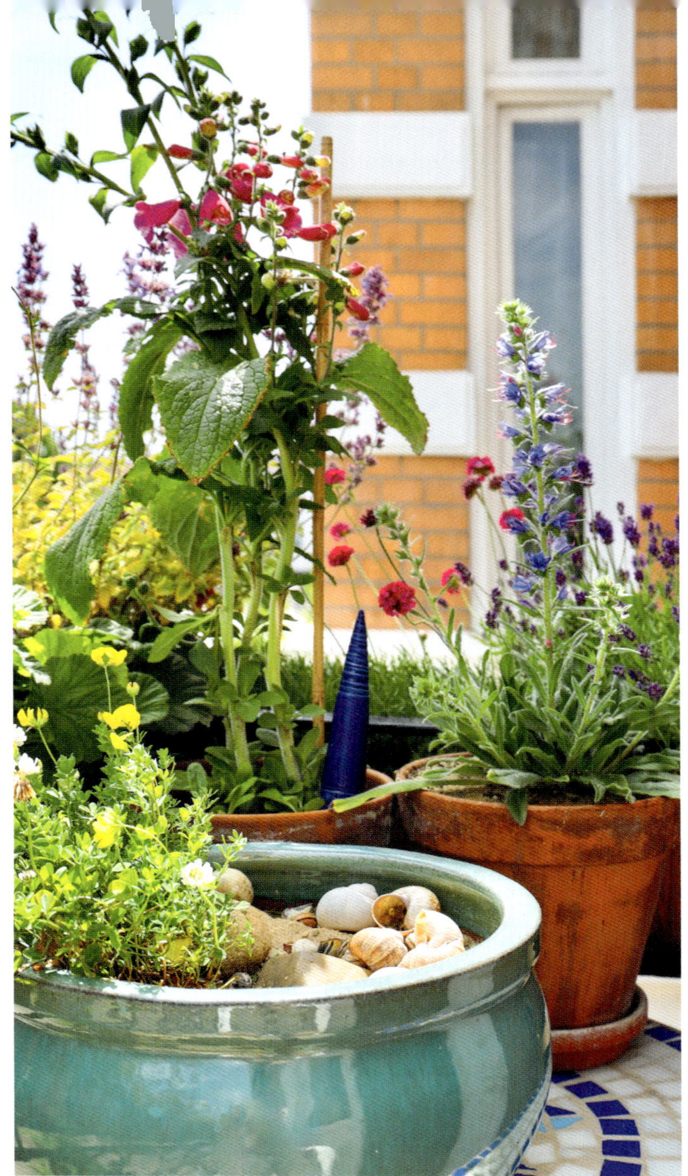

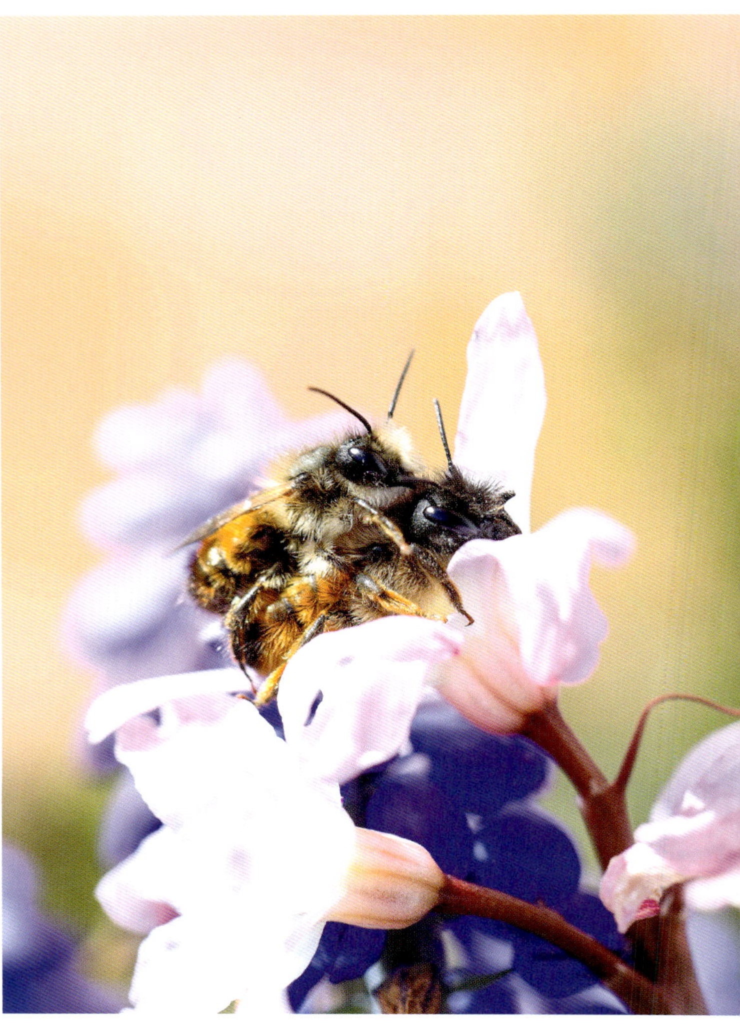

GEFLÜGELTE MITBEWOHNER

Nicht nur wir verbringen gerne Zeit auf unserem Balkon. Auch die Insekten lieben dieses Fleckchen – und einige von ihnen wohnen sogar hier. Wir sorgen dafür, dass sich Bienen, Hummeln und Schmetterlinge hier rundum wohlfühlen.

Dafür wählen wir Blumen aus, die nicht nur uns gefallen, sondern auch den Insekten reichlich Nektar und Pollen liefern. Und zwar vom Frühling bis zum Herbst. Los geht es bei uns mit Frühblühern, wie beispielsweise den Traubenhyazinthen. Ihre kugeligen blauen Blüten füttern die Insekten, die schon im März und April unterwegs sind. Im Laufe der Saison öffnen sich dann immer mehr Blüten, die die geflügelten Gäste und Mitbewohner beköstigen. Die pummeligen Hummeln beispielsweise lieben die Glocken des Fingerhuts, Schmetterlinge dagegen fliegen auf den zartblau leuchtenden Natternkopf. Viele unserer Stauden blühen bis in den September oder sogar Oktober hinein, so sind die Insekten die ganze Saison über gut versorgt. Wir bieten ihnen allerdings nicht nur Nahrung, sondern auch Unterschlupf. Gerade die Wildbienen brauchen Nistmöglichkeiten, die wir ihnen zur Verfügung stellen. Und zwar ganz nach Vorlieben. Die Sandbienen bekommen zum Beispiel ein Sandarium, eine Schale mit hellem Sand, Steinen und Schneckenhäuser. Den Mauerbienen dagegen haben wir einen Eichenklotz auf den Boden gestellt.

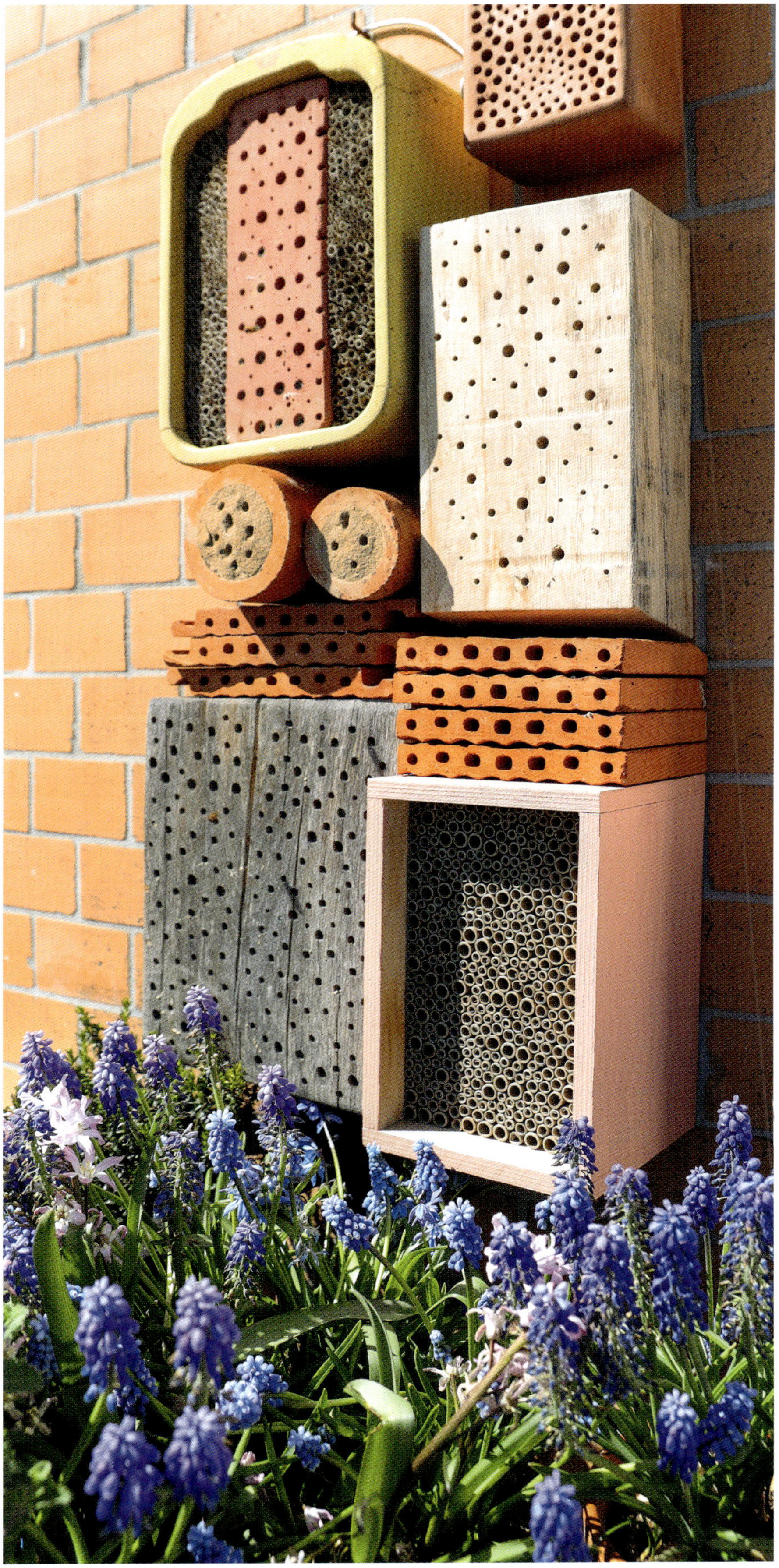

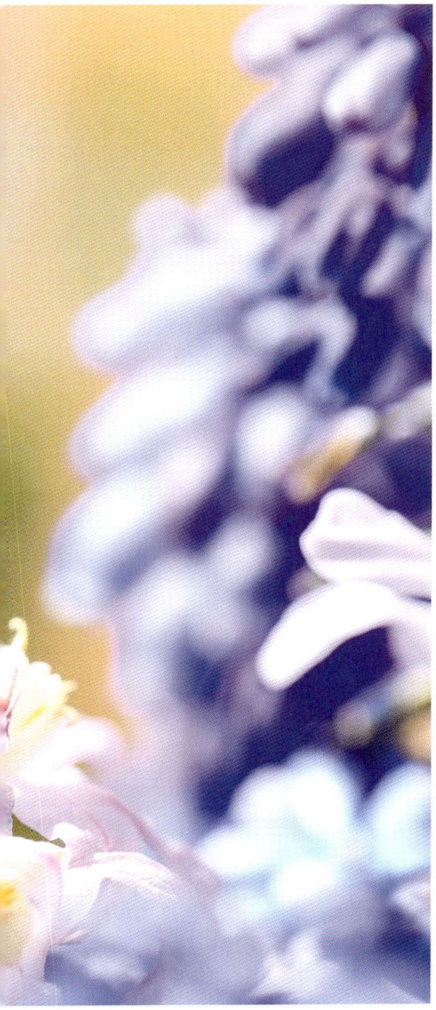

⚓ Holz, Stein, hohle Halme: Unterschiedliche Wildbienenarten bevorzugen unterschiedliche Nistmöglichkeiten. Wir haben ihnen eine Auswahl zusammengestellt.

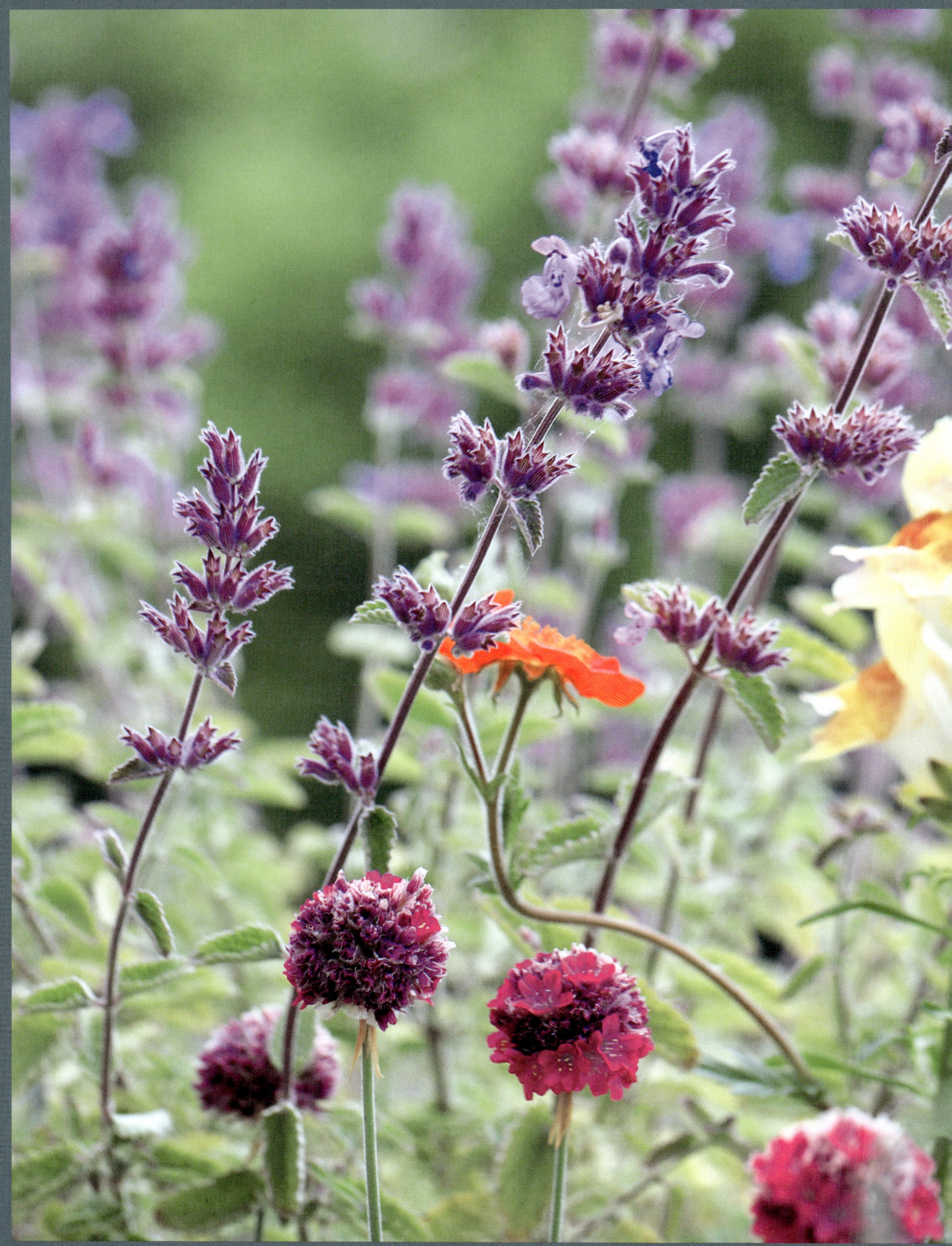

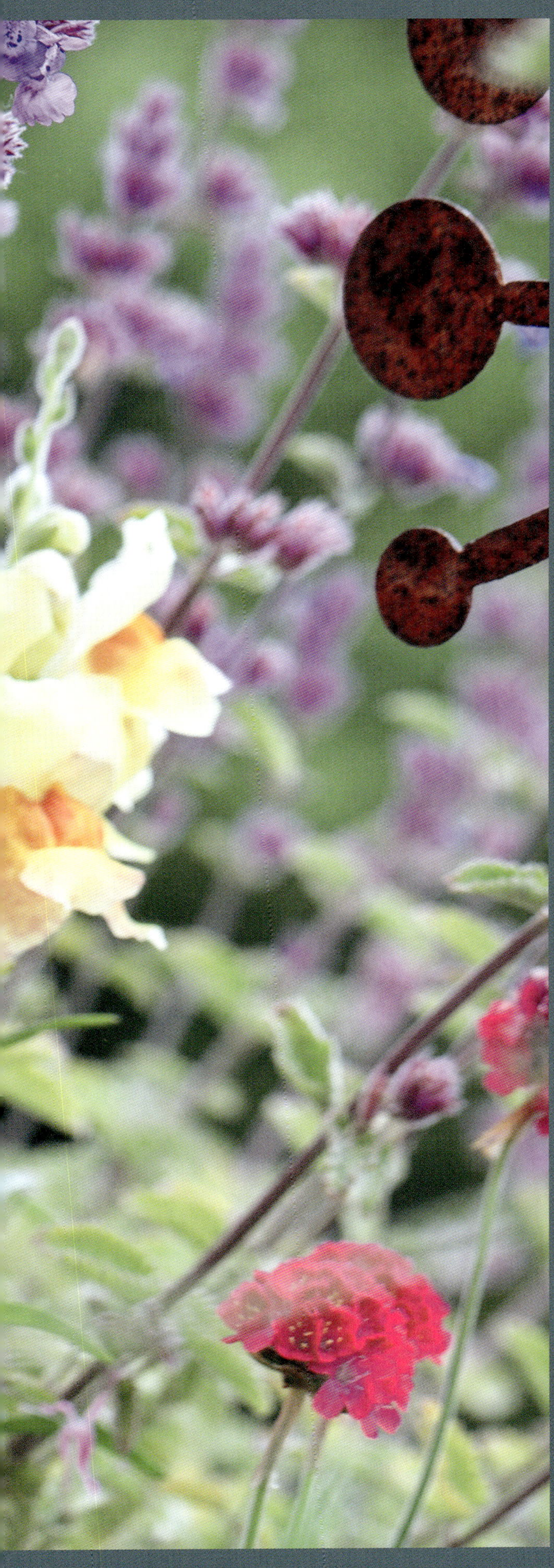

VIELFALT AUF DEM BALKON

Immer mehr Flächen werden versiegelt, immer mehr grüne Oasen zugebaut. Der Lebensraum der Wildbienen und Schmetterlinge in den Städten schrumpft bedrohlich. Deshalb ist es besonders wichtig, für Insekten alternative Lebensräume zu schaffen. Schließlich sind sie elementar wichtige Mitspieler in unserem Ökosystem. Glücklicherweise ist selbst auf dem kleinsten Balkon Platz für Biodiversität.

Besonders wichtig ist es, Nahrung anzubieten. Denn ohne ihre Futterpflanzen verhungern die Insekten schlicht und einfach. Manche Wildbienen haben sich auf wenige Wildblumen spezialisiert, manche Schmetterlinge brauchen bestimmte Pflanzen, um ihrem Nachwuchs Futter bieten zu können. Um Insekten zu helfen, muss man keine bunte Blumenwiese säen. Es reicht, einige Töpfe auf dem Balkon mit passendem Grün zu bepflanzen. Dabei gilt es, heimische Wildstauden den Exoten vorzuziehen, denn diese liefern die Nahrung, die die Insekten in unseren Breitengraden brauchen. Außerdem wichtig: Gefüllte Blüten versperren vielen Insekten den Zugang, ungefüllte Blüten sind für alle leicht zu erreichen.

Die folgenden heimischen Stauden liefern viel Insektenfutter: Akelei, Blutweiderich, Färberkamille, Fetthenne, Fingerhut, Glockenblumen-Arten, Hornklee, Karthäusernelke, Katzenminze, Natternkopf, Nelkenwurz, Salbei-Arten, Sterndolde, Strandnelke, Witwenblumen und andere Skabiosen.

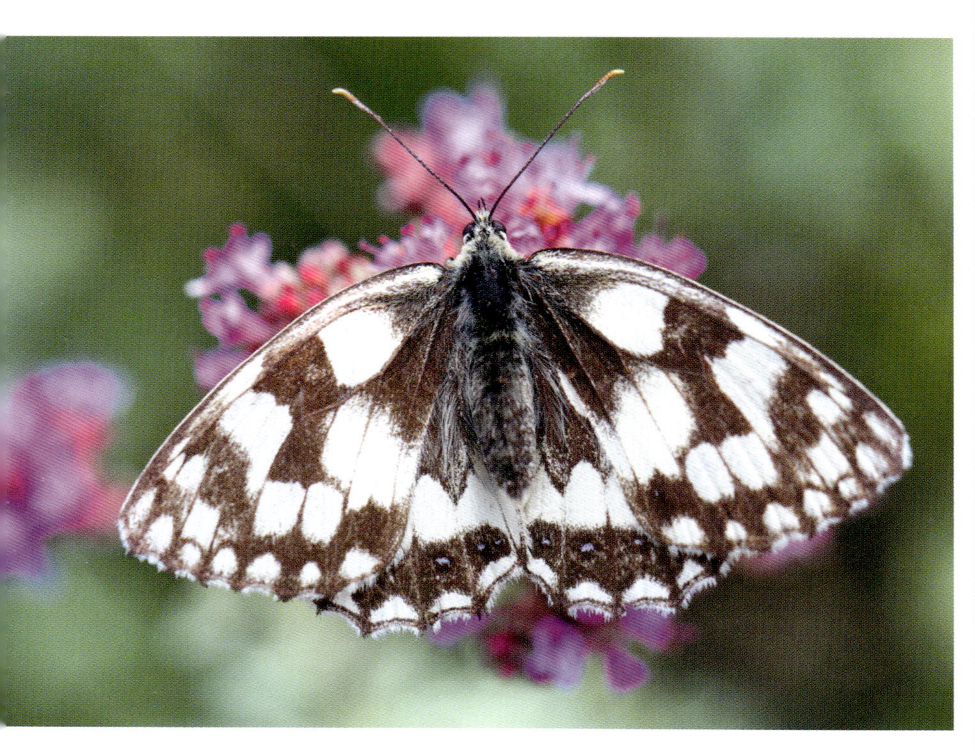

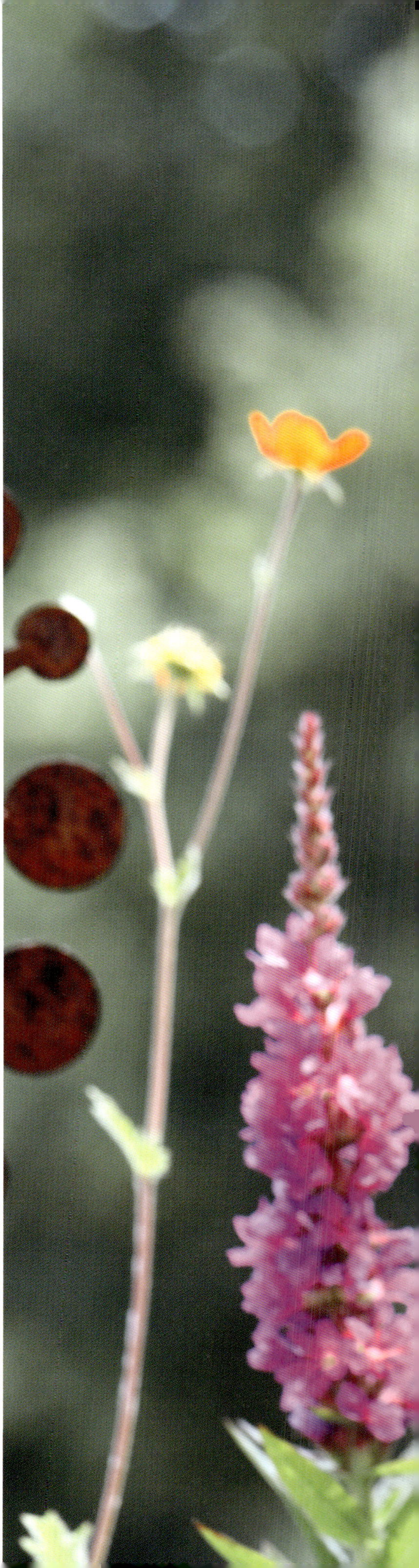

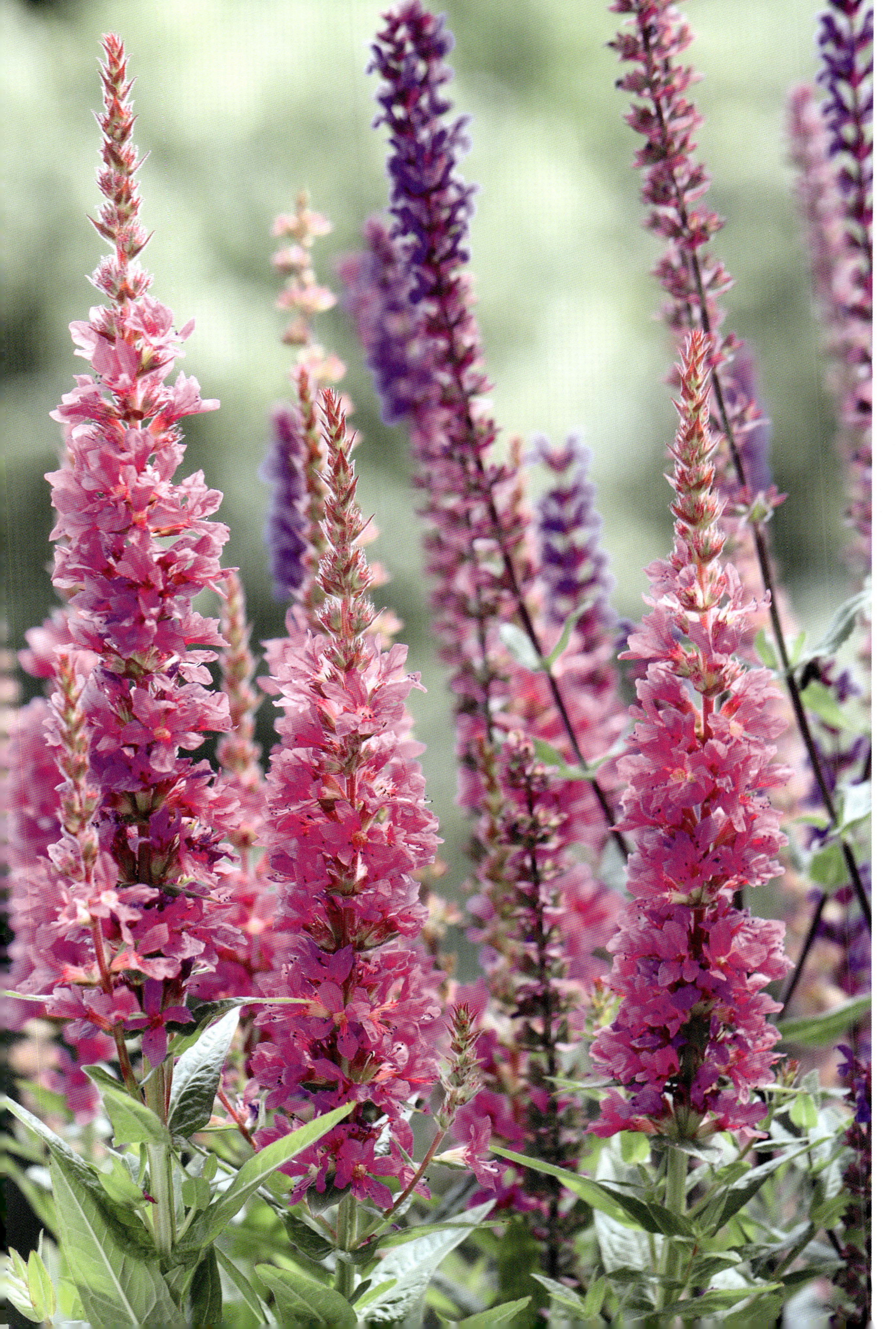

DO IT YOURSELF & REZEPTE

DECKENSTUCK

Farbe, Bilder, Pflanzen, Möbel: Auf und vor den Wänden ist viel los. Die Decken dagegen bleiben oft schmucklos. In Altbauten findet man mit Glück Stuck an den Decken. Bei uns allerdings nicht, deshalb haben wir im Herrenzimmer selbst eine Stuckrosette mit modernem Akzent gesetzt.

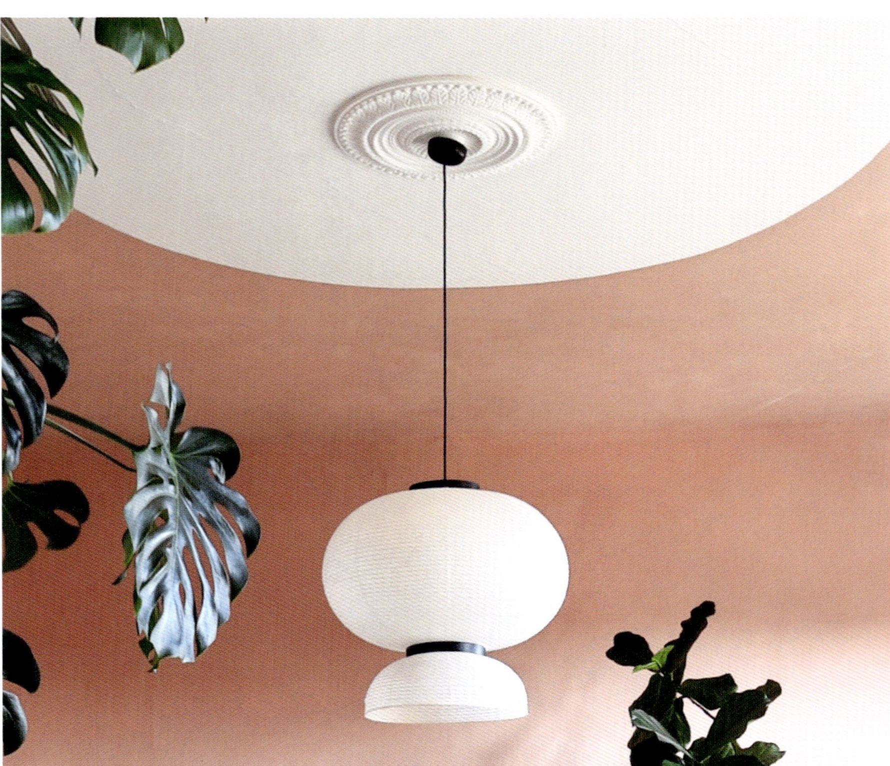

Du brauchst für eine Deckenrosette samt Farbkreis:

- Stuckrosette aus Styropor
- Montagekleber
- Wandfarbe

Natürlich kann man Stuck aus Gips an Wand und Decke anbringen. Wir haben uns aber für ein Exemplar aus Styropor entschieden, weil die Montage deutlich einfacher ist.

Weil wir dem Stuck einen modernen Touch geben wollten und die kleine Rosette an der großen Decke sonst verloren gewirkt hätte, haben wir sie in einen Kreis gesetzt, der sich farblich vom Rest der Fläche abhebt. Unser Kreis hat einen Durchmesser von zwei Metern. Dafür haben wir extra einen Zirkel aus Pappe und Bleistift gebaut und damit den Umriss angezeichnet.

Wenn die Rosette so wie bei uns rund um den Deckenauslass platziert wird, bohrt man vorab ein Loch in die Mitte. Dieses muss so groß sein, dass Kabel und Haken hindurchpassen.

Die Rosette wurde mit Montagekleber an der Decke befestigt. Anschließend haben wir den Kreis samt Rosette in einem leicht getönten Weiß gestrichen.

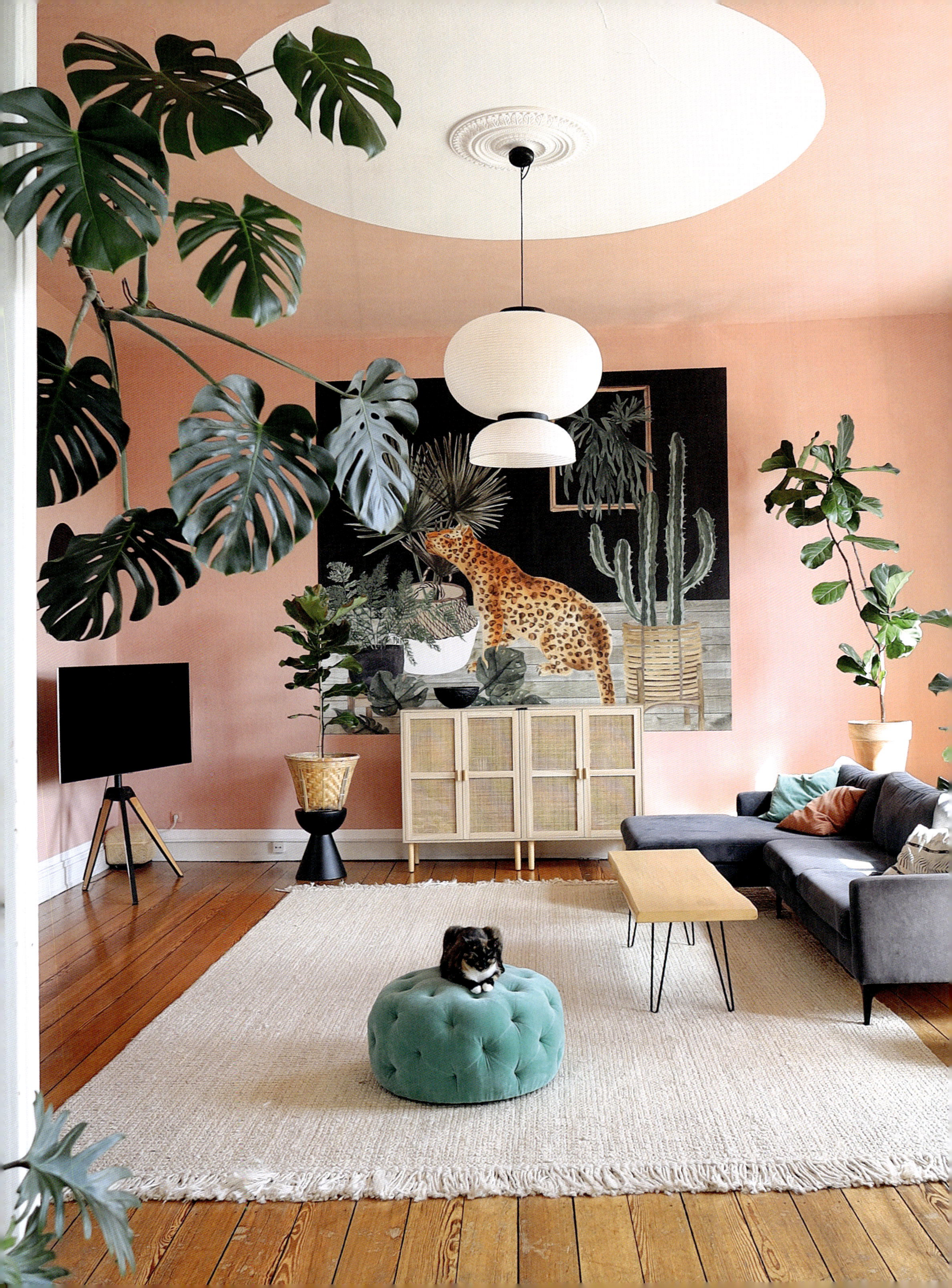

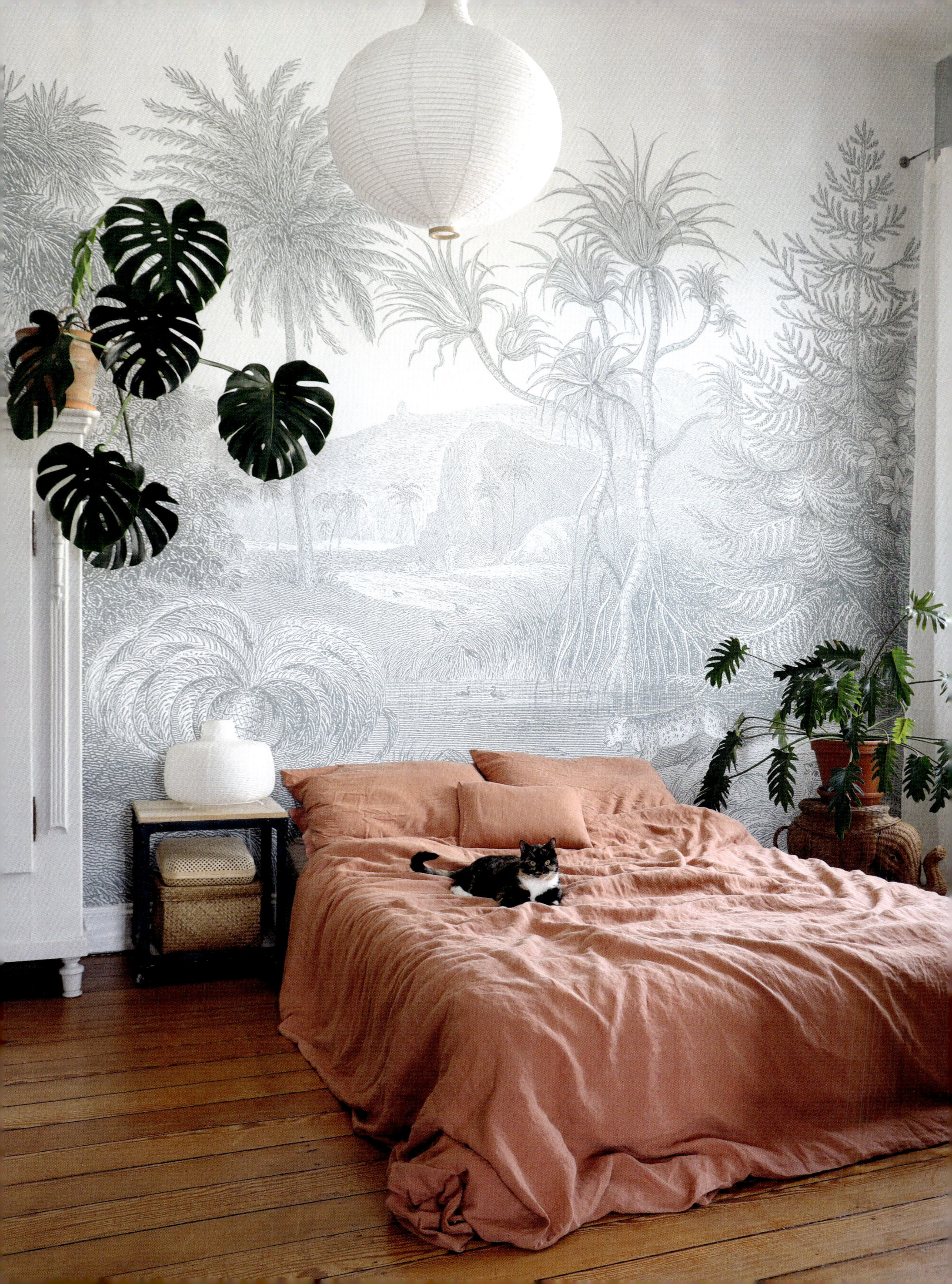

WANDGESTALTUNG MIT MOTIVTAPETEN

Zu Beginn des 20. Jahrhunderts gab es in unserem Haus wunderschöne Wandmalereien. Diesen Charme wollten wir wieder aufleben lassen. Den Anfang machte ein dunkler Dschungel in unserem Esszimmer, die perfekte Bühne für unsere Pflanzen.

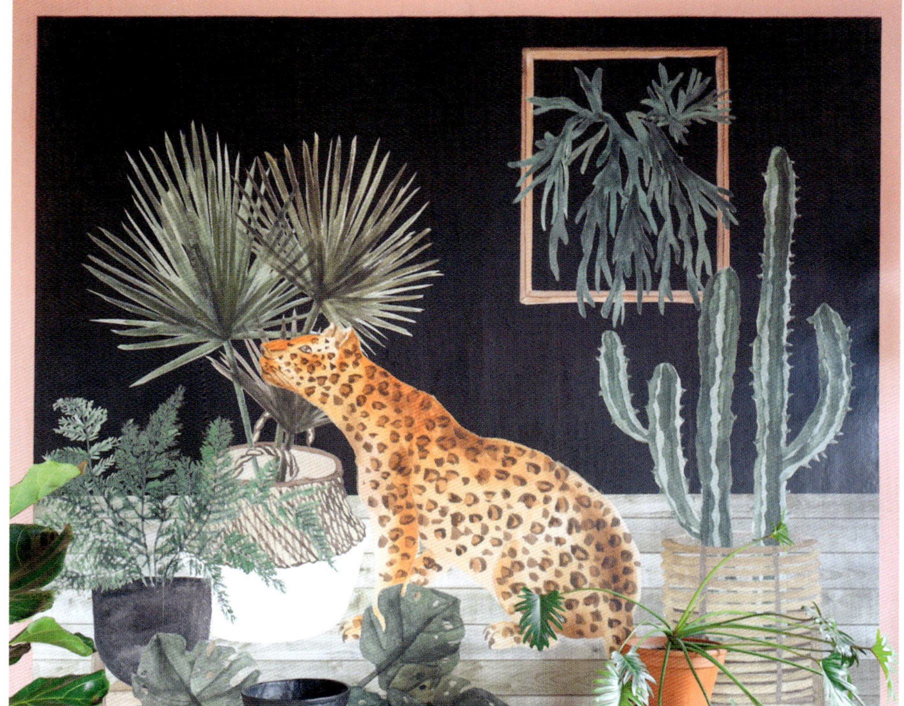

Du brauchst:

- Motivtapete
- Tapetenkleister
- Spachtelmasse
- eventuell Tapetengrund

Bevor man eine Motivtapete anbringt, muss der Untergrund glatt, fettfrei und sauber sein. In unserem Altbau gibt es immer die eine oder andere Unebenheit, die sich unter der Tapete abzeichnen würde. Löcher und Risse füllen wir mit Spachtelmasse, dann schleifen wir die ganze Fläche glatt.

Die Ränder und Fußleisten kleben wir mir Malerkrepp ab. Die Sicherung ist ausgeschaltet, Abdeckungen von Steckdosen und Lichtschaltern nehmen wir ab.

Damit ein schönes Bild entsteht, ist bei der Motivtapete ganz genau angegeben, welche Bahn wo geklebt werden muss. Es ist hilfreich, mit Bleistift Markierungen an die Wand zu zeichnen. Die Bahnen müssen sehr akkurat, ohne Überlappungen, geklebt werden. Luftblasen drücken wir mit Tapetenrollern heraus.

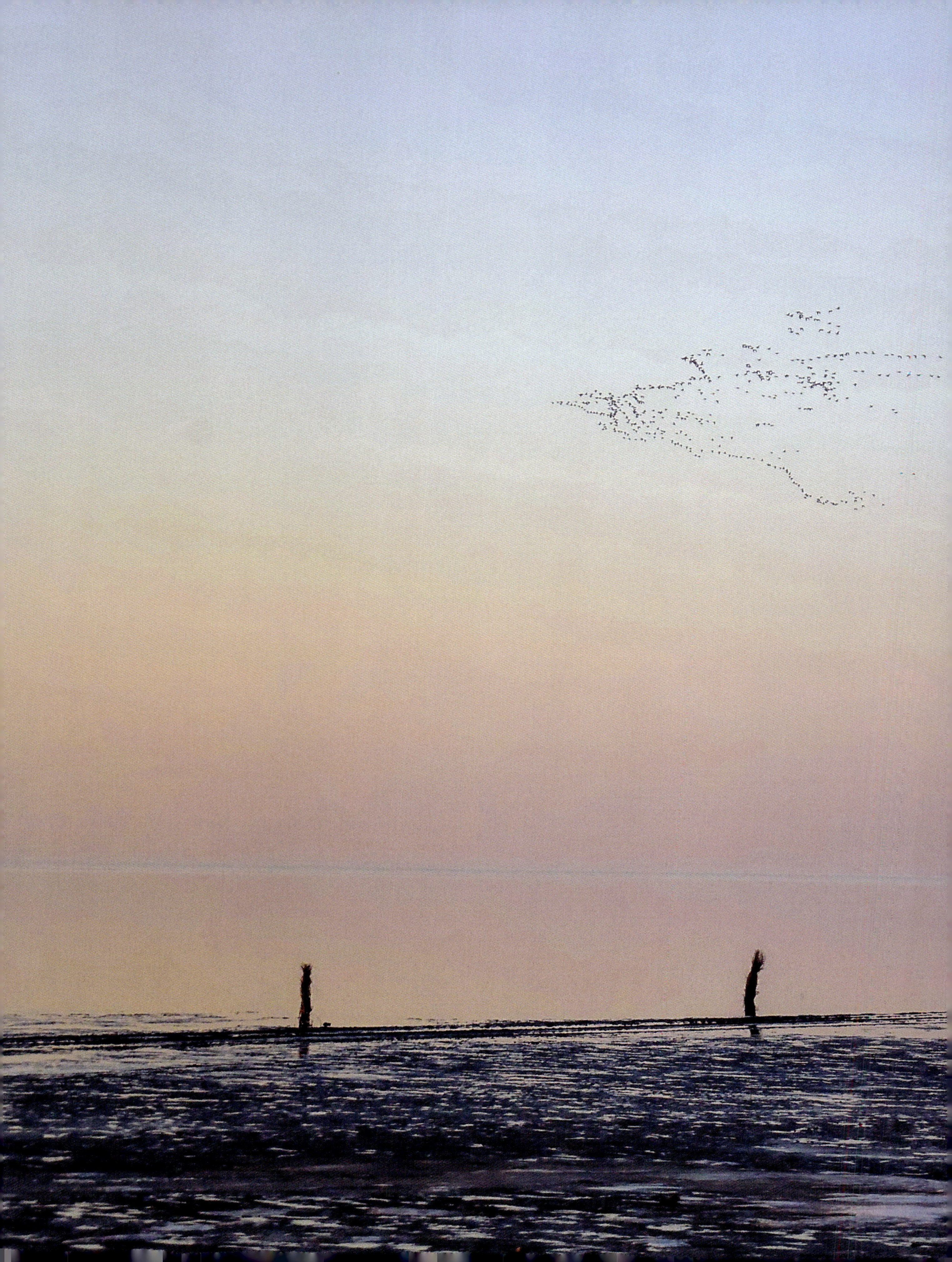

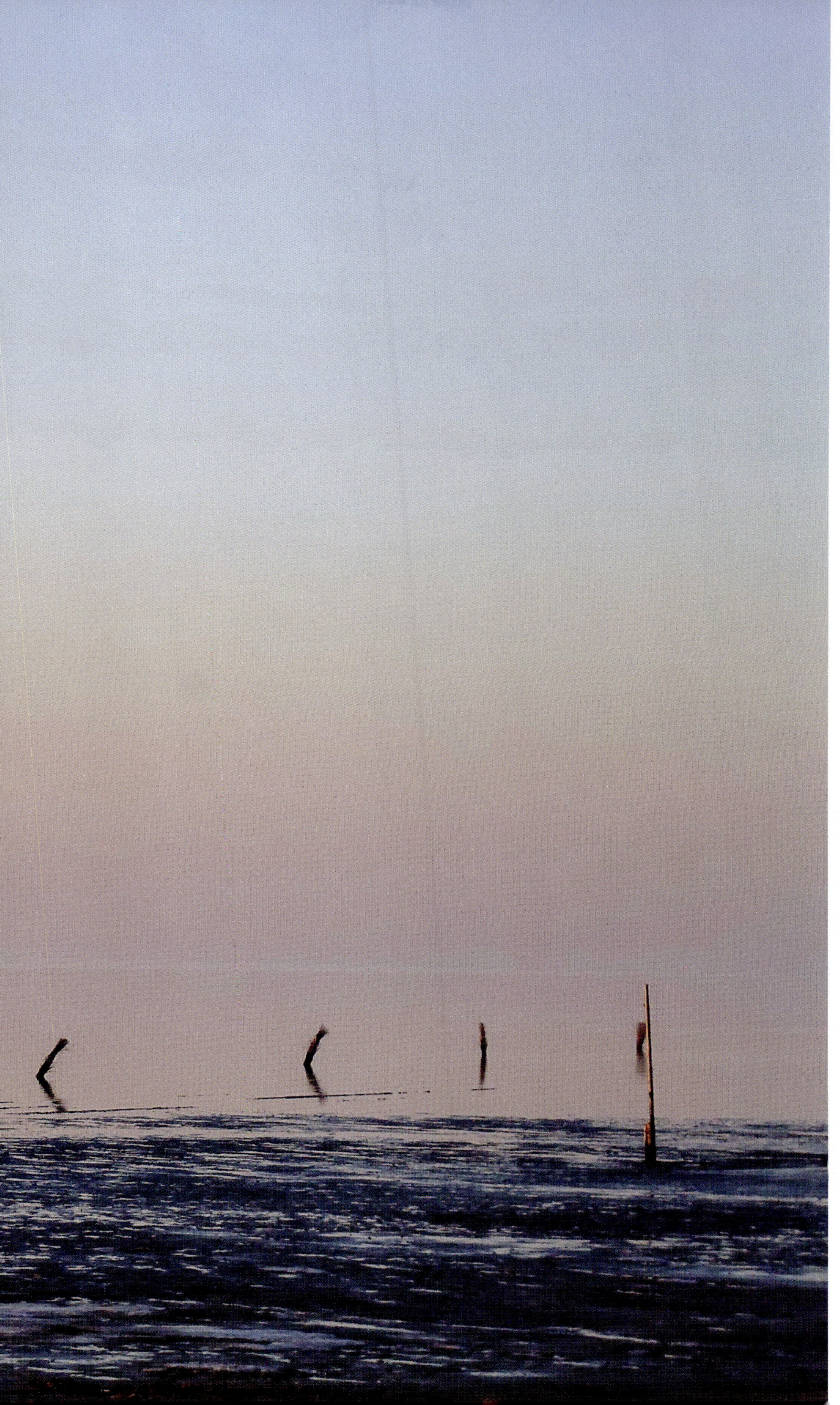

EINE KÜCHENZEILE IN SCHWARZ

Wir wünschten uns eine Küche mit mattschwarzen Fronten. Dafür ganz neue Schränke einzubauen, ergab keinen Sinn, denn die alten waren in einem guten Zustand.

Du brauchst:

- matten Holzlack für den Innenbereich
- eventuell ein passend zugesägtes Brett als Blende

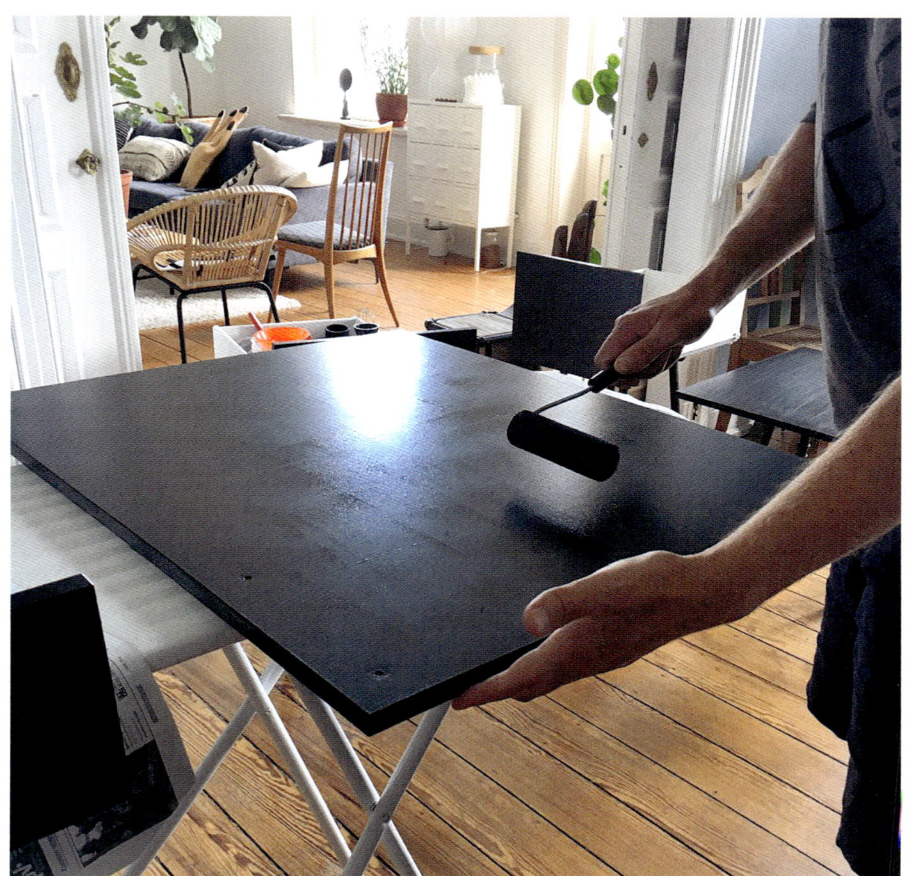

Wer seine Küchenschränke neu lackieren möchte, baut die Türen ab, entfernt die Griffe und raut die Oberfläche mit feinem Schleifpapier leicht an. Vor dem Auftrag der Farbe müssen die Flächen von Staub und Fett befreit werden.

Damit die Farbe richtig schön satt und deckend wird, streicht man am besten zwei oder drei Mal. Nach den ersten Streichgängen schleift man die trockene Farbe wieder leicht mit feinem Schleifpapier an. Ist die finale Farbschicht gut durchgetrocknet, baut man die Griffe wieder an.

Damit unsere Küchenfront einen sauberen Abschluss hat, haben wir eine ebenfalls schwarz lackierte Blende vor die Füße der Schränke gesetzt.

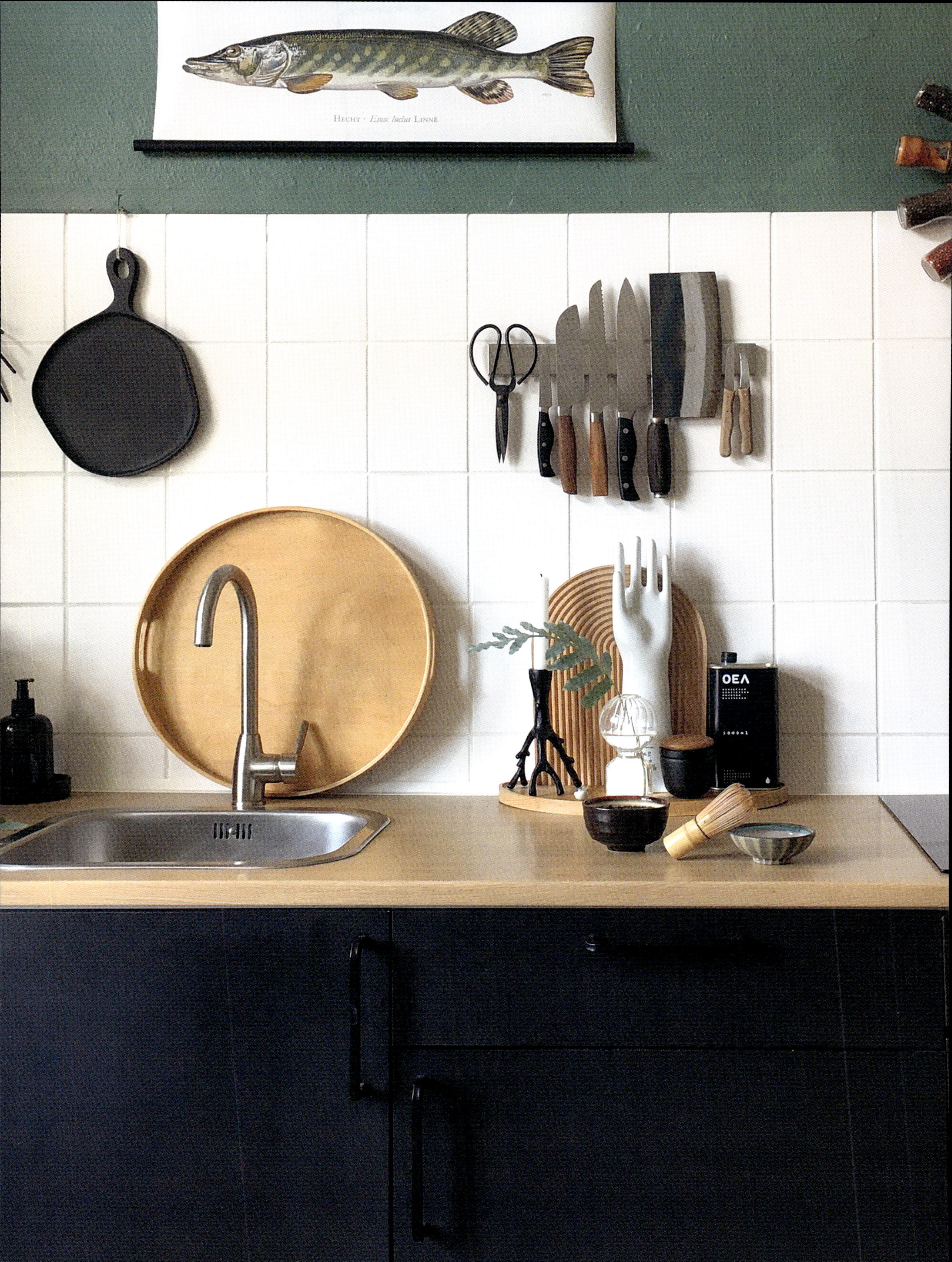
HECHT · *Esox lucius* LINNÉ
OEA
1000ml

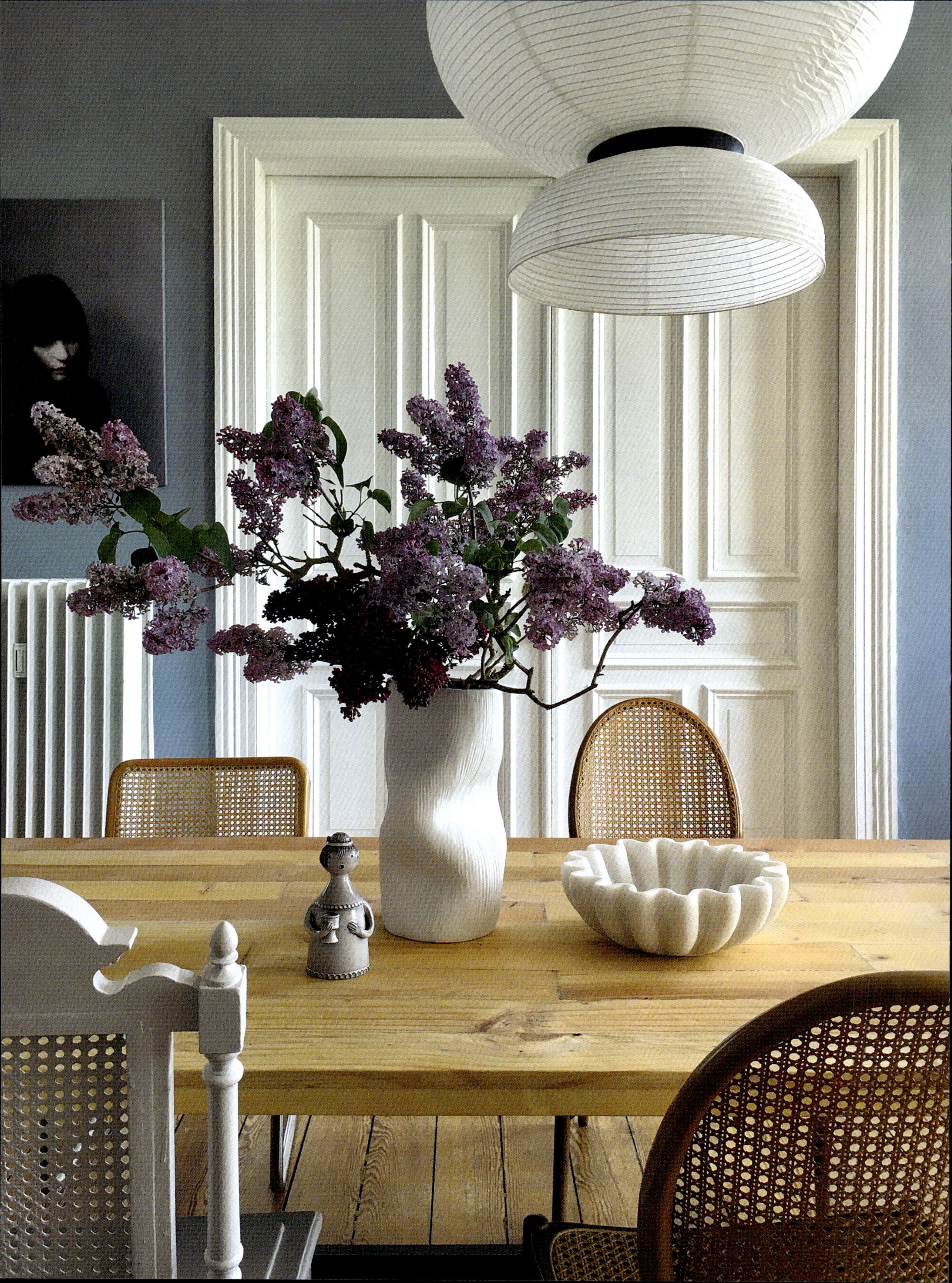

EIN HOLZMÖBEL IM NATURLOOK

Manchmal versteckt sich die wahre Schönheit eines alten Möbels unter vielen Schichten Farbe. Es lohnt sich, sie mit ein wenig Mühe und Geduld freizulegen. Und wenn das Ergebnis nicht glücklich macht, gibt es einfach eine neue Schicht Farbe.

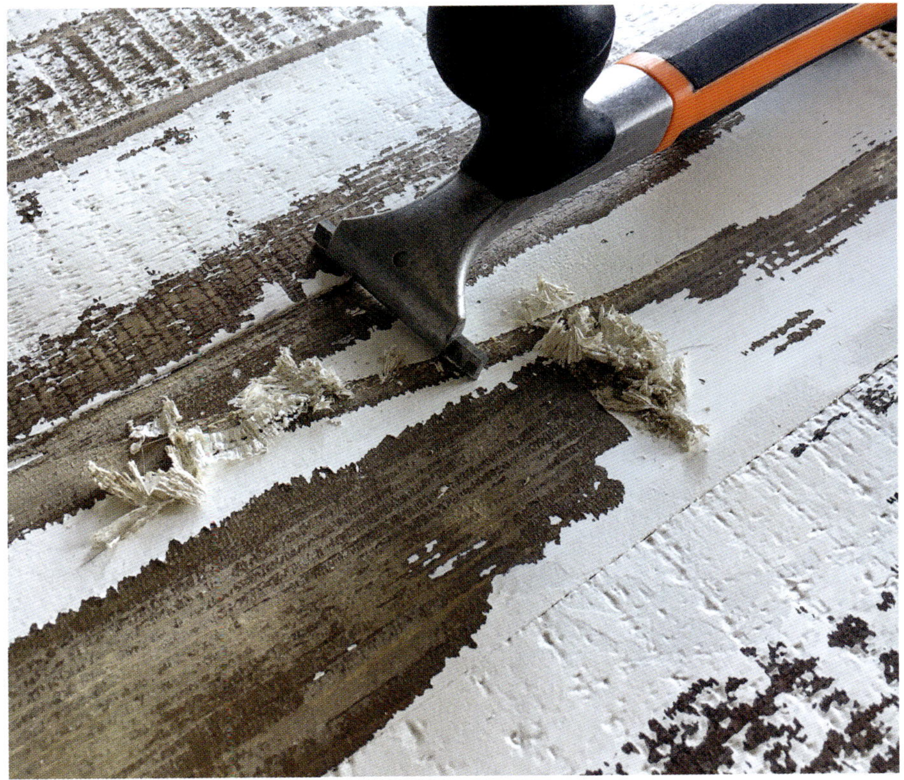

Du brauchst:

- transparentes Möbelöl, alternativ Holzwachs, Lasur oder Klarlack

Am Anfang strichen wir die Platte unseres Esstisches einfach weiß. Und war irgendwo ein Eckchen abgestoßen oder hatte sich die Oberfläche abgenutzt, bekam er eine neue Lackschicht. Im Laufe der Zeit haben wir uns gefragt, wie er sich ganz natürlich in unserem Esszimmer machen würde. Also entfernten wir mühselig sämtliche Farbe – und sind glücklich mit dem Ergebnis.

Wer einem alten Möbelstück den natürlichen Charme zurückgeben möchte, muss sich oft durch viele Schichten Farbe kämpfen. Eine Abziehklinge erleichtert die Arbeit. Anschließend wird das Holz in mehreren Gängen mit immer feinerem Schleifpapier geglättet. Zum Versiegeln haben wir transparentes Möbelöl gewählt.

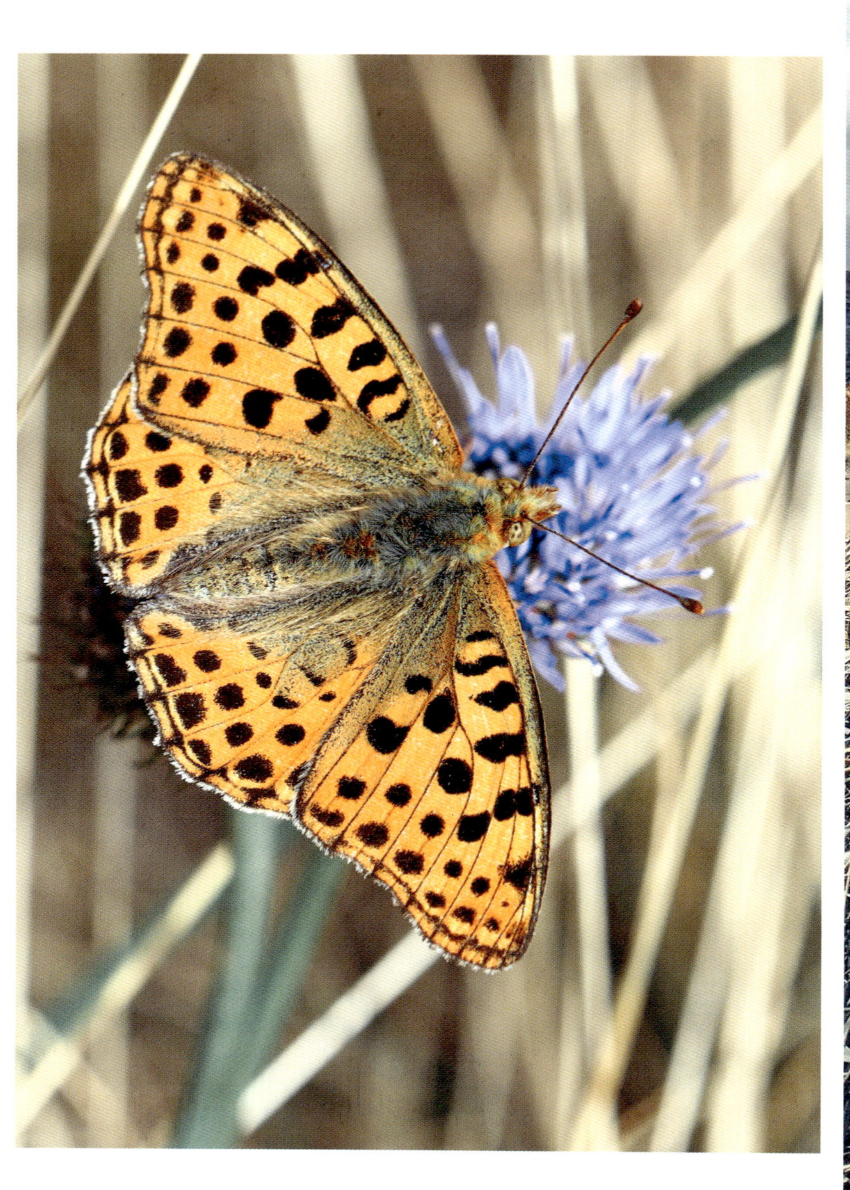

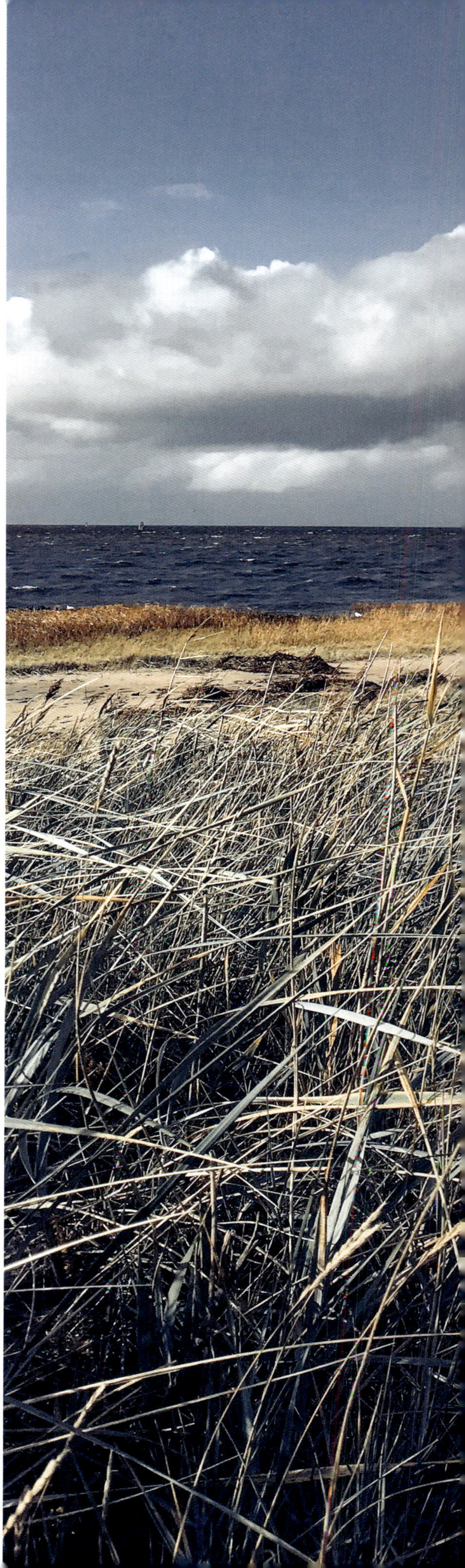

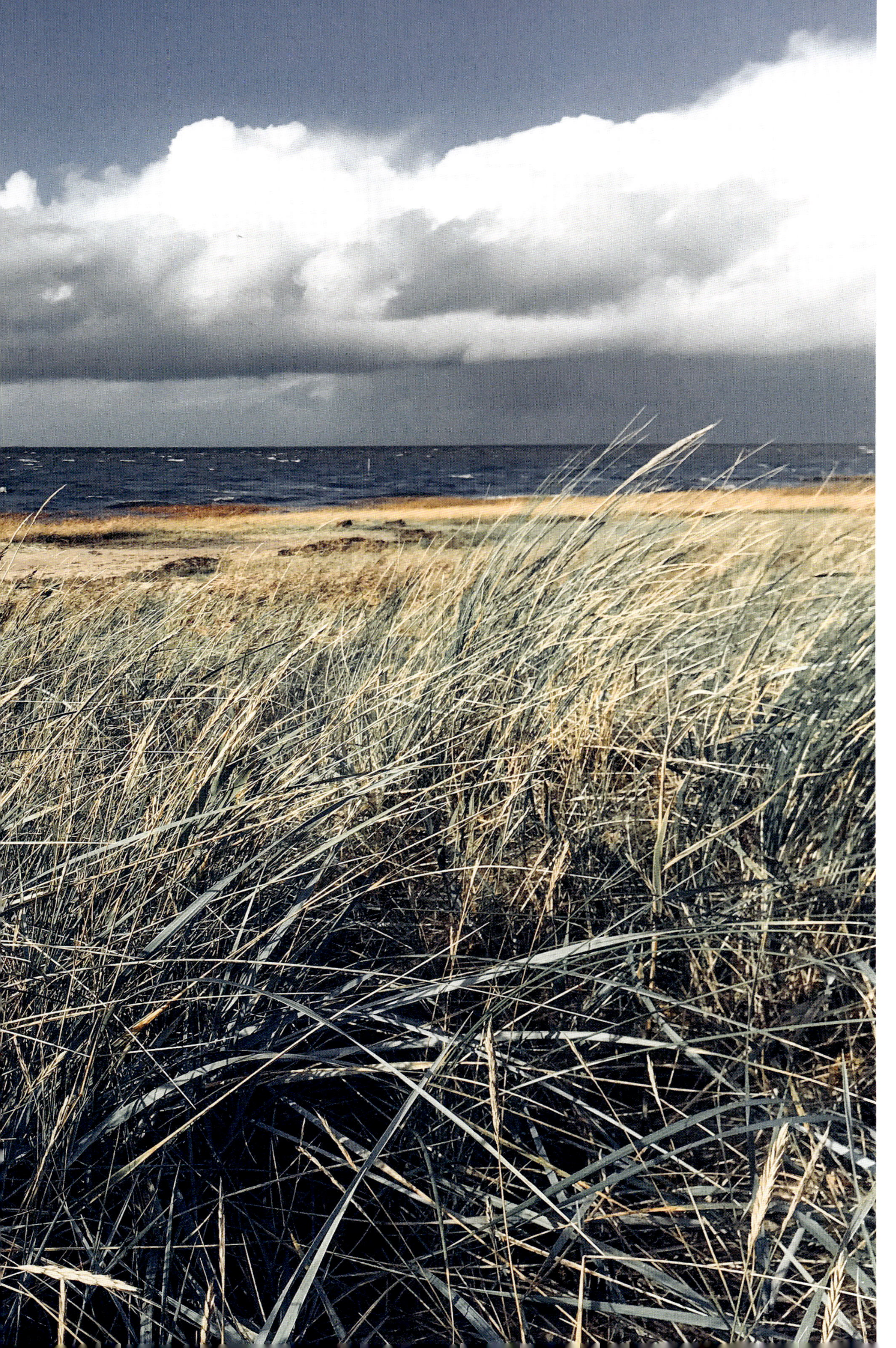

ROTES THAI-CURRY

Dieses Thai-Curry ist ein echtes Wohlfühl-Essen mit einer Prise Fernweh. Wenn Freunde und Familie kommen, vervielfachen wir die Mengen einfach.

Du brauchst für 2 Portionen:

- 2 EL rote Currypaste
- 2 Dosen Kokosmilch
- 2 Stiele Zitronengras
- 1 kleines Stück Ingwer
- 5 Knoblauchzehen
- 1 Schalotte
- 1 Schuss Sojasoße
- Saft von 2 Limetten
- 300 g frittierten Tofu
- 2 rote Thai-Chilis
- 3–4 Limettenblätter
- 1 kleinen Brokkoli
- 3 Möhren
- 1 kleine Aubergine
- 3 bunte Spitzpaprika
- 1 Süßkartoffel
- 1 Handvoll Enoki- oder Shiitake-Pilze
- ½ Bund Thai-Basilikum
- etwas Kokosfett

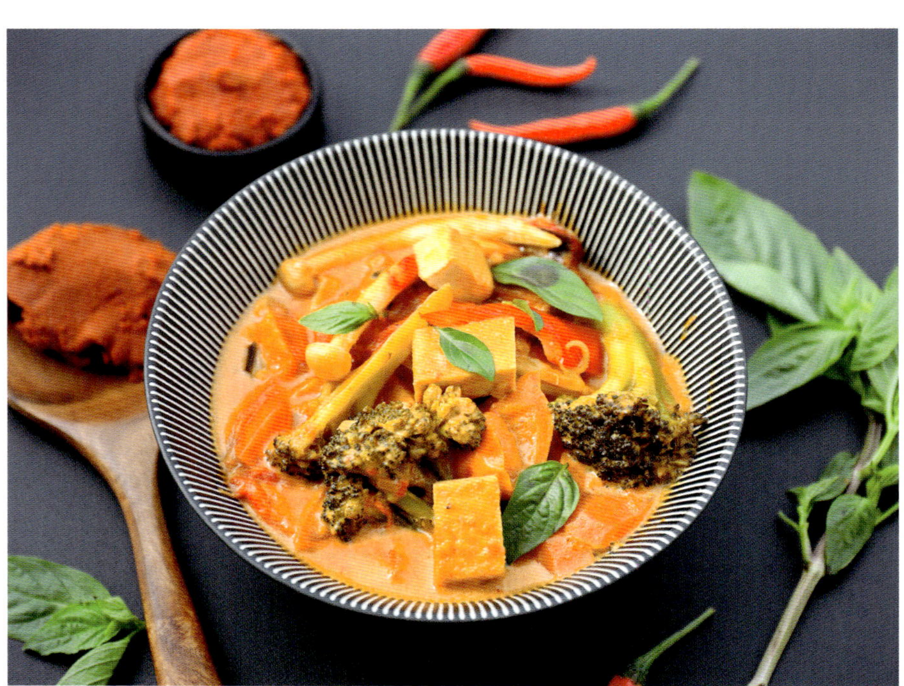

Die Chilis schneiden wir klein und legen sie über Nacht in Limettensaft ein.

Den kleingeschnittenen Ingwer und Knoblauch, die fein gewürfelte Schalotte und das gehackte Zitronengras werden in Kokosfett im Wok angebraten. Nach ein paar Minuten rühren wir die Currypaste, Sojasoße und eine Dose Kokosmilch unter und geben einen Teil der Chili-Limettensaft-Mischung dazu.

Die Karotten und die Süßkartoffel schälen und würfeln wir. Sie dürfen in der Soße etwa zehn Minuten köcheln. Wer seinem Gericht noch mehr Farbe geben möchte, rührt 1 EL Tomatenmark unter.

Das restliche Gemüse wird ebenfalls kleingeschnitten und köchelt so lange im Curry, bis es gar ist.

Das Thai-Basilikum und die zweite Dose Kokosmilch gibt man erst kurz vor Schluss hinzu. Am Ende schmecken wir noch mal gut ab.

Jasmin- oder Basmatireis passt besonders gut zu diesem Gericht.

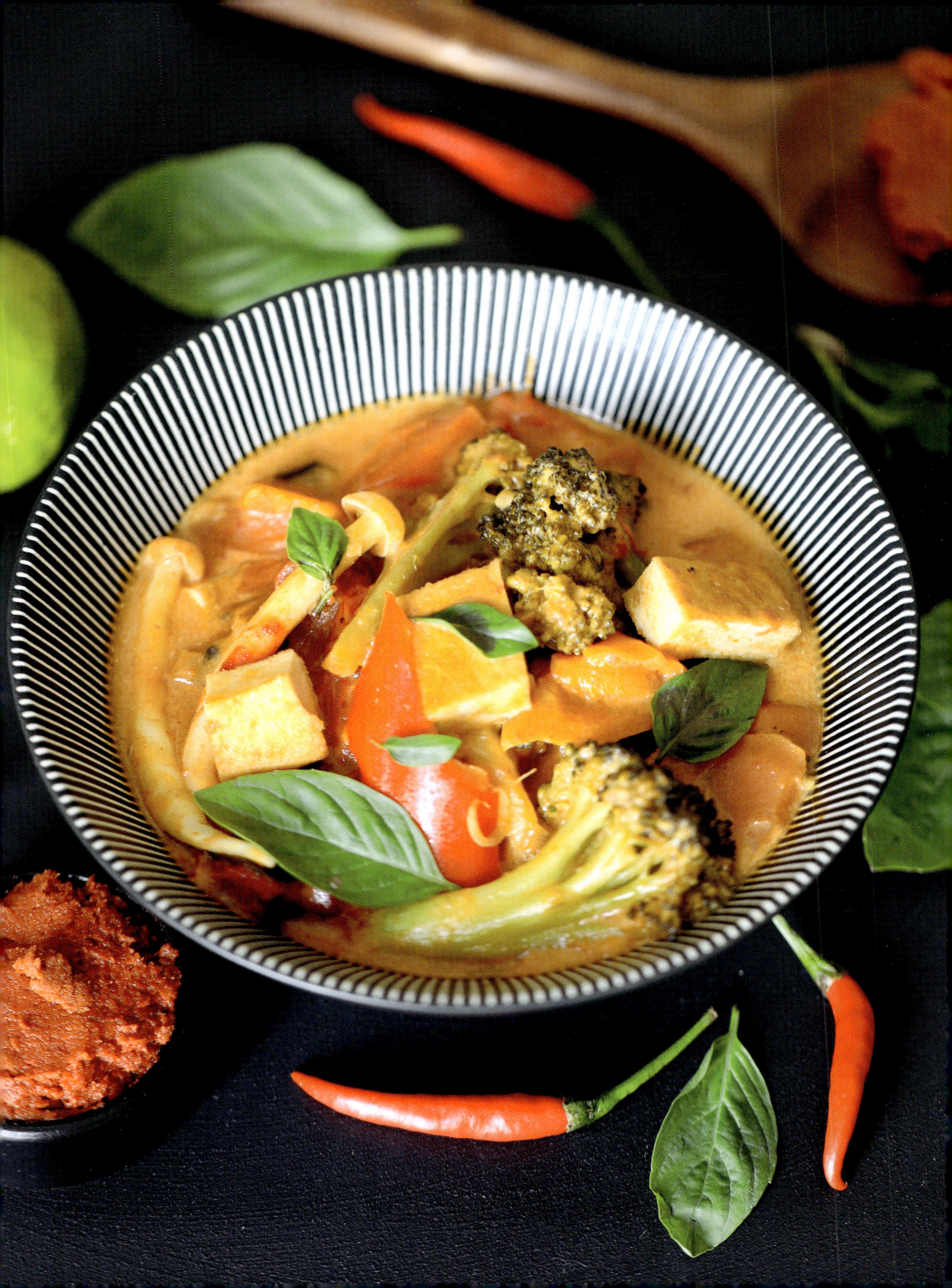

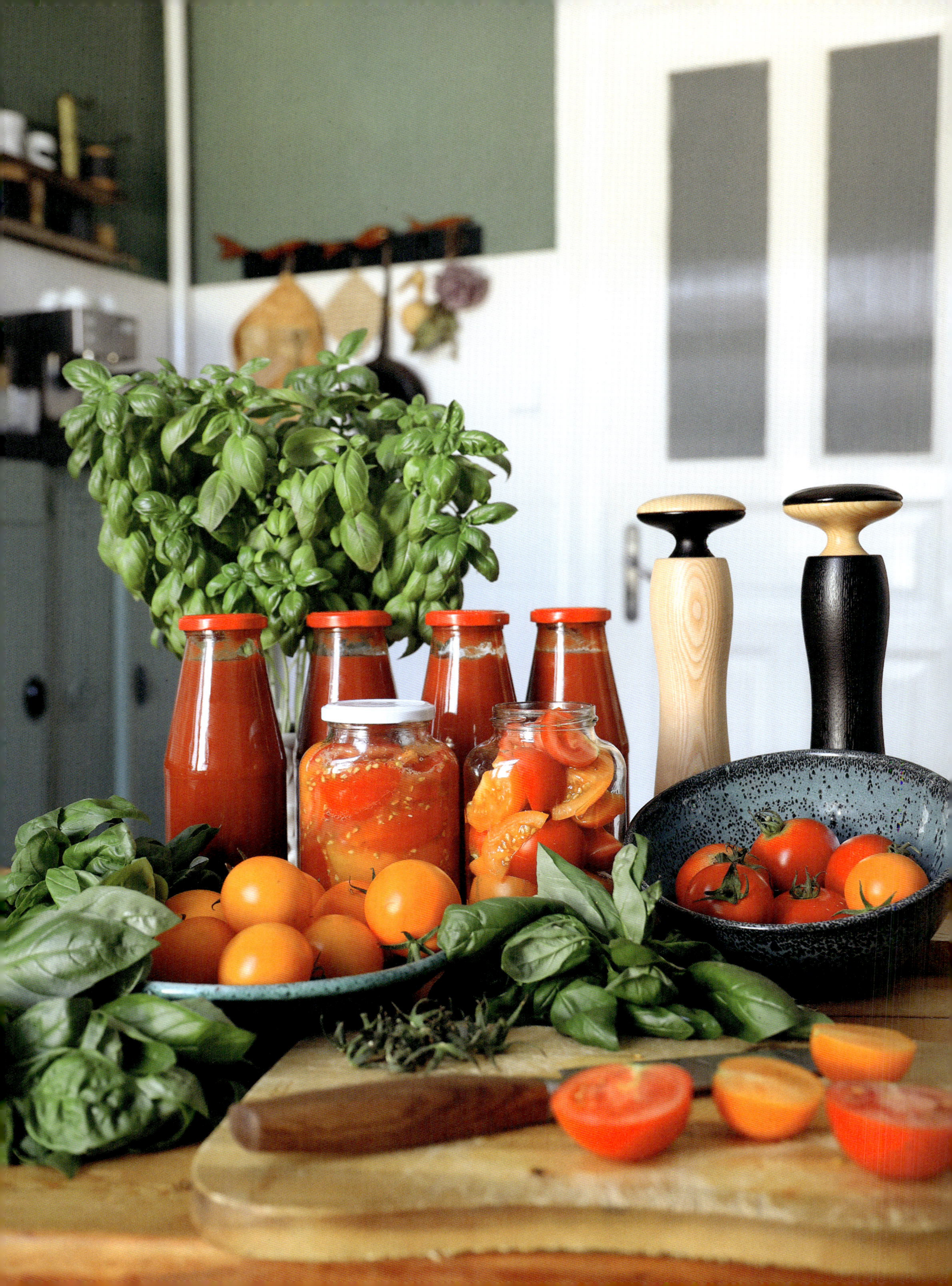

EINGEKOCHTE TOMATEN

Jedes Jahr im Spätsommer kaufen wir auf dem Markt kistenweise regionale Tomaten, um ihren sommerlichen Geschmack für den Winter zu konservieren. Die Tomaten dürfen gerne ein paar Schadstellen aufweisen: Auch wenn sie nicht ganz so hübsch sind, stecken sie doch voller Aroma.

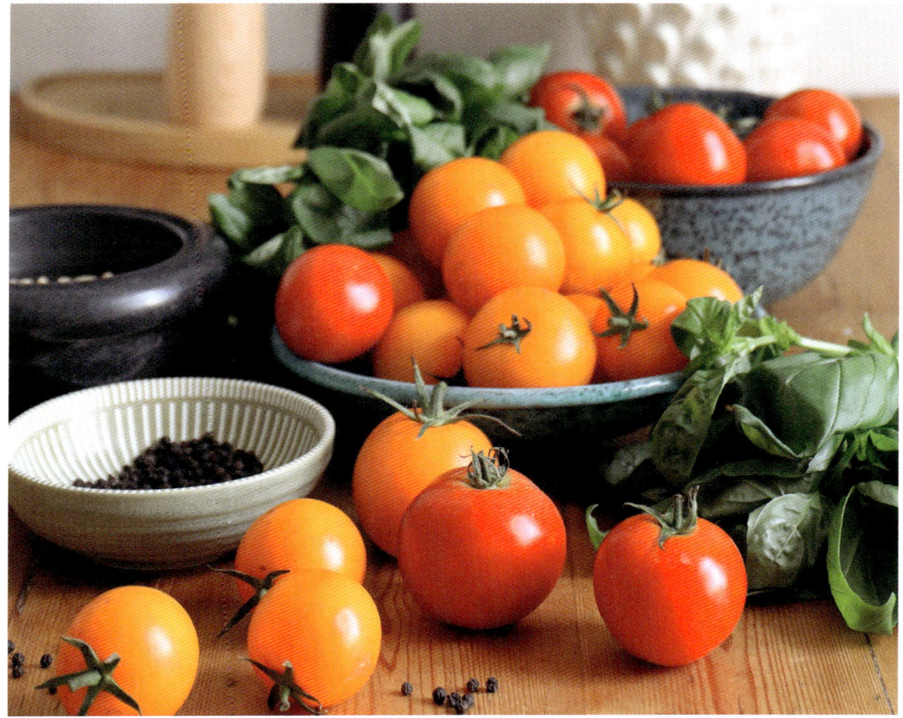

Du brauchst:

- regionale, reife Tomaten
- Basilikum nach Belieben
- Knoblauch nach Belieben

Die Einmachgläser müssen vor dem Gebrauch sterilisiert werden. Dazu kann man sie mit kochendem Wasser übergießen oder ein Weilchen in den heißen Backofen stellen. Die Deckel und Gummis kocht man einige Minuten in Essigwasser.

Die Tomaten waschen und halbieren oder vierteln wir. Dabei entfernen wir auch den Strunk. Die Tomatenstücke werden dann in die Gläser geschichtet. Drückt man sie mit dem Stiel eines Holzlöffels nach unten, bleiben keine Lücken und Luftblasen.

Nach Lust und Laune kann man Basilikum oder Knoblauch hinzufügen. Die gefüllten Gläser verschließen wir gut und stellen sie in einen großen, mit kochendem Wasser gefüllten Topf. Hier kochen sie etwa 20 Minuten, bevor wir sie zum Abkühlen auf den Kopf stellen.

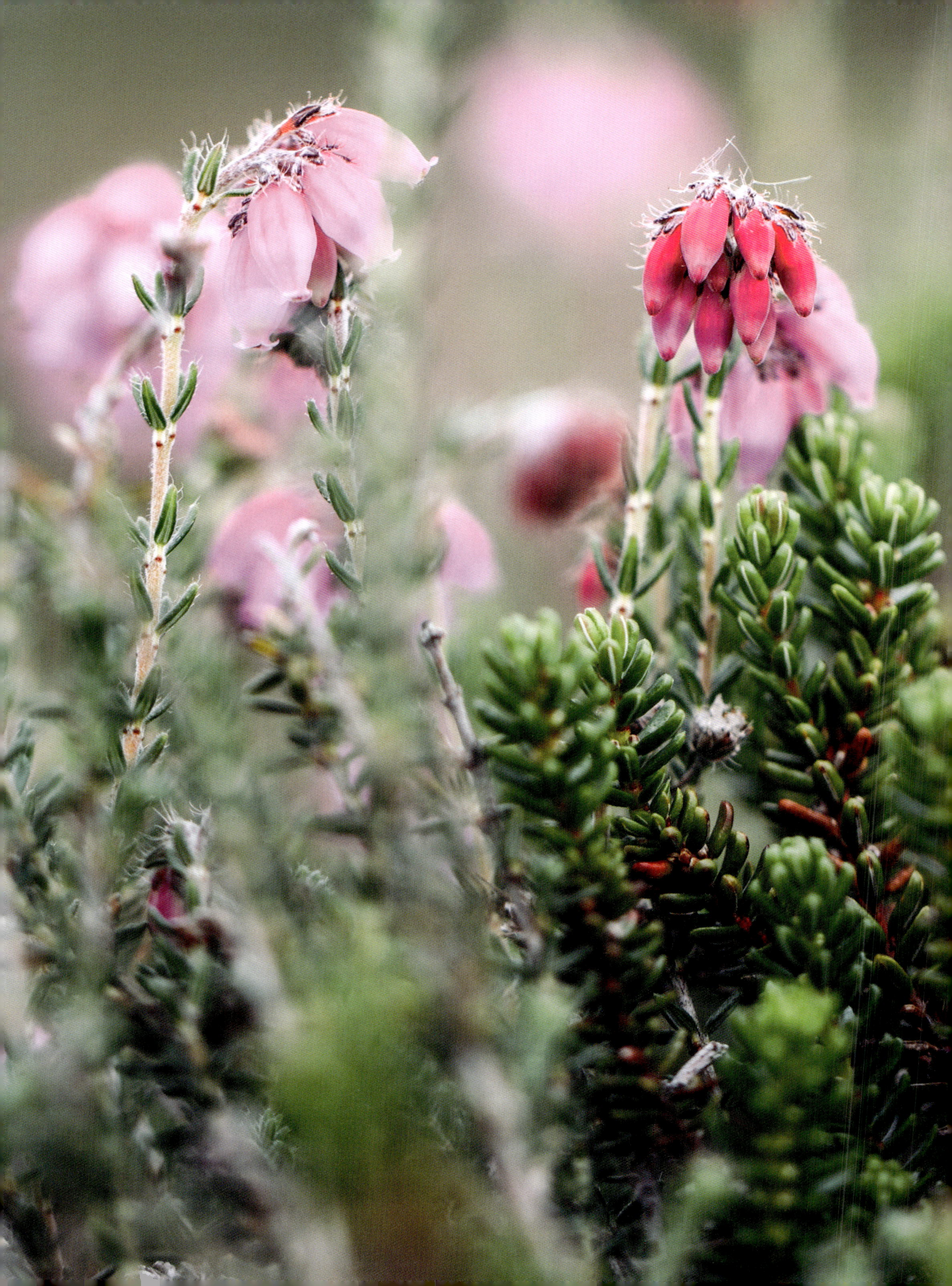

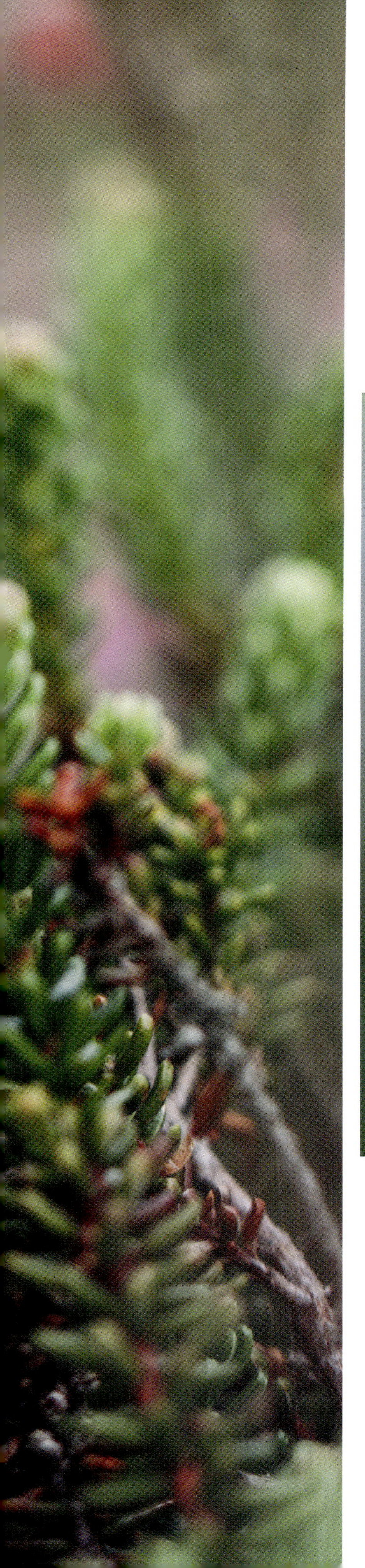

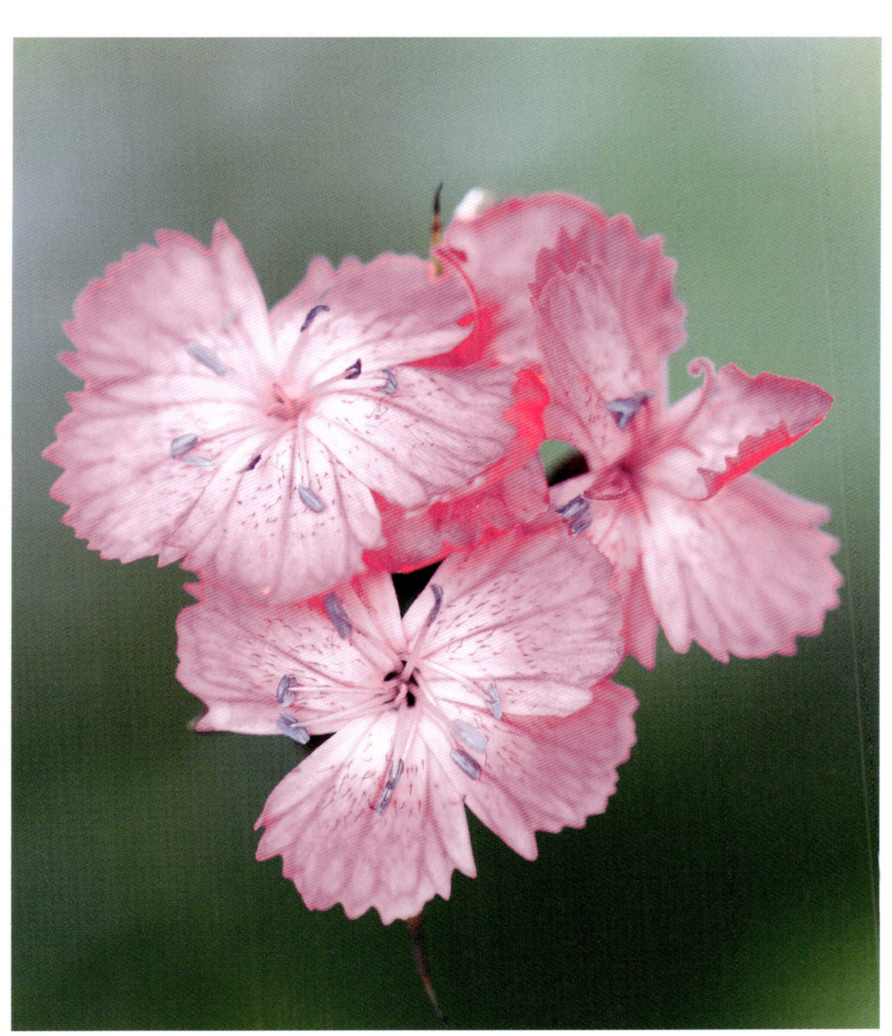

APFEL-MILCHREIS-KUCHEN

Diesen veganen Kuchen lieben wir zu vielen Gelegenheiten. Besonders gut schmeckt er aus frisch geernteten Äpfeln, serviert an einem sonnigen Herbsttag.

Du brauchst:

- 60 g Milchreis
- 250 ml Hafermilch
- 375 g Mehl
- 1 Pck. Backpulver
- 250 g Zucker
- 1 Pck. Vanillezucker
- 250 ml Wasser
- 120 ml Rapsöl
- 4–5 Äpfel

Aus dem Milchreis kocht man mit Hafermilch sowie je einer Prise Salz und Zucker einen dicken Brei. Dieser kühlt erst einmal ab, bevor er später im Kuchenteig landet.

Währenddessen heizen wir den Backofen auf 180 °C Ober-/Unterhitze (160 °C Umluft) vor und vermischen für den Teig Mehl, Backpulver, Zucker, Vanillezucker, eine Prise Salz, Wasser und Rapsöl.

Anschließend rühren wir den inzwischen abgekühlten Milchreis unter und füllen alles in eine gefettete Springform. Je nach Größe schälen wir 4–5 Äpfel, vierteln sie, legen sie auf den Boden und drücken sie leicht ein. Dann backt der Kuchen auf der mittleren Schiene etwa 60 Minuten.

Den abgekühlten Kuchen kann man nach Lust und Laune noch mit Puderzucker bestäuben vor dem Servieren.

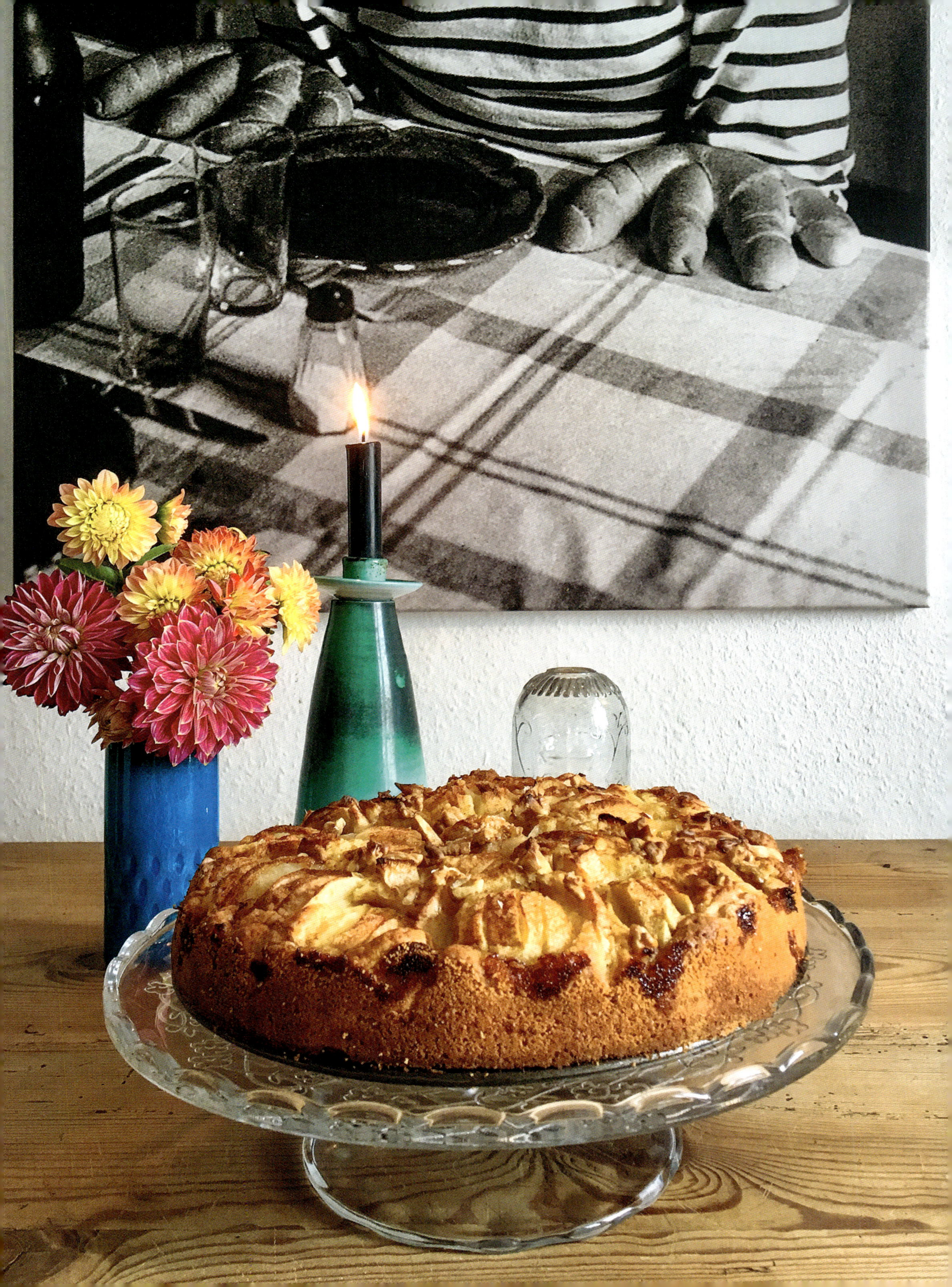

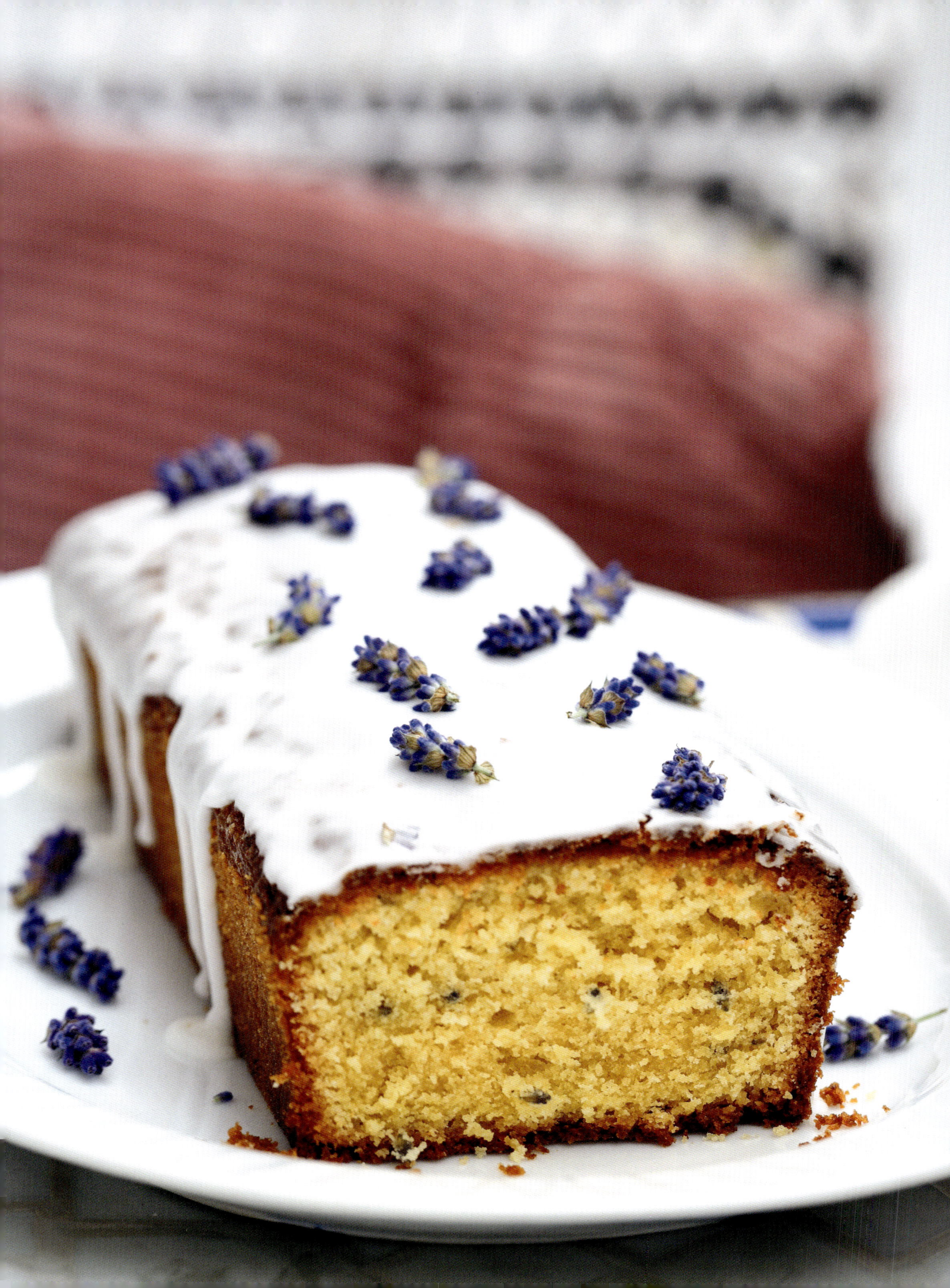

LAVENDELKUCHEN

Wenn der Lavendel blüht, lieben wir diesen sommerlich duftenden, veganen Kuchen. Das Rezept stammt aus Sandras Heimat nahe dem Elsass.

Bevor wir mit dem Teig beginnen, heizen wir den Backofen auf 180 °C Ober-/Unterhitze (160 °C Umluft) vor.

Dann verrühren wir sämtliche Zutaten für den Kuchen gründlich miteinander und füllen den Teig in eine gefettete Kastenform. Auf der mittleren Schiene backt er für etwa 45 Minuten. Ein Pieks mit einem Zahnstocher zeigt, ob der Kuchen durchgebacken ist.

Wenn die Köstlichkeit abgekühlt ist, verrühren wir Puderzucker und Zitronensaft miteinander. Der Guss ist genau richtig, wenn er sehr dickflüssig vom Löffel tropft. Wir verteilen ihn auf dem Kuchen, dekorieren ihn mit Lavendelblüten und lassen ihn fest werden.

Du brauchst:

Für den Kuchen

- 180 g Mehl
- 1 Pck. Vanillezucker
- 150 g Zucker
- 80 ml Rapsöl
- 200 ml Wasser
- 1½ TL Backpulver
- Abrieb von ½–1 Bio-Zitrone
- 2 EL frische Lavendelblüten

Für den Guss

- 150 g Puderzucker
- 2 EL Zitronensaft
- Lavendelblüten zum Dekorieren

MAROKKANISCHES KAFFEEGEWÜRZ

Wir lieben unseren marokkanischen Milchkaffee. Die Gläser dafür haben wir übrigens erstanden, als unser marokkanisches Lieblingsrestaurant in Hamburg geschlossen wurde – eine wunderschöne Erinnerung.

Du brauchst:

- 2–3 Zimtstangen
- 3–4 Gewürznelken
- 3–4 frische, grüne Kardamomkapseln
- 1 Sternanis
- 1 TL Vanillezucker
- 1 Prise Muskat

Für eine Gewürzmischung, die dem Kaffee ein ganz unwiderstehliches Flair von 1001 Nacht gibt, rösten wir die Zimtstangen, die Nelken, den Kardamom, den Sternanis und den Muskat kurz in einer Pfanne ohne Fett an.

Anschließend wandern der Mix und der Vanillezucker in eine Kaffeemühle oder in eine osmanische Mokkamühle und werden zu einem feinen Pulver vermahlen.

Bei der Zusammenstellung der Gewürze kommt es ganz darauf an, wie man seinen Kaffee mag. Wer Nelken liebt, nimmt mehr Nelken. Wir mögen die arabische Note und geben deshalb mehr Kardamom in die Mischung.

Das Besondere an marokkanischem Milchkaffee: Die Gewürzmischung wird nicht einfach nur über den fertigen Kaffee gestreut, sondern auch zum Kaffeepulver in das Espressosieb gegeben. So wird der Geschmack noch intensiver.

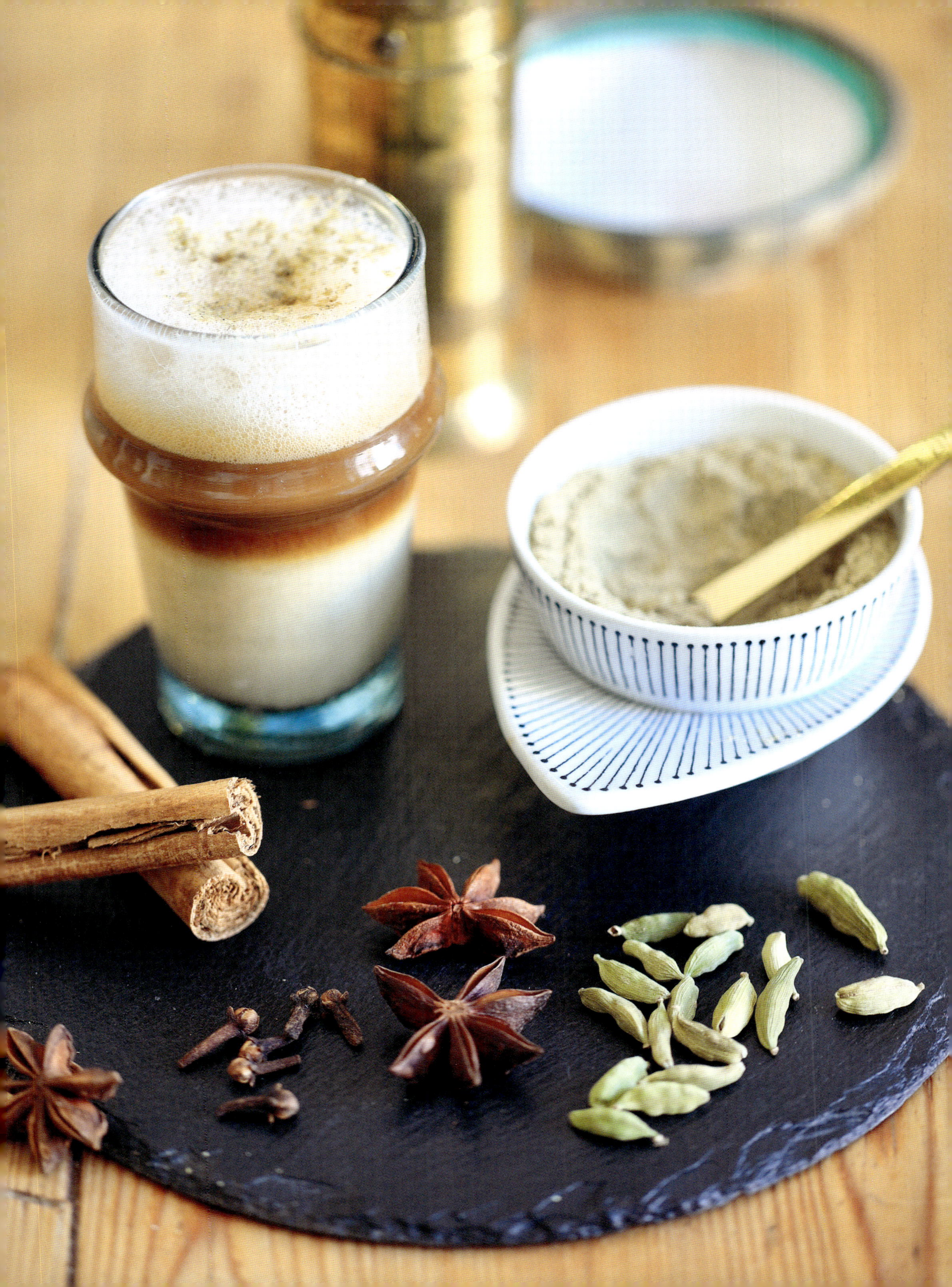